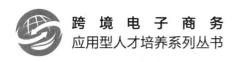

跨境电子商务
应用型人才培养系列丛书

跨境电子商务概论

主　编◎叶万军　隋东旭　邹益民

清华大学出版社
北京

内容简介

本书以提高读者的跨境电子商务技能为宗旨，以帮助读者完善跨境电子商务知识框架为目标，注重理论与实践相结合，注重培养具有实践能力的跨境电子商务人才。本书共设9章，分别为跨境电子商务导论、跨境电子商务平台、跨境电子商务网络营销、跨境电子商务物流、跨境电子商务通关、跨境电子商务支付与结算、跨境电子商务与数据分析、跨境电子商务客户服务、跨境电子商务法律法规与风险防范等内容。

本书可作为高等院校电子商务、跨境电子商务、国际贸易和商务英语等专业相关课程的教学用书，也可作为跨境电子商务从业人员的自学用书。

本书封面贴有清华大学出版社防伪标签，无标签者不得销售。
版权所有，侵权必究。举报：010-62782989，beiqinquan@tup.tsinghua.edu.cn。

图书在版编目（CIP）数据

跨境电子商务概论 / 叶万军，隋东旭，邹益民主编. —北京：清华大学出版社，2021.6（2024.6重印）
（跨境电子商务应用型人才培养系列丛书）
ISBN 978-7-302-57547-4

Ⅰ. ①跨… Ⅱ. ①叶… ②隋… ③邹… Ⅲ. ①电子商务—概论 Ⅳ. ①F713.36

中国版本图书馆CIP数据核字（2021）第027029号

责任编辑：邓 婷
封面设计：刘 超
版式设计：文森时代
责任校对：马军令
责任印制：刘 菲

出版发行：清华大学出版社
网　　址：https://www.tup.com.cn，https://www.wqxuetang.com
地　　址：北京清华大学学研大厦A座　　邮　编：100084
社 总 机：010-83470000　　邮　购：010-62786544
投稿与读者服务：010-62776969，c-service@tup.tsinghua.edu.cn
质量反馈：010-62772015，zhiliang@tup.tsinghua.edu.cn

印 装 者：三河市龙大印装有限公司
经　　销：全国新华书店
开　　本：185mm×260mm　　印　张：16.25　　字　数：384千字
版　　次：2021年6月第1版　　印　次：2024年6月第4次印刷
定　　价：49.80元

产品编号：088303-01

前　言
Preface

21世纪，随着我国小康社会的全面建成，人民的生活水平不断提升，对物质生活的需求也上升到了新的高度，同时，国家经济的不断发展使我国在世界经济发展中的参与度进一步加强。在"一带一路"背景下，我国要面向全球资源市场，积极开展跨境电子商务，参与全球市场竞争，促进产品、服务质量提升与品牌建设，更紧密地融入全球资源体系。跨境电子商务作为我国在世界经济之林中取得重要地位不可或缺的工具，是国家积极推动的一种新型贸易发展方式，是培养外贸竞争新优势的重要举措之一。跨境电子商务作为一种新的商业形态，已成为新常态下培养经济增长的新兴动力、创新国际贸易的重要途径，同时也是全球化背景下国际贸易发展的重要趋势。

跨境电子商务作为国家大力推行的一种新的贸易发展方式，是培养外贸竞争新优势的重要举措之一。为了支持跨境电子商务的发展，国家在政策方面给予了大量的支持，先后出台了相关的扶持政策与补贴计划，为跨境电子商务产业链的完善提供了力量支撑。

本书共分为9章，包括跨境电子商务导论、跨境电子商务平台、跨境电子商务网络营销、跨境电子商务物流、跨境电子商务通关、跨境电子商务支付与结算、跨境电子商务与数据分析、跨境电子商务客户服务、跨境电子商务法律法规与风险防范等内容，全面地介绍了跨境电子商务。系统地学习跨境电子商务基础知识，是高等学校经济管理类专业学生及行业从业者适应科学技术与社会和经济发展的必然要求。为满足社会对跨境电子商务人才的需求，高校在跨境电子商务领域人才培养上不遗余力，为满足高校培养应用型人才、培养学生的实践能力的需求，高校在教材的编写上更是不遗余力。

在编写教材的过程中，我们积极吸取国内同类教材的先进性，同时注意形成自己的特色，具体表现在以下几个方面。

（1）在内容选取上增强教材的可读性，满足应用型本科教学的需要。本书涉及的内容都是跨境电子商务中一些最基本的原理，没有把一些难懂的、边缘性的问题包括进去，满足应用型本科教学的需要，尽可能将文字、图表合理组合，增强教材的可读性，并体现了基础性和实用性。

（2）关注本领域的最新动态和变化，做到与时俱进。本书在编写过程中，将跨境电子商务最新动态和变化纳入其中，如跨境电子商务网络营销、跨境电子商务与通关、跨境电子商务与数据分析、跨境电子商务客户服务、跨境移动电子商务等内容，启发学生思考，引导学生创新，注重实用性，使学生毕业与就业相融合。

（3）视角新颖。本书在经济全球化背景下，从跨境电子商务的理论进展出发，系统阐述了电子商务的基本原理，侧重于探讨跨境电子商务理论基础与跨境电子商务实践的结合。

（4）体例新颖。在编写体例上，本书采用"教辅合一型"，努力探索一种"讲、读、研、练"一体化新型教材模式，使本书从内容到形式都有所突破或创新，每一章都以足够的篇幅设置了"知识目标""学习重点、难点""案例导入""知识拓展""复习与思考"等内容，尽可能适应"教师精讲、学生多练、能力本位"的新型教学方法的需要。

本教材由叶万军、隋东旭、邹益民老师担任主编，负责全书的整体构思、章节设计和编写统筹与安排等工作。编者们均具有非常扎实的理论基础和丰富的教学经验。

各位老师在编写本书的过程中，参阅了大量国内外相关著作、教材、报刊及各种文献资料，在此特向所有著作与资料的作者和提供者表示衷心的感谢。

在编写过程中，我们尽量避免错误的产生。但由于编者水平有限，本教材难免存在一些问题和错漏，敬请各位专家与广大读者批评指正。

编　者

2021 年 5 月

目 录
Contents

第一章 跨境电子商务导论 1
 第一节 跨境电子商务概述 3
  一、跨境电子商务的概念和特点 3
  二、跨境电子商务模式 7
 第二节 跨境电子商务发展概述 13
  一、跨境电子商务的发展 13
  二、跨境电子商务的时代机遇 19
 复习与思考 20

第二章 跨境电子商务平台 21
 第一节 跨境电子商务平台概述 23
  一、跨境电子商务平台分类 23
  二、主流跨境电子商务模式 25
  三、平台型跨境电子商务与自营型跨境电子商务 30
  四、跨境电子商务企业类型 31
 第二节 速卖通平台 33
  一、速卖通平台概述 33
  二、速卖通平台特色 34
  三、全球速卖通平台支付 35
  四、全球速卖通平台物流 37
  五、速卖通营销推广 38
 第三节 亚马逊平台 40
  一、亚马逊平台概述 40
  二、亚马逊平台特色 41
  三、亚马逊平台支付 42
  四、亚马逊平台物流模式 44
  五、亚马逊平台营销推广 44
 第四节 eBay 平台 46
  一、eBay 平台概述 46
  二、eBay 平台特色 47
  三、eBay 平台支付 47

四、eBay 平台物流 47
　　五、eBay 平台营销推广 49
第五节　Wish 平台 50
　　一、Wish 平台概述 50
　　二、Wish 平台特色 50
　　三、Wish 平台支付 51
　　四、Wish 平台物流 52
　　五、Wish 平台营销推广 54
复习与思考 55

第三章　跨境电子商务网络营销 56
第一节　跨境电子商务网络营销概述 57
　　一、跨境电子商务营销理论 57
　　二、精准营销的个性化体系 59
　　三、网络整合营销方式与应用 60
第二节　跨境电子商务市场选品 65
　　一、跨境电子商务的选品 65
　　二、跨境电子商务选品策略 67
第三节　跨境电子商务产品定价 70
　　一、商品成本核算 70
　　二、价格的调整与换算 70
　　三、定价技巧与策略 71
　　四、商品折扣对定价的影响 72
第四节　跨境电子商务商品促销 74
　　一、跨境电子商务引流与推广 74
　　二、跨境电子商务站内营销活动 82
复习与思考 85

第四章　跨境电子商务物流 86
第一节　跨境电子商务物流概述 87
　　一、跨境电子商务物流概念与特征 87
　　二、跨境电子商务物流与传统物流的对比 88
　　三、跨境电子商务物流前景 89
第二节　跨境电子商务物流模式 91
　　一、传统物流模式 91
　　二、跨境电子商务新型物流模式 97
　　三、跨境电子商务物流模式对比 102
第三节　跨境电子商务物流模式的选择 104
　　一、跨境物流模式选择的必要性 104

二、跨境物流模式选择方式 104
　复习与思考 108

第五章　跨境电子商务通关 109
　第一节　通关概述 110
　　一、通关的定义 110
　　二、通关的基本程序 110
　　三、跨境电子商务通关管理 113
　　四、我国跨境电子商务通关政策 116
　第二节　跨境电子商务 B2C 通关 117
　　一、跨境电子商务 B2C 进口通关 117
　　二、跨境电子商务 B2C 出口通关 120
　第三节　跨境电子商务 B2B 通关 121
　　一、跨境电子商务 B2B 出口通关基本流程 121
　　二、跨境电子商务 B2B 出口通关监管模式 122
　复习与思考 125

第六章　跨境电子商务支付与结算 126
　第一节　跨境电子商务支付与结算概述 129
　　一、跨境电子商务支付与结算认知 129
　　二、跨境电子商务支付与结算类型 130
　　三、跨境电子商务支付外汇管理 132
　第二节　跨境电子商务支付与结算平台 136
　　一、信用卡收款 136
　　二、PayPal 137
　　三、Payoneer 139
　　四、阿里巴巴 140
　　五、电汇 141
　　六、西联汇款 142
　　七、速汇金 143
　　八、香港离岸账户 143
　　九、Cashrun Cashpay 144
　　十、Moneybookers 145
　　十一、其他支付平台 146
　第三节　跨境移动支付 152
　　一、跨境移动支付的分类 152
　　二、第三方跨境移动支付模式 156
　　三、跨境移动第三方支付的优势 157
　复习与思考 158

第七章　跨境电子商务与数据分析..................159
第一节　数据分析概述..................160
一、认知数据分析..................160
二、数据分析的意义和作用..................160
第二节　跨境电子商务数据分析的指标体系..................161
一、电子商务数据分析的重要性..................161
二、电子商务数据分析流程..................163
三、电子商务数据分析的架构..................165
第三节　跨境电子商务网站数据分析的指标体系..................168
一、电子商务网站运营数据分析..................168
二、运营分析维度..................169
三、网站运营数据分析体系..................171
四、撰写网站运营分析报告..................172
第四节　主要跨境电子商务平台数据分析的要点..................176
一、数据化选品..................176
二、数据分析引流..................177
三、数据优化与点击率、转化率..................178
四、店铺整体数据分析..................179
五、无线端数据分析..................181

复习与思考..................183

第八章　跨境电子商务客户服务..................184
第一节　跨境电子商务客户服务概述..................185
一、跨境电子商务客户服务理念..................185
二、跨境电子商务客户关系管理..................188
第二节　跨境电子商务客户服务沟通..................189
一、售前沟通与服务..................189
二、售中沟通与服务..................202
三、售后沟通与服务..................219
第三节　跨境电子商务客户纠纷处理..................229
一、跨境电子商务客户纠纷的特点..................229
二、处理客户纠纷的原则..................230
三、客户纠纷的类型..................230
四、有效处理客户纠纷的方法..................231

复习与思考..................233

第九章　跨境电子商务法律法规与风险防范..................234
第一节　跨境电子商务法律法规概述..................236
一、跨境电子商务的主体..................236

二、跨境电子商务海关监管模式 237
　　三、跨境电子商务的跨境支付和收付汇制度 238
　　四、跨境电子商务关联环节的法律问题 238
　第二节　跨境电子商务网购保税进口监管 241
　　一、跨境电子商务试点网购保税进入监管模式 241
　　二、跨境电子商务零售进口商品的通关方式 242
　　三、跨境电子商务零售进口商品的征税方式 242
　四、跨境电子商务类企业七大法律义务 244
　复习与思考 248

参考文献 249

第一章　跨境电子商务导论

知识目标

- 了解电子商务的概念和特征。
- 掌握跨境电子商务概念、特征和分类。
- 了解电子商务的交易模式。
- 了解跨境电子商务的发展及现状。

学习重点、难点

重点

- 电子商务的概念、特征和交易模式。
- 跨境电子商务的含义、特征。
- 跨境电子商务的分类和模式。

难点

- 运用跨境电子商务的相关知识分析问题、解决问题。

案例导入

盘点：跨境电子商务的十大模式

在全球化和互联网的影响下，国际贸易的模式正在发生改变，越来越多的外贸企业从网上获得商机，跨境电子商务应运而生。跨境电子商务在整个国际贸易中的比重不断上升，增速超过线下贸易。随着互联网技术的进步，贸易需求的小单化和中国制造的升级，国际贸易的电子商务化势不可挡，我们已经进入了一个"挡不住的跨境电子商务时代"。接下来我们看一下快速发展的跨境电子商务有哪些模式。

（一）"自营+招商"模式——典型案例：苏宁海外购

"自营+招商"模式相当于发挥企业最大的内在优势，在内在优势缺乏或比较弱的方面采取外来招商以弥补自身不足。苏宁选择该模式可以在传统电子商务方面发挥它供应链、资金链的内在优势，同时通过全球招商来弥补其国际商用资源上的不足。苏宁进入跨境电子商务领域，也是继天猫、亚马逊之后该市场迎来的又一位强有力的竞争者。

（二）"直营+保税区"模式——典型案例：聚美海外购

"直营+保税区"模式就是跨境电子商务企业直接参与采购、物流、仓储等海外商品的买卖流程，其物流监控和支付都有自己的一套体系。目前，河南保税物流区已为聚美优品开建上万平方米自理仓,其进口货物日处理规模在 2016 年年底已达 8 万包,聚美优品和河南保税物流中心在 2014 年 9 月完成对接。保税物流模式的开启会大大压缩消费者从订单到接货的时间,加之海外直发服务的便捷性,聚美海外购的购买周期较常规"海淘商品"购买周期可由 15 日压缩到 3 日,甚至更短,且其物流信息全程可跟踪。

（三）"保税进口+海外直邮"模式——典型案例：天猫国际

在跨境方面,天猫通过和自贸区的合作,在各地保税物流中心建立了各自的跨境物流仓。它在宁波、上海、重庆、杭州、郑州、广州 6 个城市建立了试点跨境电子商务贸易保税区,与产业园签约跨境合作,全面铺设跨境网点,获得了法律保障、压缩了消费者从下订单到接货的时间,提高了海外直发服务的便捷性。中国跨境电子商务网监测显示,2018 年"双 11",天猫国际一半以上的国际商品就是以保税模式进入国内消费者手中的,这是跨境电子商务的一次重要尝试。

（四）"自营而非纯平台"模式——典型案例：京东海外购

京东在 2012 年年底时上线了英文版,直接面向海外买家出售商品。直到 2014 年年初,刘强东宣布京东国际化提升,采用自营而非纯平台的方式发展,京东海外购成为京东海淘业务的主要方向。京东控制所有的商品品质,确保发出的包裹能够得到消费者的信赖。京东初期依靠品牌的海外经销商拿货,今后会更多地和国外品牌商直接合作。

（五）"自营跨境 B2C 平台"模式——典型案例：亚马逊海外购、1 号海购、顺丰海淘

亚马逊要在上海自贸区设立仓库,以自贸模式（即保税备货模式）将商品销往中国,这种模式目前还在推进中。海外电子商务企业在中国的保税区内自建仓库的模式,可以极大地改善跨境网购的速度体验,因此备受电子商务企业期待。据"中国跨境电商网"发布的信息,1 号店就是通过上海自贸区的保税进口模式或海外直邮模式入境,可以提前将海外商品进口至上海自贸区备货。除此之外,1 号店的战略投资方沃尔玛在国际市场的零售和采购资源整合优势将利好"1 号海购"业务。2015 年 1 月 9 日,顺丰主导的跨境 B2C 电子商务网站"顺丰海淘"正式上线。其提供的商品涉及美国、德国、荷兰、澳大利亚、新西兰、日本、韩国等海淘热门国家。"顺丰海淘"提供了商品详情汉化、人民币支付、中文客服团队支持等服务,提供了一键下单等流畅体验。目前,上线的商品锁定在母婴、食品、生活用品等品类。货物可在 5 个工作日左右送达。

（六）"海外商品闪购+直购保税"模式——典型案例：唯品会全球特卖

2014 年 9 月,唯品会的"全球特卖"频道亮相网站首页,同时,唯品会开通了首个正规海外快件进口的"全球特卖"业务。唯品会的"全球特卖"全程采用了海关管理模式中级别最高的"三单对接"标准,"三单对接"实现了将消费者下单信息自动生成用于海关核查备案的订单、运单及支付单,并实时同步给电子商务平台供货方、物流转运方、信用支付系统方三方,形成"四位一体"的闭合全链条管理体系。

（七）"直销、直购、直邮"的"三直"模式——典型案例：洋码头

洋码头是一家面向中国消费者的跨境电子商务第三方交易平台。该平台上的卖家分为两类：一类是个人买手,模式是 C2C；另一类是商户,模式是 M2C。它帮助国外的零售企业跟中国消费者直接对接,也就是海外零售商直销给中国消费者,中国消费者直购,中间的物流是直邮,概括起来就是三个直：直销、直购和直邮。

（八）"导购返利平台"模式——典型案例：55海淘网

55海淘网是针对国内消费者进行海外网购的返利网站，其返利商家主要是美国、英国、德国等B2C、C2C网站，如亚马逊、eBay等，返利比例为2%~10%不等，商品覆盖母婴、美妆、服饰、食品等综合品类。

（九）"垂直型自营跨境B2C平台"模式——典型案例：蜜芽宝贝

"垂直型自营跨境B2C平台"模式是指平台在选择自营品类别时会集中于某个特定的领域，如美妆、服装、护肤品、母婴等。蜜芽宝贝主打"母婴品牌限时特卖"，每天在网站推荐热门的进口母婴品牌，以低于市场价的折扣力度，在72小时内限量出售，致力于打开跨境电子商务业务。"中国母婴电商网"监测数据显示，目前，蜜芽宝贝用户已经超过百万，2014年10月，它的GMV（商品交易总额）超过1亿元，月复购率达到70%左右。"中国电子商务研究中心"研究发现，蜜芽宝贝的供应链模式分为4种：从品牌方的国内总代采购体系采购；从国外订货直接采购，经过各口岸走一般贸易形式；从国外订货，走宁波和广州的跨境电子商务试点模式；蜜芽的海外公司从国外订货，以直邮的模式报关入境。

（十）"跨境C2C平台"模式——典型案例：淘宝全球购、美国购物网

淘宝全球购于2007年建立，是淘宝网奢侈品牌的时尚中心，全球购帮助会员实现"足不出户，淘遍全球"的愿望。全球购期望严格审核每一位卖家，精挑细选每件商品，为淘宝网的高端用户提供服务。美国购物网专注代购美国本土品牌商品，经营范围涵盖服饰、箱包、鞋靴、保健品、化妆品、名表首饰等。该网站主打直邮代购，兼顾批发零售，代购的商品均由美国分公司采用统一的物流——全一快递配送，由美国发货直接寄至客户手中，无须经过国内转运。

资料来源：盘点：跨境电子商务的十大模式[EB/OL]. （2019-05-06）. http://www.100ec.cn/detail--6507236.html.

第一节　跨境电子商务概述

一、跨境电子商务的概念和特点

（一）跨境电子商务的概念

跨境电子商务简称"跨境电商"，是分属不同关境的交易主体，通过电子商务平台达成交易，进行支付结算，并通过跨境物流送达商品、完成交易的一种国际商业活动。其实质就是把传统国际贸易加以网络化、电子化。

跨境电子商务把原来传统的销售、购物渠道转移到了互联网上，打破了国家与地区间的壁垒。制造厂家也实现了工厂全球化、网络化、无形化、一体化服务。从概念上看，有广义和狭义之分。广义的跨境电子商务指的是分属不同关境的交易主体，通过电子商务的方式完成进出口贸易中的展示、洽谈和交易环节，并通过跨境物流送达商品、完成交割的一种国际商业活动。从狭义上看，跨境电子商务基本等同于跨境零售，指的是分属于不同关境的交易主体，借助计算机网络达成交易，进行支付结算，并采用快件、小包等方式，

通过跨境物流将商品送达消费者手中的交易过程。跨境电子商务在国际上的流行称为跨境零售。而现实中，由于对小型商家用户与个人消费者进行明确区分界定的难度较大，所以跨境零售交易主体中往往还包含一部分碎片化、小额买卖的商家用户。

知识拓展

盘点：跨境电子商务的"双十一"三大趋势

1. "打假"+区块链趋势

《2017年度中国电子商务用户体验与投诉监测报告》显示，各投诉领域中，跨境电子商务投诉占比为12.89%，为第三大用户投诉电子商务领域。跨境电子商务平台商品质量仍存在较大问题。

什么是区块链

面对严峻的假货问题，众平台于"双十一"前进行了大规模的溯源检查，以保证用户可在"双十一"购买到正品。天猫国际基于 IoT 技术及区块链技术进行全球原产地溯源升级，通过溯源码可查看进口商品完整的商品溯源实时信息。京东超市也于"双十一"前夕启动了大规模溯源检查及京东全球购的"原产地直采"模式。

在区块链技术的协助下，防伪验证码的唯一性可有效保证，这不仅给海外商品贴上了正品的标签，同时也隔绝了假货横行的可能。跨境电子商务于"双十一"前严抓严打海外假货的行为，一方面给"双十一"购物的用户打了一针安心剂，另一方面也为未来进口贸易的顺利进行打下了基础。

跨境商品未来势必再次席卷整个市场，区块链技术辅助打假行动，可在极大程度上打击假货，跨境电子商务在打假趋势下必将越走越远。

2. 物流供应链升级趋势

根据海关总署和中国电子商务研究中心统计的数据：2014年海淘成交规模为1400亿，预计在2018年，市场规模将达万亿级别。跨境电子商务的迅速发展对跨境物流提出了更高的要求。

"双十一"前期，网易考拉与全球航运及物流领军企业马士基达成合作，大幅提升跨境物流海外段运输时效和可控性；天猫国际、支付宝、菜鸟物流的底层数据接入海关信息系统，打造了一条快速通道；京东的跨境物流经多年积累，已升级至最快履约为1.5小时。"双十一"期间，境外商品的强需求性质下，物流供应链升级已是必不可少的一环。

此前的跨境电子商务巨头主要围绕"海外仓"及海外运营中心服务设施方面布局，但是2018年对物流做了中欧贸易"快车道"、在30个国家建立了国际供应链节点及GFC直邮的投入，因而在物流供应链能力升级趋势下，跨境电子商务也更具有竞争优势。

3. 用户低龄化趋势

跨境电子商务的用户年龄结构相对年轻，呈现年轻化趋势，据极光大数据的分析：截至2018年9月，25岁及以下的用户占比34.2%，同比增加了4.6%，跨境电子商务用户低龄化趋势越发明显。

小红书看到了年轻市场用户的增量后，打造了"95后"消费口碑风向标。在2018年

"双十一"期间,举办了一个"全世界最美菜市场"营销活动,扫码即可下单口碑爆款护肤彩妆。此外,网易考拉将主打视频直播和榜单经济与全球直采对接,其中明星意见也将参与榜单,吸引年轻用户眼球。

跨境电子商务平台围绕年轻用户的争夺也将越演越烈。从各中小型跨境平台的发展即可体现,如小红书美妆社区自带增长用户,母婴产品蜜芽宝贝的迅速发展,等等。而年轻人较为拥护此类电子商务平台,该垂直类电子商务的快速发展也间接表明跨境电子商务低龄化趋势。

同时,小红书的KOL导流模式也正在吸引大量年轻用户,该类人群不但具备消费实力,而且消费欲望极强,拥有一定前景。随着跨境电子商务趋势的明确体现,其需要救治的难题也浮出水面。

资料来源:盘点:跨境电子商务的"双11"三大趋势[EB/OL]. (2018-11-19). http://www.100ec.cn/detail--6481837.html.

(二)跨境电子商务的特点

跨境电子商务以网络为依托,网络空间的特性深刻地影响着跨境电子商务的发展。与传统的交易方式相比,跨境电子商务具有以下几个特点。

1. 全球性

网络是一个没有边界的媒介体,具有全球性和非中心化的特征。依附于网络发生的跨境电子商务也因此具有了全球性和非中心化的特性。电子商务与传统的交易方式相比,其一个重要特点在于电子商务是一种无边界交易,丧失了传统交易所具有的地理因素。互联网用户不需要考虑跨越国界就可以把产品,尤其是高附加值产品和服务提交到市场。网络的全球性特征带来的积极影响是信息最大程度的共享,消极影响是用户必须面临因文化、政治和法律的不同而产生的风险。

2. 数字化

网络的发展使数字化产品和服务的传输盛行。传统国际贸易以实物贸易为主,而随着网络技术的发展和应用,贸易对象逐渐趋向于数字化产品,特别是影视作品、电子书籍、应用软件和游戏等品类的贸易量快速增长,通过跨境电子商务进行销售或消费的趋势更加明显。

3. 多边性

网络的全球性特征带来的积极影响是信息的最大限度共享。跨境电子商务是一种无边界交易,突破了传统交易的地理因素限制,互联网用户可以通过网络将产品尤其是高附加值产品和服务提交到市场。传统的国际贸易以双边贸易为主,即使有多边贸易,也是通过多个双边贸易实现,通常呈线状结构。

4. 直接性

传统的国际贸易要通过中介环节,即通过境内流通企业经过多级分销,才能到达需求的终端企业或消费者。通常情况下进、出口环节多,耗时长,成本高,会导致效率降低。跨境电子商务则免去了传统交易中的中介环节,可以通过电子商务交易与服务平台,实现多国企业之间、企业与最终消费者之间的直接交易。与传统国际贸易相比,其进出口环节少,时间短,成本低,效率高。

5. 小批量

小批量是指跨境电子商务相对于传统贸易而言,单笔订单大多是小批量的,甚至是单件的,单次交易额较少,这是由于跨境电子商务实现了单个企业之间或单个企业与单个消费者之间的交易。

6. 匿名性

由于跨境电子商务的全球性和数字化,交易双方主体可以随时随地利用网络进行交易,而且利用电子商务平台进行交易的消费者出于规避交易风险目的,通常不暴露自己的真实信息,如真实姓名和确切的地理位置等,但这却丝毫不影响其顺利地进行交易。

7. 即时性

对于网络而言,传输的速度和地理距离无关。传统国际贸易中,交易双方多数通过信函、邮件、传真等方式进行沟通,在信息的发送与接收间,存在着长短不同的时间差,而且传输过程还可能遇到一定的障碍,使得信息无法流畅即时地进行传递,这在一定程度上会影响国际贸易的进行。不同于传统国际贸易模式,跨境电子商务对于信息的传输是即时的,也就是说,无论实际时空距离远近,卖家发送信息与买家接收信息几乎是同时进行的,不存在时间差,就如同生活中面对面交谈一样。对于一些数字化商品(如音像制品、软件等)的交易,还可以即时结算,订货、付款、交货都可以在瞬间完成,给交易双方带来了极大的便利。

8. 无纸化

在传统国际贸易中,从询价议价、磋商、订立合同到货款结算,都需要一系列的书面文件,并将它们作为为交易的依据。而在电子商务中,交易主体主要使用无纸化的操作形式,这是跨境电子商务不同于传统贸易的典型特征。卖方通过网络发送信息,买方通过网络接收信息,整个电子信息的传输过程实现了无纸化。无纸化的交易方式一方面使信息传递摆脱书面文件的限制,更加有效率;另一方面也造成了法律制度的混乱。因为现行的法律法规多数以"有纸交易"为出发点,并不适应跨境电子商务的"无纸化"交易,跨境电子商务以"无纸化"交易方式代替了传统国际贸易中的书面文件(如书面合同、结算单据等)进行贸易往来,在这种无据可查的情况下,税务机关无法获知纳税人交易的真实情况,增加了税务当局获取纳税人经营状况的难度,使得其中很大一部分税收流失,不利于国家的税收政策。

9. 快速演进

互联网本身无时无刻不在发生变化,而依托于互联网发展起来的电子商务活动在短短的几十年中经历了从兴起到稳定发展的过程,给人们的生活带来了天翻地覆的变化。网民在家里随便动动手指,就可以买到国外的产品,享受到国外的服务。为了迎合人们日益丰富的需求,数字化产品和服务更是层出不穷。但网络和电子商务的迅速发展却产生了税收制度相对滞后的问题,给税务当局及时调整相关法律规范、有效征收税款带来了新的挑战。

二、跨境电子商务模式

（一）按交易模式分类

从交易模式的角度，跨境电子商务主要分为B2B跨境电子商务模式、B2C跨境电子商务模式、C2C跨境电子商务模式和O2O跨境电子商务模式。

1. B2B跨境电子商务模式

B2B是英文Business-to-Business的缩写。跨境电子商务B2B是指商家对商家的跨境电子商务，即分属不同关境的企业，通过电子商务平台达成交易，进行支付结算，并通过跨境物流送达商品、完成交易的一种国际商业活动。从广义层面来看，跨境电子商务B2B指互联网化的企业对企业跨境贸易活动，也即"互联网+传统国际贸易"。从狭义层面来看，跨境电子商务B2B指基于电子商务信息平台或交易平台的企业对企业的跨境贸易活动。我们平时谈论的跨境电子商务B2B，一般使用的是狭义概念。

常见的跨境电子商务B2B的模式

2. B2C跨境电子商务模式

B2C是英文Business-to-Customer的缩写。跨境电子商务B2C是跨境电子商务中一种非常重要的商业模式，该模式是指分属不同关境的企业直接面向消费者个人开展的在线销售产品和服务，通过电子商务平台达成交易进行支付结算，并通过跨境物流送达商品、完成交易的一种国际商业活动。这是一种新型的国际贸易形式，同传统国际贸易交易过程相似，包括交易前的准备、交易谈判和签订合同、合同的履行和后期服务等整个过程。跨境电子商务B2C又称外贸B2C、小额外贸电子商务、跨境电子商务平台或者自建的跨境电子商务网站，其采用国际航空小包和国际快递等方式将国内的产品或服务直接销售给国外消费者。

知识拓展

全国首个跨境电子商务B2C包裹退货新模式在钱塘新区投入运行

某日，一辆标有蓝色"跨境电子商务退货通行证"的厢式货车在监管下缓缓进入钱塘海关的中国海关卡口。这也意味着全国首个跨境电子商务B2C包裹退货新模式在钱塘新区保税区投入运行。

目前开展跨境保税进口业务的城市，退货包裹一般是退到特殊监管区域之外的仓库。"由于货物状态及退货时效等原因，无法退到特殊监管区域之内，会给消费者和电子商务平台带来很多不便。"杭州综保区管理办公室服务促进科副科长李伟军说，例如，超过30日退货期限，除了要向海关缴纳相应税款外，还会影响个人年度交易累计金额。

就拿税款来说，这可不是一笔小数目。据钱江海关初步统计，截至目前，杭州区域内天猫国际、网易考拉、云集等大型电子商务平台区外存放退货包裹累计35万多个，货值超过1亿元人民币，主要有母婴、美妆、保健、服装鞋靴等商品。"按照目前消费者海淘购买进口商品综合税点为 9.1% 来算,税款高达 900 万元人民币。而在原有模式下,部分边远地区确实很难保证在 30 日内实现退货,这笔费用一般是电子商务平台自行承担,也容易滋生矛盾纠纷。"李伟军说。

综合保税区运行的新模式,正是对这些痛点"对症下药"。通过此模式,存放区外的退货包裹按照海关要求进行退货后,将不予征收相应税款,且消费者的个人年度交易累计金额也将进行相应调整。这对促进跨境电子商务零售进口退货业务发展来说,无疑是一个重大的利好消息。

在保税区现场,记者看到从卡口施封、核验、剪封、交接、登记、理货、抽核、再次施封到出区,载有退货包裹的车辆共需经过 8 项跨境电子商务网购保税零售进口退货流程。钱江海关主任科员黄维文面前有一台屏幕,正在对通关情况实时监控:"我们还要对退货的包裹进行抽核,确保包裹内物品与退货信息一致。"

跨境电子商务 B2C 包裹退货业务在为跨境电子商务及消费者带来便利的同时,也为海关部门带来了与日俱增的退货量。如何确保监管到位?如何办理退货有序进入保税区?为此,杭州综合保税区管理办公室与钱江海关驻下沙办事处进行多次协调,向科技要效率,创新监管方式,制定了《跨境电子商务网购保税零售进口退货业务操作指引》及车辆进出区操作流程,提高了通关速度。

"希望通过我们的服务,消费者和商家可以轻松和放心地'买全球、卖全球',推动钱塘新区跨境电子商务行业健康有序发展。"杭州综保区相关负责人表示。

资料来源:全国首个跨境电商 B2C 包裹退货新模式在钱塘新区投入运行[EB/OL].(2019-05-10). http://www.100ec.cn/ detail--6508042.html.

3. C2C 跨境电子商务模式

C2C 是英文 Customer-to-Customer 的缩写,指分属不同关境的个人卖方对个人买方开展在线销售产品和服务,主要通过第三方交易平台实现个人对个人的电子交易活动,也有人称之为"海代"(即海外代购)。C2C 的平台效应可以满足碎片化的用户个性化需求,并形成规模。但 C2C 模式还是有其固有的痛点,C2C 平台销售商品真假难辨,在获取消费者信任方面还有很长的路要走。另外,服务体验的掌控度差,个人代购存在法律政策风险。

4. O2O 跨境电子商务模式

O2O 即 Online to Offline,跨境电子商务 O2O 主要作用于商品消费领域。将线下的商业机会与互联网结合,让互联网成为线下交易的前台,实现实体资源和虚拟资源的互通互用。O2O 跨境电子商务模式分为两大类:B2B 跨境电子商务 O2O 和 B2C 跨境电子商务 O2O。前者以出口为主,后者又分为跨境电子商务进口 O2O 和跨境电子商务出口 O2O。

进口跨境电商新零售 O2O 成功案例

案例 1:中大门——全国首家"秒通关"跨境购物公园

客户背景:作为河南保税物流中心的全资子公司,中大门国际购物公园定位在基于 E

贸易的 O2O 式跨境电子商务平台，是全国跨境电子商务综合试验区代表，采用 B2B2C 模式打造全品类的消费体验。全球好货精挑细选，涵盖进口母婴用品、美妆个护、服饰鞋包、生鲜美食、汽车等多种跨境商品，满足消费者的一切购物需求。

模式解析：伴随着"一带一路"和"网上丝绸之路"的推进，在跨境的红海之中，中大门依靠其河南保税物流中心+E 贸易的背景，2017 年 9 月 1 日，中大门国际购物公园全新启幕。中大门引入多业态和多商家，包括跨境电子商务小红书、聚美优品等，涵盖多种跨境商品品类，并开设线下体验店。

"秒通关"解决方案

案例 2：贝莱优品——全渠道跨境零售商

客户背景：贝莱优品精选来自德国、日本、荷兰、澳洲、法国等全球 11 个国家和地区的优质产品，涵盖母婴、彩妆、护肤、保健品、日用品、食品等上百种品类，包括 POLA、freeplus、森田、DHC、花王等国内消费者钟爱的品牌，为顾客提供便利的跨境商品直购体验。目前，除网上商城外，贝莱优品已在全国各省市落地 30 家实体门店。

模式解析：2016 年 7 月，贝莱优品携手笔者公司布局全渠道零售系统，特别搭建了独立的线上社群电子商务平台——贝莱优品 App，通过统筹线上线下多渠道复杂数据，以"PC/App/门店"三端合一的 O2O 模式，为消费者提供了全新的零售购物体验。在贝莱优品，顾客可以通过网上商城和 App 下单，也可以直接"杀"到实体店血拼，购物方式更多样且线上线下货源完全一致。对于消费者来说，实体店就在那里，想要退货很方便，质量绝对有保障，比单纯的网购更安心。贝莱优品还借助笔者公司强大的跨境 ERP 管理系统，对接重庆保税仓系统，轻松处理跨境商品的下单、报关、发货，提高跨境商品的通关报税效率，让顾客更快拿到心心念念的商品。

案例 3：胡萝卜村——首家完全整合跨境电子商务全产业链

客户背景：胡萝卜村是一家整合跨境电子商务全产业链的公司，在德国境内，中国福建、山东、香港等注册分公司，根植中国广州。业务板块涵盖海外采购、供应链、国际物流业务、保税仓储业务、零售业务、连锁加盟业务等多个板块。

模式解析：胡萝卜村通过笔者公司全渠道零售系统，在前端借助来店易 App 和 UPOS，实现跨境商品线上交易与顾客移动营销。通过自建欧洲"下单—批量采购—集货空运—保税仓清关—快递发货"的集货直邮路线，实现线上下单线下实体店提货或保税仓发货到家。在后端借助跨境 ERP 系统，对接各大线上跨境平台，通过宁波、广州、郑州等国内保税区处理商品下单、报关、发货与退换货服务等，形成全渠道销售+O2O 服务闭环，重塑跨境电子商务产业链。

资料来源：黎代云. 盘点：进口跨境电商新零售 O2O 成功案例[EB/OL]. （2019-05-06）. http://www.100ec.cn/detail--6507330.html.

（二）按商品流向分类

跨境电子商务渐渐成为外贸增长新引擎。从商品流向的角度分，跨境电子商务模式可以分为进口跨境电子商务模式和出口跨境电子商务模式。进口贸易方面，贸易交易规模持续上涨。数据显示，2018 年我国进出口贸易交易规模达到了 30.5 万亿元；其中出口 16.4 万亿元，进口 14.1 万亿元。到 2019 年 9 月，我国进出口贸易交易规模为 229 145 亿元，同比增长 2.8%；其中出口 124 803 亿元，进口 104 342 亿元。这意味着目前跨境出口电子商务发展较快，而跨境进口电子商务还处于稳步发展阶段。这种进出口结构集中反映了我国目前仍然是以出口为主、进口为辅的经济结构。

知识拓展

2019 年我国通过海关跨境电商管理平台进出口增长率为 38.3%

海关总署副署长邹志武在 2020 年 1 月 14 日召开的发布会上表示，2019 年，通过海关跨境电子商务管理平台进出口达到 1862.1 亿元，增长了 38.3%。市场采购方式进出口为 5629.5 亿元，增长了 19.7%。两者合计对整体外贸增长贡献率近 14%。

2019 年，我国贸易方式结构持续优化，产业链更长、附加值更高、更能反映企业自主发展能力的一般贸易进出口增长 5.6%，占我国外贸进出口比重达到 59%，这个占比比 2018 年提升了 1.2 个百分点。

邹志武表示，2019 年我国出口商品价格指数上涨 2.8%，进口商品价格指数上涨 1.4%，贸易条件指数是 101.4。"这说明我们出口同样多的商品可以换回更多的商品。从这个角度来讲，我们的竞争优势进一步提高。"邹志武介绍，根据 WTO 最新数据测算，2019 年 1—9 月，我国机电类产品、劳动密集类产品在全球市场份额分别提高 0.2 和 0.9 个百分点。

同时，部分附加值高的产品出口保持良好增长态势。如 2019 年我国集成电路出口增长 25.3%，半导体器件出口增长 26.3%，太阳能电池出口增长 47.5%，金属加工机床增长近 15%。出口品牌建设成效也比较显著，2019 年自主品牌商品出口 2.9 万亿元，增长 12%，占出口总值近 17%，比 2018 年提升了 1.1 个百分点。

此外，2019 年我国民生消费类产品进口快速增长。2019 年，我国消费品进口增长 19%，其中包括水果、化妆品、水海产品进口大幅增长，达到 39.8%、38.8% 和 37.6%。电动载人汽车进口增长 1.2 倍，人用疫苗进口增长近 90%。邹志武认为，我国巨大的消费市场对消费品进口增长起到了非常大的拉动作用。

资料来源：2019 年我国通过海关跨境电商管理平台进出口增长率为 38.3%[EB/OL].（2020-01-14）. http://news.sina.com.cn/c/2020-01-14/doc-iihnzahk4029230.shtml.

1. 进口跨境电子商务模式

进口跨境电子商务模式是海外卖家将商品直销给国内的买家，一般是国内消费者访问境外商家的购物网站选择商品，然后下单，由境外卖家发国际快递给国内消费者。近年来，进口跨境电子商务的不断发展开拓出一个新兴的蓝海市场。由于货源组织供应、国际仓储物流、国内保税清关、模式选品等环节的不同选择，使进口跨境电子商务表现出了众多商业模式。

（1）M2C 模式，即 Manufacturers to Consumers（生产厂家对消费者），是生产厂家

通过网络平台直接对消费者提供自己生产的产品或服务的一种商业模式。该模式的优势是用户信任度高，商家需有海外零售资质和授权，商品海外直邮，并且提供本地退换货服务；其缺点在于大多为代运营，价位高，品牌端管控力弱。采用这种模式的典型企业如天猫国际。

（2）保税自营+直采模式。采用该模式的电子商务平台直接参与货源的组织与物流仓储买卖流程，采购商品主要以爆款商品为主，物流配送方面采用在保税区自建仓库的方式。该模式的缺点是品类受限，同时还有资金压力，不论是上游供应链、物流清关时效，还是在保税区自建仓储，又或者做营销打价格战，补贴用户提高转化复购都需要充裕的现金流支持。采用这种模式的典型企业如京东、聚美优品、蜜芽宝贝等。

（3）海外买手制。该模式中，海外买手（个人代购）入驻平台开店，从品类来看，以长尾非标品为主。该模式最大的问题是商品真假难辨，在获取消费者信任方面还有很长的路要走。采用这种模式的典型企业如淘宝全球购、洋码头、海蜜等。

 知识拓展

盘点：洋码头推出四大举措扶持跨境商家，上线资金快周转服务

针对跨境商家资金周转率低、获客难、获客成本高、缺乏电子商务运营经验、物流难等生意痛点，洋码头推出四大扶持举措，包括：T+2 资金快周转、"播买手"品牌打造、一对一精英买手扶持、引入物流等多种第三方服务商。

洋码头创始人兼 CEO 曾碧波表示，通过一系列实实在在的扶持措施，解决跨境卖家的生意痛点，让优质卖家降低成本和风险，并获得快速成长，这样才能投入更多时间和精力在挖掘优质商品及软实力服务上，以应对和满足新消费时代国内日益膨胀的海外购物需求。

具体而言，洋码头的资金快周转服务旨在帮助买手商家加速完成交易款项结算，提高资金周转效率，解决生意痛点。洋码头资金快周转服务可实现 T+2 个工作日完成交易，符合条件的买手发货后有物流状态即可发起申请，2 个工作日内完成款项结转。

打造"播买手"品牌，则是让主播赋能商品，实现价值提升，促进交易转化，并带来精准潜在用户。

据官方数据统计，洋码头视频直播日常客单价高达 900 元，大促时超过 1100 元，由于视频直播能全面覆盖消费场景，全方位对商品进行展示，用户信任度高，最能接近用户的决策端，因此直播电子商务的产出占比正在快速增加，单场直播销售额可达数十万元。

洋码头此次招募全球买手，将利用自身平台资源和优势，根据买手商家所在区域、销售场景、选品定位、自身特色等进行直播买手包装，打造"播买手"品牌。拥有很强的专业知识，走专业达人路线，有网红属性就打造成网红型买手；很好的产品可通过内容包装走精品化直播路线。同时，洋码头还将通过优化产品结构及交互体验、用户分层运营、大数据个性化推送等方式进行站内流量扶持，让优质有特色的海外商品通过直播 360°无死角露出。另外还将开展专属的直播大促，并通过精准营销、品牌传播等方式引入外部流量资源。

与此同时，洋码头此次招募全球买手将进行一对一精英买手扶持计划。该计划致力于加速新买手商家的成长，赋能新买手商家加速从0到1，还将开通绿色通道，给予买手入驻指导和平台规则、选品、运营等方面的专业培训，帮助其快速建立完善的洋码头店铺运营体系。对于已具有一定资质的成长型商家，还可以获得丰富的平台权益，包括新品搜索加权、特色商品流量扶持、社交场景粉丝变现、类目选品指引、营销活动权益等。

另外，除了官方直邮的贝海国际外，洋码头还开放了第三方直邮、保税等多种物流方式，同时为商家提供了海外集采，多地发货，降低了采购成本，同时支持多地库存管理，提升供应链管理效率与灵活度。

除此之外，针对不同买手商家的长短板，洋码头还将引进代运营服务商、营销及内容、直播等MCN机构服务商，以满足卖家在运营、营销等多方面的需求。

资料来源：盘点：洋码头推出四大举措扶持跨境商家，上线资金快周转服务[EB/OL].（2019-06-06）. http://www.100ec.cn/detail--6512241.html.

（4）内容分享/社区资讯模式。该模式借助海外购物分享社区和用户口碑提高转化率，以内容引导消费，实现自然转化。其优势在于该模式能够形成天然海外品牌培育基地，将流量转化为交易。采用这种模式的典型企业为小红书。

2. 出口跨境电子商务模式

出口跨境电子商务模式是国内卖家将商品直销给境外的买家，境外买家通过访问跨境电子商务交易平台与境内生产商或供应商磋商，在线下单购买商品，并完成支付，由国内的商家通过国际物流将商品发至国外买家。按照交易流通环节中我国跨境电子商务企业的地位作用及商业模式的区别，出口跨境电子商务模式可以划分为以下三类。

（1）跨境大宗交易平台（大宗B2B）模式。跨境大宗交易平台模式主要是依托自主网络营销平台，传递供应商或采购商等合作伙伴的商品或服务信息，最终达成交易的一种模式。这种模式的主要特点是订单较集中，批量也比较大，交易洽谈及货物的运输都在线下完成，与传统贸易联系较大，由海关负责贸易统计，会员费和营销推广费是网站的主要收入来源。典型的代表平台有阿里巴巴、中国制造网、环球资源网等。

（2）综合类跨境小额交易平台（小宗B2B或C2C）模式。在此模式下，网站平台仅是一个独立的第三方销售平台，买卖双方通过平台提供的商品信息下单成交。这种模式的主要特点是批量比较小，但是贸易的频率比较高，多属于直接面向消费者的情况，订单比较分散，由快递公司或邮局间接负责货物的报关程序而网站并不参与货物物流及货款的支付环节，其盈利方式主要是在成交价格基础上提取一定比例的佣金，此外还包括会员费、广告费等增值服务费。典型的代表网站有阿里速卖通、敦煌网等。

（3）垂直类跨境小额交易平台（独立B2C）模式。在此模式下，独立的跨境B2C平台可以通过自建的交易平台，利用自己广大的资源优势联系境内外企业，寻求供货商，独家代理或买断货源，将商品放在平台上销售。这种模式的主要特点是平台拥有自己的支付、物流、客户服务等体系，通过平台将采购到的商品纷纷销往国外，主要的收入来源于商品的销售收入，赚取差价。这一模式的主要代表有兰亭集势、帝科思、米兰网等。

第二节 跨境电子商务发展概述

一、跨境电子商务的发展

（一）中国跨境电子商务的发展

1999年阿里巴巴成立，拉开了中国跨境电子商务发展的序幕，标志着国内供应商通过互联网与海外买家实现了对接，踏出了我国探索跨境电子商务的第一步。在接下来近二十年的发展中，我国的跨境电子商务主要经历了三个阶段。

1. 跨境电子商务1.0阶段（1999—2003年）

该阶段是我国跨境电子商务发展的起步阶段。该阶段的主要商业模式是网上展示、线下交易的外贸信息服务模式。在该发展阶段，第三方交易平台的主要功能是为企业信息及产品提供网络展示平台，并不在网络上涉及任何交易环节。此时的第三方平台盈利模式只是通过向进行信息展示的企业收取会员费（如服务费）。跨境电子商务1.0阶段发展过程中，也逐渐衍生出竞价推广，咨询服务等为供应商提供一条龙的信息流增值服务。

跨境电子商务1.0阶段的最典型代表是1999年创立的阿里巴巴。当时的阿里巴巴给中国的中小企业提供了在互联网上展示的黄页平台，致力于将中国企业的产品信息向全球客户展示，定位于B2B大宗贸易。买方通过阿里巴巴平台了解到卖方的产品信息，然后通过线下洽谈成交。

1970年成立的环球资源网也是亚洲较早的提供贸易市场资讯者。在此期间还出现了中国制造网、韩国EC21网、Kellysearch等大量以供需信息交易为主的跨境电子商务平台。跨境电子商务1.0阶段虽然通过互联网解决了中国贸易信息面向世界买家的难题，但是依然无法完成在线交易，对于外贸电子商务产业链的整合仅完成了信息流整合环节。

2. 跨境电子商务2.0阶段（2004—2012年）

随着跨境电子商务的发展，企业对电子商务平台的服务需求逐渐多样化，这也催生了跨境电子商务平台开始摆脱信息黄页的展示行为，将线下交易、支付、物流等流程实现电子化，逐步实现了在线交易。2004年敦煌网的上线，标志着国内跨境电子商务进入了新的发展阶段。

相比较第一阶段，跨境电子商务2.0更能体现电子商务的本质。该阶段，B2B平台模式成为主流，通过直接对接中小企业商户，使产业链进一步缩短，提升了商品的利润空间，信息、服务、资源等得到了进一步的优化整合。

同时，在跨境电子商务2.0阶段，第三方平台实现了营收的多元化，同时实现后向收费模式，将"会员收费"改成以收取交易佣金为主，即按成交效果来收取百分点佣金。同时还通过平台上营销推广、支付服务、物流服务等获得了增值收益。

3. 跨境电子商务3.0阶段（2013年至今）

2013年成为跨境电子商务的重要转型年，跨境电子商务全产业链都出现了商业模式的变化。随着跨境电子商务的转型，跨境电子商务 3.0 "大时代"随之到来。跨境电子商务 3.0 具有大型工厂上线、B 类买家成规模、中大额订单比例提升、大型服务商加入和移动用户量爆发 5 方面特征。与此同时，跨境电子商务 3.0 服务全面升级，平台承载能力更强，全产业链服务在线化也是 3.0 时代的重要特征。

在跨境电子商务 3.0 阶段，用户群体由草根创业向工厂、外贸公司转变，且具有极强的生产设计管理能力。平台销售产品由网商、二手货源向一手货源好产品转变。

一方面，3.0 阶段的主要卖家群体正处于从传统外贸业务向跨境电子商务业务的艰难转型期，生产模式由大生产线向柔性制造转变，对代运营和产业链配套服务需求较高。另一方面，3.0 阶段的主要平台模式也由 C2C、B2C 向 B2B、M2B 模式转变，批发商买家的中大额交易成为平台主要订单。

跨境电子商务行业可以快速发展到 3.0 阶段，主要得益于以下几个方面。

（1）得益于国家、地方的高度重视。在中央及各地政府大力推动的同时，跨境电子商务行业的规范和优惠政策也相继出台，如《关于跨境贸易电子商务进出境货物、物品有关监管事宜的公告》（海关总署 2014 年第 56 号）、《关于进一步促进电子商务健康快速发展有关工作的通知》（发改办高技〔2013〕894 号）、《关于促进电子商务健康快速发展有关工作的通知》（发改办高技〔2012〕226 号）、《关于开展国家电子商务示范城市创建工作的指导意见》（发改高技〔2011〕463 号）等多项与跨境电子商务相关政策的出台，在规范跨境电子商务行业市场的同时，也让跨境电子商务企业开展跨境电子商务业务得到了保障。

（2）B2B 电子商务模式在全球贸易市场发展迅猛。相关数据指出，2013 年，美国 B2B 在线交易额达 5590 亿美元，是 B2C 交易额的 2.5 倍。在采购商方面，59%采购商以在线采购为主，27%采购商月平均在线采购 5000 美元，50%供货商努力让买家从线下转移到线上，提升了利润和竞争力。

（3）移动电子商务快速发展。智能手机和无线上网技术的发展，推动了互联网从 PC 端走向更为方便快捷的移动互联网端。移动互联网优化了人们的线上购物体验，对跨境 3.0 时代的到来提供了有力的支持。相关数据显示，2013 年，智能手机用户占全球人口 22%，首次超过 PC 比例，智能手机达 14 亿台。同时，另据公开的统计数据，2013 年圣诞购物季期间，亚马逊商城使用移动端进行购物的用户占比达 50%。2014 年，美国比价网站 PriceGrabber 的调查显示，40%的消费者在感恩节购物季会在进商场前进行网上比价，50%的消费者表示在商场会使用智能手机进行网上比价。

一方面，移动电子商务的快速发展得益于大屏智能手机和 Wi-Fi 网络环境的改善，使用户移动购物体验获得较大提高，用户移动购物习惯逐渐形成；另一方面，电子商务企业在移动端的积极推广和促销活动都进一步促进了移动购物市场交易规模的大幅增长。

（二）跨境电子商务的未来发展趋势

在经济全球化及电子商务快速发展的大趋势下，跨境电子商务是未来国际贸易发展的必然趋势。跨境电子商务具有开放、高效、便利、进入门槛低等优势，它借助互联网技术实现商品和服务的跨境交易，冲破了各国进口许可的障碍，使国际贸易呈现出无国界的特征,在未来的发展过程中,必将朝向营造良好电子商务交易环境方面发展。

1. 全渠道购物更加普遍

现在大部分人都会有多种购物方式,节假日逛街在实体店消费,平日里不想出门就在网上购物,或者是网上购买再到店内自提。

购物方式之所以呈现出多样性,是因为现在互联网的飞速发展及智能手机等移动设备的普及使实体店与电子商务市场之间的界限越来越模糊。

有数据表示,有73%的消费者在购物的过程中使用过多种渠道,这也证明了多渠道购物方式是当前趋势。

对于卖家来说,这意味着需要了解消费者的方面变得更多,消费者使用的渠道越多,平均订单价值增加的可能性就越大,卖家需要洞察消费者在特定的渠道会购买什么商品,购买的原因和方式,包括购买的时间。

了解了这些方面,卖家才能更加清楚如何去推广产品和分配营销预算。

2. 海外仓发展迅猛

经过5年左右的发展时间,海外仓终于在2014年浮出水面,迎来疯狂增长。深圳大卖家纷纷在海外建仓。各种物流公司、海外实体公司都纷纷转向海外仓项目。最早做海外仓的出口易和递四方都陆续扩大海外仓规模。受到亚马逊良好业绩的影响,eBay、速卖通也开始加大布局海外仓的力度。浙江省更是推出扶持百家海外仓计划。海外仓成为跨境电子商务发展的重要环节和服务支撑,对我国外贸发展方式的转型升级有一定的积极作用,提升了外贸方式的便捷性和效率,在拓展国际营销网络、提升外贸企业竞争优势等方面发挥了积极作用。

海外仓能够扩展跨境电子商务品类。通过海外仓,原来笨重、泡货、易碎的商品也可以进行跨境交易,当地发货。另外,海外仓离消费者很近,可以实施退换货,能够极大地提高客户体验,进而提高销售额。

但海外仓并不是完美的。海外仓需要巨大的投入和精细化管理。国外的人力成本相当高昂。很多人眼中的海外仓,其实只是在海外租个仓库,采用很简单的WMS系统,想要达到亚马逊仓储运营中心那样的效率还差很远。

3. 社交购物兴起

现在很多的社交媒体平台(如Facebook、YouTube、Twitter等)都推出了"buy"按钮,不仅能够让消费者更加方便快捷地在自己选择的社交媒体平台上购物,还显著改善了自身的社交销售功能,使得社媒平台不再仅仅是一个广告渠道。

这种电子商务趋势的兴起也在很大程度上减少了消费者在社交媒体上购物的时间和精力,让购物体验变得更舒适便捷。

这也是卖家和社媒平台双赢的局面,卖家可以在社媒上创建广告来增加曝光量,促成消费,而这也能让社媒平台更加具有知名度。

4. 小语种市场变热

2014年跨境平台电子商务开始激烈争夺小语种市场。在小语种地区提供本地化服务的平台并不鲜见,比如速卖通专门针对巴西市场推出葡萄牙语网站,在物流和支付上也加强与巴西本土服务商的合作。又比如,兰亭有27种语言,利用北京多语言优势,通过聘用留学生、海归、兼职翻译人员等，实现了小语种的市场突破。

目前最有价值的小语种市场主要有：① 俄语。排名第一。人多地大，无可争议。国内大龙网这两年都在深耕俄罗斯市场。② 日语。日本是世界第三大经济体，日语的影响力不容小觑。③ 德语。德国是欧洲经济实力最强的国家，金融危机之后一枝独秀。④ 西班牙语。西班牙曾为第一个日不落帝国，当年的殖民扩张使其在广大的拉丁美洲，甚至北美洲、欧洲都有很大的影响和受众。西班牙语是开拓南美电子商务市场的通用语言。⑤ 法语。在拿破仑时期，法国是欧洲最强大的国家，但随着英国崛起，法语受到了英语一统天下的威胁，目前影响力还不如西班牙语。

早期的电子商务主要以欧美市场为主。2013年俄罗斯市场大爆发。金砖国家受到国际大电子商务平台的高度关注。但是到了2015年，俄罗斯市场由于乌克兰危机，卢布大幅度贬值，购买力严重下降。其他金砖国家表现也开始趋于疲软。环顾全球，只剩下中东、非洲和东南亚未受到影响，还对中国物美价廉的商品有着巨大的需求。

5．移动购物崛起

经过几年的发展，移动市场已经愈发成熟。

现代人越来越追求便利的生活，移动电子商务的崛起也离不开这个原因，越来越多的消费者希望不需要通过电脑就可以完成购物，而在移动设备上，消费者可以实现随时随地浏览、研究和购买商品。

卖家在2020年可以对此采取一些行动帮助自己实现更好的销售。

（1）移动端人性化支付——首先要检查一下移动支付过程中的速度和效率，还有无缝性和用户友好性。

（2）使用消息推送进行推广和再营销——卖家可以通过移动设备向消费者推送独家折扣或者促销活动等消息，不仅便于吸引活跃的客户进行购物，还能够重新接触不太活跃的消费者，在他们面前刷存在感。

6．保税模式潜力巨大

保税模式是商家通过大数据分析，将可能热卖的商品通过海运等物流方式提前进口到保税区，国内消费者通过网络下单后，商家直接从保税区发货，更类似于B2B2C。相比于散、小、慢的国际直邮方式，保税模式可以通过集中进口采用海运等物流方式，降低物流成本。同时，商家从保税区发货的物流速度较快，几乎与国内网购无差别，缩短等待时间，从而有更好的网购体验。

从监管角度讲，保税模式也有利于提高税收监管的便利性。虽然保税模式会对商家的资金实力提出更高要求，但从目前来看，保税模式是适合跨境电子商务发展的集货模式，也是国内电子商务平台选用的主要模式。同时也要看到，通过保税模式进入仓库的货物能以个人物品清关，无须缴纳传统进口贸易17%的增值税，可能会对传统进口贸易带来冲击，监管部门也正在摸索着制定和完善相应的监管政策。

7．语音电子商务的到来

早在2016年11月，亚马逊就已经推出了语音购物功能，用户可以使用语音助手ALexa来购买节日物品，不得不说，亚马逊在电子商务市场的敏锐度真的非常高。

所谓语音电子商务，就是消费者和可以通过语音设备与卖家进行交易。到现在，这样的语音浏览已经被消费者广泛地采用，语音电子商务也异军突起，为电子商务企业的销售和发展开辟了一条新的渠道。有着天然条件的亚马逊卖家们现在一定要好好把握这一优势。

电子商务市场就像世界的缩影，不管是买家、卖家还是平台，都在不断地进步和发展。

全球消费者生活水平的日益上升增强了其购买力，也加大了购买需求，基础设施和技术的不断进步也让消费者的购物体验越来越便捷舒适。

8. 阳光化将是大势所趋

由于历史因素和体制机制不完善，海关对邮包的综合抽查率较低，难以对每个邮包进行拆包查验货值和商品种类，大量的海淘快件邮包实际上不征税，直接导致我国跨境电子商务还存在不符合条件的商品利用政策漏洞的灰色通关现象。

随着跨境电子商务规模的扩大，开正门、堵偏门，将灰色清关物品纳入到法定行邮监管的必要性不断增强。同时，跨境电子商务阳光化有助于保障正品销售、降低物流成本、完善售后制度，这是未来跨境电子商务发展的必然方向。未来，随着跨境电子商务试点阳光化继续推进，监管经验不断累积丰富，阳光模式会更加流程化、制度化。因此，未来电子商务发展前景依然会充满光明。

9. 跨境电子商务发展生态圈

跨境电子商务是一个生态圈，包括跨境电子商务平台、电子商务企业、电子商务服务企业、政府、园区等。一个好的生态圈不仅是买卖，更要注重产业发展，要打通上下游，疏通左中右，营造良好环境。杭州的跨境电子商务为什么发展得这么好，很重要的原因是杭州有很好的电子商务生态圈。杭州不仅有阿里巴巴 B2B 这个全球最大的企业间电子商务交易平台，淘宝网为全球最大的网络零售平台，支付宝等第三方支付平台为全球最大的网络支付平台，有中国化工网、中国服装网、中国包装网、中国塑料网等一批行业领先企业，更有各类网店几十万家，还有 IT 服务、仓储物流、营销推广、视频美工等电子商务服务类企业两千多家；有一达通、融易通、跨境通、跨境购等，以及浙江物产、杭州、宁波、义乌等跨境电子商务综合服务平台。

10. 平台模式成为服务共识

电子商务服务平台随着其规模的进一步扩大，将进一步强化平台的规模效应和网络效应，提高平台的生存能力和服务能力。一是政府各类公共服务平台，如从中央到省、市、县级的电子商务促进机构、电子商务园区，其服务模式将继续创新，在服务环节、服务范围和服务功能上实现更大突破，为跨境电子商务提供无处不在、随需随取、极其丰富、成本极低的商务服务，逐步实现从"工具性平台"向"生态性平台"过渡。二是交易平台，阿里巴巴、敦煌网、环球资源网、中国制造网等电子商务平台企业占据了我国跨境电子商务较大的市场份额。其不参与交易，只是为平台上的买卖双方提供撮合机会。目前，跨境电子商务交易平台仍然是投资和发展的热点，国内众多电子商务公司纷纷推出国际板块和全球购的服务项目。2015 年，网易公司上线"考拉海购"，顺丰速运上线"顺丰海淘"，京东商城推出了"京东全球购"，一些传统零售企业，如步步高、大商集团、中粮、华润万家等也开始纷纷涉足跨境电子商务领域。保障正品、价格优势、物流体验好、售后完善将是跨境电子商务企业的核心竞争优势。三是进出口流程外包服务平台，就是外贸综合服务企业，如一达通，通过互联网为中小企业和个人提供通关、物流、外汇、退税、金融等所有一站式进出口环节服务。

11. 技术创新推动服务创新

管理创新、服务创新与技术创新相辅相成，互相促进。第三次工业革命的浪潮正席卷而来，以互联网技术为代表的信息技术发展是其中最主要的方向之一。云计算、大数据、物联网、移动互联、机器学习、虚拟现实等技术创新，将为跨境电子商务服务模式创新提供新的发展动力和新的拓展空间。以云计算和大数据为例，云计算将为商业服务提供强大的技术支持，解决计算能力、存储空间、带宽资源等瓶颈问题，未来的商业软件与服务将广泛部署在云计算平台上；大数据不仅能够为营销提供帮助，还能为企业日常经营、生产、创新提供支撑，目前大数据相关服务已延伸到零售、金融、教育、医疗、体育、制造、影视等各行各业。

知识拓展

突破瓶颈，无锡跨境电子商务发展按下"快进键"

日前印发的《长江三角洲区域一体化发展规划纲要》中提到要加快无锡等地跨境电子商务综合试验区建设，打造全球数字贸易高地。入选这份重磅文件，意味着无锡跨境电子商务发展需要按下"快进键"。市商务局人士表示，无锡的跨境电子商务将通过加大人才交流、提升平台服务，真正融入到一体化发展体系里。

自2018年8月入选第二批跨境电子商务综试区以来，无锡先后已有180家企业在跨境电子商务公共平台上完成备案；跨境电子商务直邮进出口（9610）和保税进口（1210）业务发展步入正轨；江阴、宜兴、新吴、梁溪跨境电子商务产业园均已开园……据统计，2019年前三季度全市跨境电子商务进出口交易额为16.1亿美元，同比增长15%，其中B2B出口12.9亿美元，同比增长18%。

纵向比进步不小，横向比差距凸显。自9月5日无锡海关宣布第一批网购保税物品完成审核并成功发运至今，9610业务累计完成2400多单，共计万余件，而南京已突破百万件；近邻苏州，跨境电子商务公共平台累计登记备案企业已超过458家，是我市的2.5倍。"人才和服务是制约无锡跨境电子商务发展的两大短板。"

高水平建设国家跨境电子商务综合试验区，需要突破瓶颈制约。市商务局跨境电子商务处负责人表示，跨境电子商务是以跨境电子交易为依托，以大数据为支撑，以数字技术为驱动的新型数字贸易，一方面需要专业人才的加入，另一方面要依托服务支撑企业用好公共平台。

据介绍，无锡近来已接连出招。7月，"产业转型跨境电子商务全流程辅导平台"和"全球贸易精准营销大数据平台"两大平台上线，为企业提供了境外市场开拓、精准营销定位及国际品牌打造等服务，截至目前，已有130多家企业享受了平台的点对点服务。而在人才方面，10月下旬，无锡与东南亚最大的跨境电子商务平台shopee正式展开合作，将其平台运营直接植入无锡太湖学院相关课程，让学生通过在线创业的方式习得知识与积累经验。

据商务局人士透露，下一步我市将进一步加大政策方面的支持力度，加快建设跨境电子商务综试区线上平台，根据服务企业数量和业绩给予最高不超过 100 万元的支持；对企业通过跨境电子商务 9610 模式查验放行货物货值达到 150 万元的，按照年度海关实际放行的包裹数量给予不超过 2.5 元/个的支持，最高 100 万元；对具备一定出口规模、经营状况良好、积极开展跨境电子商务业务并取得实效的企业，给予最高 200 万元的支持，培育一批集聚发展、各具特色的跨境电子商务产业集群，做大跨境电子商务规模。

资料来源：突破瓶颈，无锡跨境电商发展按下"快进键"[EB/OL]．（2019-12-07）．http://www.100ec.cn/detail--6537482.html.

二、跨境电子商务的时代机遇

（一）政策的大力支持

随着经济的网络化、数字化和全球化的推进，跨境电子商务行业对促进国民经济的发展起着越来越重要的作用。政府大力扶持和引导跨境电子商务发展的相关政策在行业的发展进程中格外重要，是关键时期跨境电子商务行业取得突破发展的重要催化剂。为了促进跨境电子商务的快速健康发展，大量跨境电子商务行业政策法规、条例相继出台，并逐步开始正式施行。

（二）支付体系的完善

由于跨境电子商务涉及全球的国家与地区达到两百多个，这些国家与地区的法律法规、文化、经济等存在差异，因此会导致这些国家与地区的消费者在首选支付方式上存在很大的不同。到底如何为国外消费者提供更加便捷有效的支付方式，成为跨境电子商务行业发展的一大难题。国内跨境电子商务企业要考虑跨境资金的安全问题，还要照顾到跨境用户的网购体验，这一系列的问题都给跨境支付体系带来了巨大的考验。

（三）全球新兴市场的拓展

当下，国内跨境出口零售商的业务已经遍及全球大部分国家和地区，不仅在欧美市场上取得了骄人成绩，在巴西、俄罗斯等新兴市场的成交量也非常可观。中国商品销往俄罗斯、以色列、韩国、越南等一百多个签署了共建"一带一路"合作文件的国家和地区。线上商贸关系从欧亚地区拓展到欧洲、亚洲、非洲多国，很多非洲国家实现了零的突破。跨境线上商贸在"一带一路"倡议下"跑"起来了，呈现出蓬勃的新活力。由此可以看出，在电子商务快速发展的驱动下，新兴市场的网购群体增速迅猛，这种减少了中间流通环节所带来的价格优势更是吸引着新兴市场对中国商品的兴趣，以俄罗斯、巴西为代表的新兴市场已经发展成为中国跨境电子商务重要的出口国，这给国内的跨境电子商务带来了新的发展机遇并为其海外市场拓展计划指明了方向。

国内跨境电子商务在欧美市场已经逐渐饱和，这些新兴市场则有着更多的利润空间可以发掘，而且这种新兴市场的消费者通常把价格排在首位，没有欧美市场对服务和质量方面的严格要求，这就给一些资金不够充足的入门商家提供了生存环境。

复习与思考

1. 名词解释

（1）跨境电子商务
（2）跨境电子商务 B2B
（3）跨境电子商务 B2C
（4）跨境电子商务 C2C
（5）电子商务

2. 简答题

（1）简述电子商务的特征。
（2）简述跨境电子商务的特点。
（3）简述跨境电子商务 B2C 模式的分类。
（4）简述跨境电子商务的时代机遇。

第二章 跨境电子商务平台

知识目标

- 了解跨境电子商务平台的分类。
- 理解速卖通平台的特色。
- 认识亚马逊平台的支付内容。
- 理解 eBay 平台的物流。
- 了解 Wish 平台的营销推广。

学习重点、难点

重点

- 主流跨境电子商务模式。
- 全球速卖通平台的支付内容。
- 亚马逊平台物流。
- eBay 平台的营销推广。
- Wish 平台的特点。

难点

- 掌握跨境电子商务平台分类的知识。
- 掌握各个跨境电子商务平台的支付方式及它们的营销推广内容。
- 了解各个跨境电子商务平台的物流状况。

案例导入

盘点:2020 年 11 个"潜力股"跨境电子商务平台

2020 年我们将看到的电子商务趋势之一是利基市场的增长和中间商的逐渐淘汰。通过把产品放在各种各样的电子商务平台上,你可以覆盖更多的潜在客户,从而将影响力和销售范围扩大到新市场。在这篇文章中,我们将介绍 11 个颇具潜力的全球电子商务平台,可以在 2020 年对其进行测试以扩大市场和销售。

1. Americanas(拉丁美洲)

巴西在线市场 Americanas 的月访问量约为 4500 万人次。B2W Digital 公司旗下的 Americanas 网站成立于 2014 年,2019 年年底收入超过 45 亿美元。B2W Digital 公司还拥有广受欢迎的电子商务网站 Submarino、Shoptime 和 Soubarato。在进入巴西市场销售之前,你首先需要熟悉该国的支付网关和税收结构。我们还建议你与巴西当地的物流公司合作。

2. Bonanza（北美洲）

Bonanza 旨在与 eBay 和 Etsy 等平台竞争。Bonanza 在 2016 年被评为"广受推荐的交易平台"（超过了 eBay、亚马逊和 Etsy）。Bonanza 是基于佣金的模式，这意味着没有 listing 费用或月费。Bonanza 的优势在于，它在测试市场方面只需要很少的启动成本。

3. Cratejoy（北美洲）

基于 LootCrate、Birchbox 和 Dollar Beard Club 等电子商务品牌的巨大知名度，我们知道订阅盒是可以赚钱的工具。Cratejoy 是一个专门销售订阅盒的电子商务平台。Cratejoy 的独特之处在于，其搭建的是一个综合类的"订购服务"平台，将各类产品和服务（如男性个人护理、健康零食、女性化妆品等）都囊括其中。Cratejoy 对于产品研究也很有用，你可以在其中看到竞争对手的 listing，以及他们如何打包和展示他们的产品。Cratejoy 中还有许多订阅盒和包装供应商，以及组装和物流提供商，卖家可以与他们合作，简化自己的业务流程。对于希望测试订阅框而无须更改其当前销售模式或产生大量支出的多渠道卖家而言，Cratejoy 是理想的选择。

4. Fruugo（欧洲）

作为亚马逊欧洲的替代平台，这家总部位于英国的平台在全球约 23 个国家销售。Fruugo 已经经历了 4 年的稳定增长，为卖家提供了 11 种语言的产品 listing，并允许你用自己的货币支付。这是一个不收取开店费用或入驻费用的平台，这意味着你只需在进行销售时才支付费用。

5. Google Express（美国）

Google Express 和 Shopping Actions 是 Google 为了与亚马逊竞争而推出的一个快速增长的平台。Express 托管多种品牌和产品，集成搜索和市场技术，为产品搜索者提供了无缝的购物体验。

6. Jet（北美洲）

Jet 在 2016 年被沃尔玛（Walmart）收购，但一直在其自己的市场上独立运营。通过加入 Jet 的合作伙伴计划，电子商务品牌可以在这个拥有数百万网站访问者的市场上刊登 listing 和销售。

7. Jumia（非洲）

如果你想扩大在非洲的业务，Jumia 平台拥有大约 12 亿名潜在客户。Jumia 于 2012 年在尼日利亚拉各斯推出，现在在超过 14 个国家销售，是非洲较大的电子商务平台。若要在 Jumia 上销售，你需要填写在线表格，并能够在该站点上销售 5 种以上的产品。他们也有 affiliate 和供应商支持计划，在平台上销售的费用将根据你销售的类别而有所不同。

8. Lazada（亚洲）

Lazada（见图 2-1）是阿里巴巴旗下的亚洲市场，销售来自印尼、马来西亚、菲律宾、新加坡、泰国和

图 2-1　Lazada

越南的商品。Lazada 成立于 2012 年,年收入超过 13.6 亿美元。要在 Lazada 上销售,你需要一个 IC 和 SSM（马来西亚商业）注册号,或者在那里建立自己的物流,或使用 Lazada 的履行服务。

9. OnBuy（英国）

另一个快速增长的低收费全球电子商务平台是 OnBuy。OnBuy 成立于 2016 年,此后销售额实现了 800%的增长。该网站的独特之处在于,所有的支付都是通过 PayPal 安全处理的。这意味着不用等待很长时间,卖家就可以获得首次销售的收入。

10. Reverb（北美洲）

Reverb 成立于 2013 年,是利基市场成功的一个例子,每月有 1000 万的访问量。该新兴市场出售新旧二手音乐设备,非常适合音乐设备和配件市场的卖家。

11. Wish（北美洲和欧洲）

Wish 在线市场和应用程序成立于 2011 年,在欧洲和美国拥有超过 3 亿名活跃的移动购物者。Wish 提供了简便的设置和较低的费用,与愿望清单集成在一起,以确保在产品上市时通知潜在买家。

资料来源:盘点:2020 年 11 个"潜力股"跨境电子商务平台[EB/OL].（2020-02-20）. http://www.100ec.cn/detail--6545689.html.

第一节　跨境电子商务平台概述

一、跨境电子商务平台分类

跨境电子商务平台指跨境电子商务平台企业,既包括第三方平台,也包括自建跨境电子商务平台。跨境电子商务平台是跨境电子商务交易中枢,是衔接商品供应与消费的桥梁。跨境电子商务平台也是跨境电子商务交易主体沟通与交流的平台,是商品陈列、展示、销售平台。

（一）按照交易主体属性分类

根据交易主体（可分为企业、个人和政府）属性的不同,再结合买方与卖方的属性,电子商务类型可分为许多种,又以 B2B、B2C、C2C 与 B2G（企业对政府）的提法最多。由于目前的跨境电子商务交易尚未涉及政府这一交易主体,所以跨境电子商务可分为 B2B 跨境电子商务、B2C 跨境电子商务与 C2C 跨境电子商务。

1. B2B 跨境电子商务

B2B 跨境电子商务所面对的最终客户为企业或集团客户,提供企业、产品、服务等相关信息。目前,中国跨境电子商务市场交易规模中,B2B 跨境电子商务市场交易规模占总交易规模的 9%以上。在跨境电子商务市场中,一级市场始终处于主导地位。代表企业有敦煌网、中国制造、阿里巴巴国际站、环球资源网。

2. B2C 跨境电子商务

B2C 跨境电子商务所面对的最终客户为个人消费者，针对最终客户，以网上零售的方式，将产品售卖给个人消费者。在未来，B2C 类跨境电子商务市场将会迎来大规模增长。代表企业有速卖通、DX、兰亭集势、米兰网、大龙网。

3. C2C 跨境电子商务

C2C 电子商务是个人与个人之间的电子商务。C2C 即 Customer/Consumer to Customer/Consumer，主要通过第三方交易平台实现个人对个人的电子交易活动。跨境 C2C 是指分属不同关境的个人卖方对个人买方开展的在线产品销售和服务，由个人卖家通过第三方电子商务平台发布产品、服务信息和价格等内容，个人买方进行筛选，最终通过电子商务平台达成交易，进行支付结算，并通过跨境物流送达商品、完成交易的一种国际（地区间）商业活动。代表企业为 eBay。

（二）按照服务类型分类

1. 信息服务平台

信息服务平台主要是为境内外会员商户提供网络营销平台，传递供应商或采购商等商家的商品或服务信息，促成双方完成交易。代表企业有阿里巴巴国际站、环球资源网、中国制造网。

2. 在线交易平台

提供企业、产品、服务等多方面信息，并且可以通过平台在线上完成搜索、咨询、对比、下单、支付、物流、评价等全购物链环节。在线交易平台模式正逐渐成为跨境电子商务中的主流模式。代表企业有敦煌网、速卖通、DX、炽昂科技、米兰网、大龙网。

（三）按照平台运营方分类

1. 平台型跨境电子商务

平台型跨境电子商务通过线上搭建商城，整合物流、支付、运营等服务资源，吸引商家入驻，为商家提供跨境电子商务交易服务。同时，平台以收取商家佣金及增值服务佣金作为主要盈利模式。代表企业有速卖通、敦煌网、环球资源网、阿里巴巴国际站。

平台型跨境电子商务的主要特征表现为：交易主体提供商品交易的跨境电子商务平台，并不从事商品的购买与销售等相应交易环节；国外品牌商、制造商、经销商、网店店主等入驻该跨境电子商务平台从事商品的展示、销售等活动；商家云集，商品种类丰富。

平台型跨境电子商务的优势与劣势也较为鲜明，其优势表现为：商品的货源广泛；商品种类繁多；支付方式便捷；平台规模较大；网站流量较大。其劣势表现为：跨境物流、关境与商检等环节缺乏自有的稳定渠道，服务质量不高；商品质量保障性差，易出现各类商品质量问题，导致消费者信任度偏低。

2. 自营型跨境电子商务

自营型跨境电子商务通过在线上搭建平台，整合供应商资源以较低的进价采购商品，然后以较高的售价出售商品，主要以商品差价作为盈利模式。代表企业有兰亭集势、米兰网、大龙网、炽昂科技。自营型跨境电子商务的主要特征表现为：开发与运营跨境电子商务平台,并作为商品购买主体从境外采购商品与备货;涉及商品供应、销售到售后整条供应链。

自营型跨境电子商务的优势主要有:电子商务平台与商品都是自营的,掌控能力较强;商品质量保障性高,商家信誉度好,消费者信任度高;货源较稳定;跨境物流、关境与商检等环节资源稳定;跨境支付便捷。其劣势主要有:整体运营成本高;资源需求多;运营风险高;资金压力大;商品滞销、退换货等问题显著。

(四)按照涉及的行业范围分类

1. 垂直跨境电子商务

垂直跨境电子商务指在某一个行业或细分市场深化运营的跨境电子商务模式。垂直跨境电子商务不仅有品类垂直跨境电子商务,还有地域垂直跨境电子商务。所谓品类垂直跨境电子商务,主要指专注于某一类产品的跨境电子商务模式,如近几年比较火热的母婴类;而地域垂直跨境电子商务,则指专注于某一地域的跨境电子商务模式。

2. 综合跨境电子商务

综合跨境电子商务是与垂直跨境电子商务相对应的概念,不像垂直跨境电子商务那样专注于某些特定的领域或某种特定的需求,展示与销售的商品种类繁多,涉及多个行业,如速卖通、亚马逊、eBay、Wish、兰亭集势、敦煌网等。

(五)按照商品流动方向分类

跨境电子商务的商品流动跨越了国家(地区)的地理空间范畴。按照商品流动方向划分,分为跨境进口电子商务和跨境出口电子商务。

1. 跨境进口电子商务

跨境进口电子商务指的是从事商品进口业务的跨境电子商务,具体指将境外商品通过电子商务渠道销售到境内市场,通过电子商务平台完成商品展示、交易、支付,并通过线下的跨境物流送达商品、完成商品交易的电子商务企业。代表企业有天猫国际、京东全球购、洋码头、小红书等。

2. 跨境出口电子商务

跨境出口电子商务指的是从事商品出口业务的跨境电子商务,具体指将境内商品通过电子商务渠道销售到境外市场,通过电子商务平台完成商品展示、交易、支付,并通过线下的跨境物流送达商品、完成商品交易的电子商务企业。代表企业有亚马逊海外购、eBay、速卖通、环球资源网、大龙网、兰亭集势、敦煌网等。

二、主流跨境电子商务模式

(一)主流跨境电子商务模式分类

在诸多跨境电子商务模式分类中,以混合使用涉及的行业范围与平台运营方进行分类接受度较高。此外,按照商品流动方向对跨境电子商务进行分类的接受度也较高。这里主要从行业范围与平台运营方两种分类模式混合使用的角度研究跨境电子商务分类模式。跨境电子商务可以分为综合平台型、综合自营型、垂直平台型与垂直自营型四类。

综合平台型跨境电子商务代表企业有京东全球购、天猫国际、淘宝全球购、洋码头等。综合自营型跨境电子商务代表企业主要有亚马逊海外购、沃尔玛全球e购、网易考拉海购、小红书、兰亭集势等；垂直平台型跨境电子商务的参与者比较有限，主要集中在服饰、美妆垂直类商品，代表性企业有美丽说、海蜜全球购等；垂直自营型跨境电子商务也较少见，代表性企业有我买网跨境购、蜜芽宝贝、聚美优品、唯品会等。

（二）跨境出口电子商务模式

跨境出口电子商务背靠传统外贸优势飞速增长，发端于B2B，逐步向上下游延伸，B2C近年兴起且呈现更高增速，目前二者的比例为9∶1。行业形成平台、自营两大模式，涌现出一批跨境出口企业，如兰亭集势、环球易购、DX、敦煌网等。全球经济不振、中国廉价商品广受欢迎、跨境出口提升外贸效率、资本助力等多重因素推动跨境出口快速发展。行业仍处上升期，前景广阔，保守估计未来5~10年有望翻番，超万亿美元规模。英语系等发达国家成熟市场已进入红海初期，由低价竞争升级为品牌（商品+电子商务平台）竞争，新兴市场尚待开发，机遇与挑战并存。

1. 跨境出口B2B模式

1) 信息服务平台

模式介绍：通过第三方跨境电子商务平台进行信息发布或信息搜索完成交易撮合，其主要盈利模式包括收取会员服务费用和增值服务费用。

会员服务即卖家每年缴纳一定的会员费用后享受平台提供的各种服务，会员费是平台的主要收入来源。目前该种盈利模式市场趋向饱和。

增值服务即买卖双方免费成为平台会员后，平台为买卖双方提供增值服务，主要包括竞价排名、点击付费及展位推广服务。竞价排名是信息服务平台进行增值服务最为成熟的盈利模式。

代表企业：阿里巴巴国际站、生意宝国际站、环球资源网、焦点科技。

2) 交易服务平台

模式介绍：能够实现买卖供需双方之间的网上交易和在线电子支付的一种商业模式，其主要盈利模式包括收取佣金及展示费用。

佣金制是在成交以后按比例收取一定的佣金，不同行业采取不同的量度。买家可以通过真实交易数据准确地了解卖家状况。

展示费是上传产品时收取的费用，在不区分展位大小的同时，只要展示产品信息便收取费用，直接线上支付展示费用。

代表企业：敦煌网、大龙网、易唐网。

2. 跨境出口B2C模式

1) 开放平台

模式介绍：开放平台开放的内容涉及出口电子商务的各个环节，除了开放买家和卖家数据外，还包括开放商品、店铺、交易、物流、评价、仓储、营销推广等各环节和流程的业务，实现应用和平台系统化对接，并围绕平台建立自身开发者生态系统。

开放平台更多地作为管理运营平台商存在，通过整合平台服务资源和共享数据，为买卖双方服务。

代表企业：亚马逊、速卖通、eBay、Wish。

2）自营平台

模式介绍：平台对其经营的产品进行统一生产或采购、产品展示、在线交易，并通过配送将产品投放给最终消费群体。

自营平台通过量身定做符合自我品牌诉求和消费者需要的采购标准，来引入、管理和销售各品牌的商品，以品牌为支撑点突显自身的可靠性。自营平台在商品的引入、分类、展示、交易、配送、售后保障等整个交易流程各个重点环节管理均发力布局，通过互联网信息技术系统管理、建设大型仓储物流体系，实现对全交易流程的实时管理。

代表企业：兰亭集势、环球易购、米兰网、DX。

（三）跨境进口电子商务模式

跨境进口电子商务兴于代购。目前进口产品品类集中于服饰箱包、奶粉、化妆品。跨境电子商务进口快速发展，获益于国民消费升级下人们对品质、安全及高性价比的追求，同时消费者养成了网购习惯，跨境物流支付等环节的打通，都助推了行业快速发展。跨境电子商务进口模式随分类标准不同而分为不同类型。目前，主要从业务形态和关境监管模式两方面进行分类。

1．将业务形态作为分类依据

在模式盘点之前，我们有必要先谈一下海淘模式和现有的进口电子商务模式的区别。海淘是一种典型的 B2C 模式。严格来讲，海淘一词的原意是指中国消费者直接到海外 B2C 电子商务网站上购物，然后通过转运或直邮等把商品邮寄回国的购物方式。除直邮品类之外，中国消费者只能借助转运物流的方式完成收货。简单地讲，就是在海外设有转运仓库的转运公司在海外的转运仓代消费者收货，之后再通过第三方或转运公司自营的跨国物流将商品发送至中国口岸。

除了最为传统的海淘模式，我们根据不同的业务形态将进口零售类电子商务现有的主要运营模式分为五大类：境外代购模式、直发/直运平台模式、自营 B2C 模式、导购/返利模式和境外商品闪购模式。

虽然特定电子商务平台所采用的运营模式可能是多样化的，但通常仍会有比较强的模式定位倾向性。因此，我们下面将依据特定平台在现阶段的主要定位将其归入相应模式。

1）境外代购模式

简单地说，就是身在境外的人或商户为有需求的消费者在当地采购所需商品并通过跨国（地区）物流将商品送达消费者手中的模式。从业务形态上，大致可以分为以下两类。

（1）境外代购平台。境外代购平台的运营重点在于尽可能多地吸引符合要求的第三方卖家入驻，不会深度涉入采购、销售及跨境物流环节。入驻平台的卖家一般都是有境外采购能力或者跨境贸易能力的小商家或个人，他们会定期根据消费者订单集中采购特定商品，在收到消费者订单后再通过转运或直邮模式将商品发往境内。境外代购平台走的是典型的跨境 C2C 平台路线。代购平台通过向入驻卖家收取入场费、交易费、增值服务费等获取利润。

优势：为消费者提供了较为丰富的境外产品品类选项，用户流量较大。

劣势：① 消费者对于入驻商户的真实资质抱着怀疑的态度，交易信用环节可能是C2C海代平台目前最需要解决的问题之一；② 对跨境供应链的涉入较浅，或难以建立充分的竞争优势。

代表企业：淘宝全球购、京东海外购、易趣全球集市、美国购物网。

淘宝全球购、京东海外购都具备了一定的流量水平，但交易信用、售后服务等环节始终都是消费者最大的顾虑。有不少消费者在发觉买到假货、高仿、出口转内销的商品后，都因为无法实现有效维权而深感郁闷。尽管代购平台的潜在发展规模巨大，但上述问题如果无法获得有效控制，境外代购市场能否成长到预期中的规模依然未知。

（2）朋友圈境外代购。朋友圈代购是依靠熟人或半熟人社交关系从移动社交平台自然生长起来的原始商业形态。虽然社交关系对交易的安全性和商品的真实性起到了一定的背书作用，但受骗的例子并不在少数。随着关境政策的收紧，监管部门对朋友圈个人代购的定性很可能会从灰色贸易转为走私性质。未来在境外代购市场格局完成整合后，这种原始模式恐怕将难以为继。

2012年3月28日，海关总署整顿海淘、海代，规定所有境外快递企业使用EMS（邮政特快专递服务）清关派送的包裹，不得按照进境邮递物品办理清关手续。同年海关总署联合发改委启动跨境电子商务服务试点，开始进行海淘、海代阳光化的探索。

2）直发/直运平台模式

直发/直运平台模式又被称为dropshipping模式。在这一模式下，电子商务平台将接收到的消费者订单信息发给品牌商、批发商或厂商，后者则按照订单信息以零售的形式向消费者发送货物。由于供货商是品牌商、批发商或厂商，所以直发/直运是一种典型的B2C模式。我们可以将其理解为第三方B2C模式（参照境内的天猫商城）。直发/直运平台的部分利润来自商品零售价和批发价之间的差额。

优势：对跨境供应链的涉入较深，后续发展潜力较大：① 直发/直运模式在寻找供货商时是与可靠的境外供应商直接谈判签订跨境零售供货协议的；② 为了解决跨境物流环节的问题，这类电子商务会选择自建国际物流系统（如洋码头）或者和特定国家（地区）的邮政、物流系统达成战略合作关系（如天猫国际）。

劣势：① 招商缓慢，前期流量相对不足；② 前期所需资金体量较大；③ 对于模式既定的综合平台来说，难以规避手续造假的"假洋品牌"入驻。

代表企业：天猫国际（综合）、洋码头（北美）、跨境通（上海自贸区）、海豚村（欧洲）、一帆海购网（日本）、走秀网（全球时尚百货）。

3）自营B2C模式

在自营B2C模式下，大多数商品都需要平台自己备货。自营B2C模式分为综合型自营和垂直型自营两类。

（1）综合型自营跨境B2C平台。目前能够称得上综合型自营跨境B2C平台的大概只有亚马逊和有沃尔玛在背后撑腰的1号店了。2014年，亚马逊和1号店先后宣布落户上海自贸区开展进口电子商务业务。它们所出售的商品将以保税进口或者境外直邮的方式入境。

优势：① 跨境供应链管理能力强。供应商管理强势，跨境物流解决方案较为完善；

② 后备资金充裕。

劣势：业务发展会受到行业政策变动的显著影响，固定资产投资不可逆转，风险极大。

代表企业：亚马逊、1号店的"1号海购"。

（2）垂直型自营跨境B2C平台。垂直是指平台在选择自营品类时会集中于某个特定的范畴，如食品、奢侈品、化妆品、服饰等。

优势：供应商管理能力可以做到相对较强。

劣势：前期需要较大的资金支持。

代表企业：中粮我买网（食品）、蜜芽（母婴）、寺库网（奢侈品）、莎莎网（化妆品）、草莓网（化妆品）。

4）导购/返利模式

导购/返利模式是一种比较轻的电子商务模式，可以分成两部分来理解：引流部分+商品交易部分。引流部分是指通过导购信息、商品比价、海购社区论坛、海购博客及用户返利来吸引用户流量；商品交易部分是指消费者通过站内链接向境外B2C电子商务或者境外代购者提交订单，实现跨境购物。为了提升商品品类的丰富度和货源的充裕度，这类平台通常会搭配境外C2C代购模式。

因此，从交易关系来看，这种模式可以理解为海淘B2C模式+代购C2C模式的综合体。在典型的情况下，导购/返利平台会把自己的页面与境外B2C电子商务的商品销售页面进行对接，一旦发生销售行为，B2C电子商务就会给予导购平台5%~15%的返点。导购平台则把其所获返点中的一部分作为返利回馈给消费者。

优势：定位于对信息流的整合，较容易开展业务。引流部分可以在较短时期内为平台吸引到不少海购用户，可以较好地理解消费者前端需求。

劣势：长期而言，把规模做大的不确定性比较大，需要其他要素加以配置：① 对跨境供应链把控较弱；② 进入门槛低，相对缺乏竞争优势，若无法尽快达到一定的可持续流量规模，其后续发展可能比较难以维持。

代表企业：55海淘、极客海淘网、海淘城、海淘居、海猫季、Extrabux（返利网站）、悠悠海淘、什么值得买、美国便宜货。

总体而言，导购/返利平台生存下去的难度不是很大，但要想把日活跃用户（DAU）规模做到百万级以上并不容易，可能需要通过网站联盟或横向并购的手段才能实现。

5）境外商品闪购模式

除以上进口零售电子商务模式外，境外商品闪购是一种相对独特的做法。跨境闪购所面临的供应链环境比境内更为复杂，因此在很长一段时间里，涉足跨境闪购的企业都处于小规模试水阶段。境外商品闪购模式是一种第三方B2C模式。

优势：一旦确立行业地位，将会形成流量集中、货源集中的平台网络优势。

劣势：闪购模式对货源、物流的把控能力要求高；对前端用户引流、转化的能力要求高。任何一个环节的能力有所欠缺都可能使购买行为以失败告终。

代表企业：蜜淘网（原CN海淘）、天猫国际的环球闪购、1号店的进口食品闪购活动、聚美优品海外购、宝宝树旗下的杨桃派、唯品会的海外直发专场。

2. 将关境监管模式作为分类依据

开展跨境贸易电子商务试点,从业务模式来分,主要有网上直购进口和网购保税进口两种模式。

1)网上直购进口模式

网上直购进口模式是消费者通过跨境贸易电子商务企业进行跨境网络购物交易,并支付货款、行邮税等,所购买的商品由跨境物流企业从境外运输进境,并以个人物品方式向海关跨境贸易电子商务通关管理平台申报后送至消费者手中。商品在境外就已经被分装打包,然后以个人物品的形式通关,被送到境内各个消费者的手中。以天猫国际为例,通过阿里旗下的菜鸟网络与杭州海关的合作,天猫国际海外直邮商品的购物流程有望缩短到10天以内,购物流程与国内淘宝基本无异。进驻天猫国际平台的商家必须为消费者支付行邮税,必须在境内建立退换货的网点。对于热衷海淘的消费者来说,可以借此告别以往海淘周期长、风险大的问题。

美国亚马逊部分商品可以直邮境内,未来还有可能扩大直邮范围,开通更多直邮中国的服务。亚马逊在直邮境内的时候,由于清关需求,要填报个人身份信息,包括姓名、身份证号码、手机号码。包裹到达境内的时候,会有工作人员联系核对消费者的身份信息,用于报关。

2)网购保税进口模式

网购保税进口模式依托关境特殊监管区域的政策优势,在货物一线进境时,关境按照海关特殊关境区域相关规定办理货物入区通关手续;二线出区时,关境按照收货人需求和有关政策办理通关手续。这种模式下,境外商品已经整批抵达境内关境监管场所,消费者在下单后往往几天内便收到货物,且运费不高。商品进口之后须在关境监管场所内存储,消费者下单后直接从仓库发货给个人。目前税的征收以电子订单的实际销售价格作为完税价格,参照行邮税税率计征税款。这样税收就会从以前两道环节的"增值税+关税"变成一道环节,就像个人从境外买东西一样,带入境内只要付一个行邮税。保税进口模式大幅降低了进口环节的税收,而集中采购能够大幅降低商品的采购成本和物流成本,以上因素能够为进口产品带来更高的利润和更具竞争力的价格。

跨境电子商务的模式多样,每个商业模式都有自己的优势和劣势,很难说某一种商业模式有绝对的优势,能够完全占领跨境电子商务市场。不同商业模式各自面临着不同的风险。从目前的情况来看,直发/直运模式和自营B2C最受热捧;境外代购模式作为最早诞生的模式,发展最为成熟;而境外闪购模式发展潜力巨大。

三、平台型跨境电子商务与自营型跨境电子商务

(一)平台型跨境电子商务

平台型跨境电子商务的优势在于电子商务平台能更好地开发与运营。由于不从事商品的采购、销售等工作,其运营重点更聚焦于网站流量的挖掘、前期招商、关键辅助服务环节等。平台型跨境电子商务的关键业务流程在于前期的建立平台网站、吸引浏览、引导商

家入驻。日常业务重点在于平台管理，包括对商家、商品、消费者与平台自身的管理，确保平台的正常运行、商家的形象与商品的质量，举行各类市场活动推动商品销售，保持与消费者的沟通，进而提升商家、消费者的满意度。此外，还需要提供一些关联服务，旨在弥补入驻平台商家的服务短板与劣势，如支付、客服、物流、监管等工作环节，这些都成为吸引平台流量，增加商家入驻数量，确保商品销售质量与消费者满意度的重要服务内容。

再结合交易主体类型，分析平台型跨境电子商务业务流程。B2B 跨境电子商务模式虽然单笔交易规模较大，但使用频率不高，与人们日常消费关联度不大，此处不再对其进行详细探究，主要介绍平台型跨境电子商务中的 B2C 平台型跨境电子商务与 C2C 平台型跨境电子商务。B2C 平台型跨境电子商务在网站流量、商品品类方面具有显著的优势，但是在品牌招商方面存在一定的难度，需要在规模与质量之间进行平衡。现在规模较大的商家数量较少，加上平台型跨境电子商务企业之间的竞争与资源争夺，导致较大规模的商家引入难度较高；小型规模的商家虽然数量较多，但是平台又面临商家与商品质量把控的难题。

C2C 平台型跨境电子商务最大的优势在于商品种类的丰富性，但是由于入驻商家为个人，且数量庞大，C2C 平台型跨境电子商务对卖家与商品的控制能力偏弱，容易引发商品质量等方面的风险，这也是目前消费者对 C2C 类电子商务平台信任度偏低的主要原因。

（二）自营型跨境电子商务

自营型跨境电子商务企业不同于平台型跨境电子商务企业，而类似于传统的零售企业，只是将商品交易场所从线下转移到了线上。自营型跨境电子商务企业需要全面参与商品的整个供应链，包括所销售商品的选择、供应商开发与谈判、电子商务平台的运营等并深度介入物流、客服与售后等服务环节。

由于自营型跨境电子商务按交易主体属性分类来看，属于 B2C 模式，所以此处不再采用交易主体属性模式对其进行细分，而结合商品种类的多寡将其细分为综合自营型跨境电子商务与垂直自营型跨境电子商务。

综合自营型跨境电子商务的商品来源多与品牌商较接近，对商品质量的包装能力较强，加上省去了中间环节的诸多成本，其商品在价格上优势显著。但是，商品数量要远少于综合类平台型跨境电子商务，在进行商品品类扩展时难度较高，成本增加比较显著。

垂直自营型跨境电子商务的最大优势在于对利基市场的定位与深挖，对目标群体的了解与服务的深入，在商品选取能力与销售转化率方面均表现优秀。其市场定位是利基市场，决定了其商品品类单一，并受政策性因素的影响较大。再加上垂直自营型跨境电子商务企业在规模、实力、流量与管理水平等方面均表现较弱，所以与商品供应商，尤其一些大型品牌商合作时存在一定的难度，导致其在商品价格上的优势要弱于综合自营型跨境电子商务企业。

四、跨境电子商务企业类型

企业是商业活动与市场活动中的主要构成要素，也是表现最活跃的要素之一，在跨境电子商务交易中扮演着重要角色。在跨境电子商务蓬勃发展的驱动下，越来越多的企业涉足该市场，这些企业来自于越来越多的行业，不仅包括传统电子商务企业，也包括传统互联网企业、零售企业、物流企业等。

依据行业背景来区分，涉足跨境电子商务业务的企业主要有以下几种。

（1）全球性电子商务企业将业务辐射到跨境电子商务业务，代表企业有亚马逊、eBay等。

（2）境内电子商务企业拓展跨境电子商务业务。境内电子商务企业成立之初，主要专做境内市场，为了持续增长，或者顺应跨境电子商务发展趋势，其经营范围由境内市场扩展到境外市场，从而发展为跨境电子商务企业，代表企业有京东商城、天猫商城、印度的Tomato（美食推荐平台）等。

（3）传统互联网企业涉足跨境电子商务业务，代表企业有网易、谷歌等。

（4）传统企业进入跨境电子商务市场。传统企业在电子商务发展的推动下，不再满足于原有的实体渠道，纷纷将触角延伸至电子商务领域，并逐渐步入跨境电子商务市场。该类企业主要以传统零售业为主，代表企业有沃尔玛、家乐福、麦德龙、家得宝、Lowe's（美国劳氏公司）等。

（5）专营跨境电子商务业务。该类企业为经营跨境电子商务业务而成立，成立之初就定位于跨境电子商务市场，代表企业有速卖通、洋码头、兰亭集势、敦煌网等。

（6）物流企业拓展跨境电子商务业务。一些物流企业凭借在跨境商务中的物流资源与优势，实现多元化发展道路，立足于物流网络，进入跨境电子商务市场，代表企业有顺丰海淘、Cnova Brasil等。

（7）社交网络企业尝试进入跨境电子商务市场。在跨境电子商务市场中，社交网络的价值与地位不断得到提升，尤其是年轻消费群体热衷于使用社交网络，这为一些社交网络企业提供了发展机会。

知识拓展

盘点：7个国家7大跨境电子商务平台发展概况

正如你可能听说过的那样："不要把所有的鸡蛋放在一个篮子里。"只在eBay和亚马逊上进行销售是有风险的，而且可能会限制你想要吸引的受众。在向新的国家和相关市场扩张之前，有许多因素需要考虑。下文是除亚马逊和eBay之外的7个跨境电子商务平台，你可以在这些平台中开发更多客户，并在2020年增加全球销售额。我们先从欧洲几个有竞争力的电子商务平台开始，排名不分先后。

1. OnBuy（英国）

OnBuy是英国发展较快的电子商务平台之一。该平台报告称其在2019年的黑色星期五创造破纪录的100万英镑（约合130万美元）的销售额，2019年11月的销售额是2018年同期的5倍。OnBuy收取颇具竞争力的销售费用，允许卖家以较低的产品价格吸引更多买家，同时又不会降低利润。如果标准卖家没有达到每月500英镑（约合650美元）的销售目标，OnBuy会提供独家销售保证，并免除下个月的订阅费。

2. Real.de（德国）

在欧洲，德国B2C电子商务销售额仅次于英国。real.de是一个新兴且竞争激烈的市场，每月约有1900万名用户。real.de 提供了简单的设置过程，其产品类别包括家庭和花园、电子产品、婴童用品、杂货、美容用品等。卖家可以与许多 listing 工具集成，但请注意你需要提供专业的德语翻译和客户服务。

3. Cdiscount（法国）

Cdiscount 是法国第二大在线市场，拥有忠实的客户群。它与许多 listing 工具完全集成，具有出色的卖方服务，甚至提供 Cdiscount 配送选项。与许多国际市场一样，你需要能够提供法语客户支持，并且 listing 需使用法语。

4. Allegro（波兰）

Allegro 是波兰较大的电子商务平台之一。卖家不需要邀请即可加入。Allegro 几乎支持所有的产品类别，并提供简单的设置与可自定义的 listing 选项。缺点是该平台仅提供波兰语版本，这可能会限制一些国际卖家。你还需要将货物运送到波兰，并为你的 listing 提供专业翻译。

5. 乐天株式会社 Rakuten（日本）

在欧洲之外，乐天株式会社是日本较大的在线销售平台，并正在向全球扩张。乐天的客户经理和支持团队会在每个步骤都为卖家提供帮助。乐天卖家享有的灵活性在大多数主要电子商务平台中是无与伦比的。日本的网站设计得更具吸引力，卖家需要创建单独的店铺以体现这种偏好。值得注意的是，乐天对于卖家可以销售的产品是非常挑剔的，但一旦进入这个市场，你会发现这是一个非常有前途的市场。

6. Catch（澳大利亚）

除了澳大利亚亚马逊站点外，Catch（以前称为 Catch of the Day）也可以提供给你潜在的澳大利亚买家。卖家可以列出所有类别的商品，并且市场已经完全集成到 Channel Advisor 和 Linnworks。Catch 的设置有所不同，用低价提供产品以快速转移库存，并且可以将商品包含在快节奏的广告系列中。对于希望迅速转移产品的卖家而言，如果他们可以有效地将产品运往澳大利亚，那么该平台是一个很好的选择。

7. Trade Me（新西兰）

Trade Me 是目前新西兰较大的电子商务平台，并向所有的国际卖家开放。卖家可以创建自己的店铺，并选择多种支付方式。Trade Me 的设置与 Amazon 和 eBay 不同，卖家可以更多地控制 listing 过程。listing 可以设定固定的价格，也可以设置为传统拍卖。

资料来源：盘点：7个国家7大跨境电商平台发展概况[EB/OL].（2020-02-19）. http://www.100ec.cn/detail--6545543.html.

第二节 速卖通平台

一、速卖通平台概述

速卖通（见图2-2）一般称为全球速卖通，是阿里巴巴为了更好地服务于全球市场所推出的平台，于2010年4月正式上线。速卖通平台主要面向海外买家，帮助中小企业接触海外终端批发零售商,所以很多商家也将全球速卖通称为"国际版淘宝"。基于中国这个制造大国的背景,速卖通一经推出就在服装、家居、3C、手机通信等领域受到热捧。类似于淘宝,速卖通通过支付宝国际账户进行担保交易,并使用国际快递进行发货,是全球第三大英文在线购物网站。经过多年的发展,速卖通已成长为中国最大跨境出口 B2C 平台,拥有世界 17 种语言站点,用户遍及 224 个国家和地区。

图 2-2 速卖通

二、速卖通平台特色

(一)入驻资质

2018 年速卖通类目招商新入驻的卖家必须符合以下要求。

企业:卖家须拥有一个企业支付宝账号,通过企业支付宝账号在速卖通完成企业认证,不接受个体工商户的入驻申请。

品牌:卖家须拥有或代理一个品牌经营,根据品牌资质,可选择经营品牌官方店、专卖店或专营店。

技术服务年费:卖家须交纳技术服务年费,各经营大类技术服务年费不同;经营到自然年年底,拥有良好的服务质量及不断壮大经营规模的优质店铺将有机会获得年费返还奖励。

(二)物流方式

速卖通提供的是 AliExpress 无忧物流,是速卖通与菜鸟网络联合推出的官方物流服务,为卖家提供包括国内揽收、国际配送、物流详情追踪、物流纠纷处理、售后赔付在内的一站式物流解决方案,使用流程为:一键设置运费模板—买家下单—卖家创建物流订单—卖家发货到国内仓库—无忧物流发货到国外。AliExpress 无忧物流分为三种模式:简易版、标准版和优先版,这三种模式主要在预估时效、物流信息、赔付上限和品类限制几个方面存在不同,优先模式是三种模式中时效最高、物流信息跟踪程度最全、赔付上限最高的一种。

(三)平台放款

速卖通平台放款会根据卖家的综合经营情况来评估订单放款时间,通常有三种放款时间:一是在发货后的一定期间内进行放款,最快放款时间为发货 3 天后;二是买家保护期结束后放款;三是账号关闭的,不存在违规违约情形的,在发货后 180 天放款。但是如果平台判断订单或卖家存在欺诈等风险的,平台有权延长放款周期。

（四）收费模式

速卖通首先要收取的是技术服务费年费，速卖通平台各行业划分为八大经营范围，其下分设不同经营大类，不同经营大类收取不同的技术服务费年费，如服装服饰类产品服务费年费为 10 000 元，精品珠宝类产品服务费年费为 10 000 元。但是某一类产品年销售额达到相应数值后，可以返 50%或 100%的年费。以男装为例，当某一店铺男装年销售额达到 20 000 美元后可以返 50%的年费，年销售额达到 40 000 美元后可以返 100%的年费。其次，速卖通还向卖家收取佣金，各类目交易佣金标准不同，部分类目为订单金额的 8%，部分类目为订单金额的 5%，如服装配饰的佣金率为 8%，箱包、鞋类的佣金率为 5%。

（五）增值和营销服务

速卖通平台为卖家提供直通车、数据纵横等营销工具，可以帮助卖家查看买家最关注的产品，更有针对性地优化商品，让买家快速找到卖家，快速提升卖家店铺流量。

三、全球速卖通平台支付

速卖通作为一个平台，为交易双方提供了良好的环境，发挥了中介作用，其资金运作方式与淘宝的资金流转方式大同小异，主要是作为一个第三方机构暂时保管交易的资金，确保交易的安全可靠，为买卖双方交易安全提供保障。

（一）支付宝

从速卖通平台在线交易基本流程中可以看出，它的支付模式采用了自己集团的第三方支付服务"国际支付宝"。支付过程在线上完成，无须客户交纸质指令到银行柜台办理，提高了结算效率。与传统结算方式（汇款、托收、信用证）相比，不需要银行（卖家的银行/买家的银行）作为支付的中介；同时介入买卖双方的货物是否及时发、货物质量是否与描述相同等的纠纷处理。而传统的结算方式，银行作为支付中介，是完全不介入买卖双方的货物买卖合同履行项下的纠纷的。与传统国际结算有统一的国际惯例（如 UCP600、URC522）不同，速卖通跨境支付由平台制定规则，而且不时有修改。

（二）PayPal

速卖通曾经和 PayPal 有过良好的合作，eBay 由于担心速卖通发展过快而抢占了其市场份额，2011 年 5 月就快速结束了 PayPal 与速卖通仅仅 1 年的亲密合作。阿里巴巴速卖通平台有 50%的外贸支付是通过 PayPal 完成的，这使得速卖通在接下来的几个月接了许多无法支付的订单。在 2015 年 7 月，eBay 集团分拆 PayPal 单独上市，这意味着 PayPal 可以自由地选择合作伙伴，包括亚马逊这样的 B2C 电子商务平台。

2017 年 9 月 6 日，速卖通正式对外公开表示，将与 PayPal 达成合作。速卖通的卖家无须支付任何额外费用，PayPal 手续费由买家承担，还可以享受 PayPal 的卖家保障，也不会存在账号关联风险。速卖通后台功能已经开通，卖家可以直接打开。

若想使用 PayPal 收款，需要将速卖通卖家账户关联 PayPal 账户。登录速卖通账户，进入"资金账户管理"，开始关联 PayPal 账户。但是目前，速卖通与 PayPal 合作仍处于初步试点阶段，只针对部分速卖通卖家及其美国买家开放。速卖通官网的付款方式中，仍没显示 PayPal 支付形式。

（三）其他支付方式

速卖通支持的各地区本地支付方式还有以下几种。

全球：国际信用卡、西联、电汇。

欧洲：Qiwi、Yandex.money、Webmoney、giropay（前三种是俄罗斯本国支付，最后一种是德国本国支付）。

拉美：Boleto、Debit online、mercadopago（前两种是巴西本国支付，最后一种是墨西哥本国支付）。

亚洲：DOKU（印度尼西亚本国支付）。

从速卖通平台集成的支付方式也可看出，其主要的市场在俄罗斯和巴西。而这两个国家用 PayPal 的人少，用本国支付方式的人多。当平台的支付无法满足买家的付款需求时，可以采取其他支付方式来解决这个问题。

（四）卖家收款速度

在速卖通平台上，只有当卖方发货，买家确认收货后，才能收到货款。如果买家不确认收货，那么必须在平台过完默认收货时间后才能完成订单交易。具体来说，如果卖家承诺的运达时间小于平台默认值，则确认收货超时，时间还是按平台默认值计算，否则根据卖家承诺的运达时间计算。

平台默认买家收货超时时间如下。

（1）使用 DHL、UPS、FEDEX、TNT、顺丰（SF），收货期为 23 天。

（2）使用 EMS、ePacket，收货期为 27 天。

（3）使用邮政航空包裹，收货期为 39 天。

2017 年 8 月 10 日开始，速卖通对放款规则进行了调整。速卖通根据卖家的综合经营情况（如好评率、拒付率、退款率等）评估订单放款时间：① 对于表现好的卖家，系统在发货后的一定时间内进行放款（部分或全部），最快放款时间为发货 3 天后；② 其他卖家，速卖通会在买家保护期结束（即买家确认收货，或者买家确认收货超过卖家设定的限时到达时间 15 天）后放款。

（五）对买家付款的保护

速卖通对买家的保护如下：如果买家没有在卖家承诺的时间内收到货物，速卖通负责全款退给买家；从买家确认收到货物起 15 天内，如果买家收到的货物与卖家的描述不同，买家可以退货，获得全款退回；或者保留货物，获得部分赔偿。

（六）收费情况

速卖通平台对卖家每笔订单收取 5%~8%（按不同的产品类目）的佣金。美元提现，每次收取 15 美元的手续费。2017 年 8 月 16 日起，速卖通对于单笔交易超过 1000 美元的订单，平台佣金由 8%降到 1%，相对于传统的国际结算方式（汇款、托收、信用证）要贵（一般而言，汇款/托收，手续费率为 0.1%~0.6%，信用证手续费约 0.8%~2%）。

（七）相关问题

在跨境电子商务出口交易方面，结算货币通常是外币，以美元为主，这就会涉及卖家账户资金提现和结汇问题。以速卖通为例，对于卖家账户上的人民币可以直接免费提现支付宝，而账户上的美元提现时，银行每次收取 15 美元的手续费，这给卖家带来了一定的困扰。

总体来说，当前很多国家对全球速卖通平台没有较为权威和完整的规范体系，对管理全球速卖通平台的第三方跨境支付仍然存在管理上的空白，难以对速卖通平台实施第三方跨境支付进行有效的监督，这导致全球速卖通平台在运行中不能有良好的跨境支付系统作为保障，特别在欠发达国家这样的情况往往会造成店铺运营的外汇风险和监督风险，提高了跨境电子商务资金收支的难度，增加了跨境电子商务支付资金的难度。

四、全球速卖通平台物流

众所周知，跨境物流与国内物流最大的区别是物流运输距离远，涉及两个不同的关境，物流成本过高。因此对于所有的跨境电子商务企业而言，物流渠道的选择原则是实现总成本最小化，降低消费者最为关注的额外交易成本。在这个讲究当日达和次日达的国内物流业高速发展的时代，速卖通作为国内最大的跨境电子商务 B2C 平台，其物流解决方案显得至关重要。

速卖通平台主要有 17 track 全球物流查询平台、物流方案查询平台、海关编码查询及包括官方物流、第三方入驻物流、商家自选物流、海外仓在内的四类物流服务。从物流方案选择、物流供应商选择、实时追踪物流信息，到商品退税，速卖通平台提供了一条龙服务，为商家省时节力，提高成交率。接下来将重点介绍速卖通平台的四类物流服务。

17 track 是速卖通平台的官方合作伙伴，拥有智能查询和随时跟踪功能。支持全球 170 多个国家的邮政运输商、国际快递、多家电子商务专线物流。支持订单备注的添加自动保存历史记录，可以随时查询包裹状态。

物流方案查询小工具，只需卖家输入订单相关信息，即可获取最佳物流方案。无须商家根据费用清单一一比对计算最优选择，较大程度上解放了商家精力，提高了整体成交率。

海关编码查询，可在线查询出口商品退税率，可帮助商家及时申请退税。

速卖通平台主要有四类物流服务，即官方无忧物流、第三方入驻物流线上发货、商家自选物流线下发货和海外仓。

（一）无忧物流（AliExpress）

无忧物流是由速卖通平台与菜鸟合作推出的覆盖全球的官方优质物流网络，其渠道稳定时效快；拥有运费优惠，重点国家为市场价的八至九折；平台承担售后，出现物流纠纷由平台介入，节省了商家的时间与精力；实行"你敢用我敢赔"的保障机制，出现因物流原因导致的纠纷退款，由平台相应承担。

无忧物流根据物流时效、跟踪效果、赔付上限划分为标准服务、简易服务和优先服务。

标准服务覆盖全球 254 个国家及地区，可寄送普货、带电、非液体化妆品。也门与危地马拉由于政治局势不稳定已暂停服务，恢复时间待定。

简易服务专门针对俄罗斯、乌克兰、西班牙，提供订单成交金额不大于 5 美元的小包货物挂号类物流服务，且仅支持普通货物，不支持带电、纯电及化妆品。

优先服务覆盖全球 183 个国家及地区，核心国家预估 4~10 天送达。

（二）第三方入驻物流线上发货

第三方入驻物流主要由邮政物流、专线物流与商业快递组成，邮政物流主要有中国邮政小包、瑞典邮政小包、瑞士邮政小包、新加坡邮政小包和中国香港邮政小包等。

专线物流主要是俄罗斯专线和南美专线。商业快递主要有 DHL、UPS、Fed Ex、TNT。平台的第三方物流需要卖家在确认订单时根据买家所在区域、物流价格自主选择。通常由速卖通平台对其进行监督，当卖家产生因物流导致的损失时，可在线向物流商发起索赔，但订单的物流咨询与投诉需要卖家亲自处理，人力成本耗费较高。

（三）商家自选物流线下发货

商家自选物流则是卖家选择与未入驻速卖通平台的物流合作，通过线下寄付货物完成物流交易。但是线下货代市场鱼龙混杂，物流服务具有不可控性，而且由物流导致的损失与纠纷均需卖家自行承担，具有较大风险。

（四）海外仓

除此以外，2017 年速卖通正在积极打造跨境电子商务 2.0 时代，希望借力海外仓，开启海外本地化服务。由于平台没有官方海外仓，因此其鼓励商家自主运货至第三方的海外仓，提升曝光转化，扩大销量；缩短运输时长，降低物流成本；拓展销售品类；升级售后服务，但是目前仅中国、美国、英国、德国、西班牙、法国、意大利、俄罗斯、澳大利亚、印度尼西亚可设置为海外发货地，存在一定的地域局限性。

速卖通并不拥有官方海外仓，而是起到一个聚集平台商家的作用。其紧跟海外仓趋势，提升平台整体商家的全球曝光率，提高平台影响力。

综上所述可知，速卖通平台提供从方案查询、物流商选择、物流跟踪到海关编码查询的闭环服务，拥有官方物流、第三方优质物流、商家自选物流等较为完整的物流解决方案，并在物流方面积极筹备和推行海外仓项目，积极寻求与各国邮政和大的物流服务商合作，提高物流服务质量。

五、速卖通营销推广

（一）两套整合营销方案

1. 数据纵横——让营销不再盲目

数据纵横为卖家提供店铺经营状况（流量、交易、热门商品分析）、全平台热门关键词及行业情报等多维度数据，帮助卖家更好地经营和管理店铺。利用数据纵横的"热门商品"分析，可以找到流量大转化率弱的商品进行信息优化和打折促销，提升转化率。

2．关联营销——产品互链工具

产品互链工具是可以在一个产品详情页中插入店铺内其他商品信息的工具，能给买家提供更多选择，促进买家消费更多，减小买家流失。速卖通平台旨在通过关联营销提高店铺内产品的曝光水平，合理的产品互链可以促进店铺对不同产品的搭配销售。

（二）四大王牌营销工具

基于两大整合营销方案，速卖通推出了四款营销管理工具。

1．限时限量折扣

限时限量折扣是由卖家自主选择活动商品和活动时间，设置促销折扣及库存量的店铺营销工具。其利用不同的折扣力度推新品、造爆品、清库存，是卖家最爱的一款工具。

2．全店铺打折

全店铺打折是一款可根据商品分组对全店商品批量设置不同折扣的打折工具，可帮助卖家短时间内快速提升流量和销量。

3．全店铺满立减

全店铺满立减是由卖家在自身客单价基础上设置订单满××系统自动减××的促销规则，可刺激买家多买、提升客单价的店铺营销工具。

4．店铺优惠券

店铺优惠券是由卖家自主设置优惠金额和使用条件，买家领取后在有效期内使用的优惠券，可以刺激新买家下单和老买家回头购买，提升购买率及客单价。

（三）速卖通直通车

除以上介绍的营销推广工具外，速卖通还推出了一项重磅推广方式：速卖通直通车。平台会员通过自主设置多维度关键词，免费展示产品信息，通过大量曝光产品来吸引潜在买家，并按照点击付费的推广方式。直通车位置位于速卖通首页主题促销广告位，是速卖通买家流量最高、一次点击即可到达的专属促销页面。直通车后台不仅可以根据店铺产品推荐关键词，还会根据关键词的转化率对关键词进行排名。店家可以对心仪的优质关键词进行出价，只有被后台评为"优"的关键词才会出现在平台首页推广效果最好的位置。

所有直通车活动主题都是平台仔细分析历年海外主要市场（特别是北美和西欧等热点地区）热销的商品种类和买家消费特点后决定的。并结合广大客户的推广和销售需求，确定当季最热销的产品作为推荐的选品。卖家需要通过选择符合产品特色的活动主题，经平台筛选后对其进行推广。优质产品在优质展位进行优质的推广，助力店铺迅速曝光，快速成单，引领新的行情。

知识拓展

阿里巴巴旗下跨境电子商务平台速卖通在洛桑启动奥运权益

2020年1月9日电，阿里巴巴集团旗下跨境零售电子商务平台全球速卖通9日在洛桑举办发布会，表示借冬青奥会开幕之际，正式启动其奥运权益，利用触达全球 200 多个国家和地区的消费者网络，帮助扩大奥林匹克运动的覆盖面，拉近奥林匹克与世界各地粉丝的距离。

作为启动活动的一部分，速卖通当天在客户端首页上推出基于冬青奥会主题的推广页面，提供数以万计的特色冬季运动产品。这一为期 14 天的活动旨在围绕 2020 洛桑冬青奥会，推广冬季运动并鼓励世界各地的粉丝参与。

阿里巴巴集团首席市场官董本洪说："在阿里巴巴庆祝与国际奥委会合作三周年之际，我们将继续利用整个阿里巴巴生态来帮助奥运会向数字时代转型，扩大与国际奥委会的合作范围。"

国际奥委会电视和营销服务首席执行官兼常务董事蒂莫·卢姆说："作为阿里巴巴集团和国际奥委会合作伙伴关系的一部分，速卖通正围绕奥运会启动活动，期待这将给全球消费者和粉丝带来新的机遇。"

全球速卖通总经理王明强说："我们期待与国际奥委会合作，弘扬奥林匹克精神，并在我们的平台上为数以百万计的消费者和粉丝带来积极的生活方式。"

2017 年 1 月，阿里巴巴集团和国际奥委会达成了到 2028 年的长期合作伙伴关系。

资料来源：阿里巴巴旗下跨境电商平台速卖通在洛桑启动奥运权益[EB/OL]．（2020-01-10）．http://www.100ec.cn/detail--6541651.html．

第三节　亚马逊平台

一、亚马逊平台概述

（一）亚马逊公司

亚马逊公司（Amazon，简称"亚马逊"），是美国最大的电子商务公司，位于华盛顿州的西雅图，是网络上最早开始经营电子商务的公司之一。亚马逊成立于 1995 年，一开始只经营网络的书籍销售业务，现在则扩及了范围相当广的其他产品，已成为全球商品品种最多的网上零售商和全球第二大互联网企业，在公司名下，也包括了 Alexa Internet、A9、lab126 和互联网电影数据库（Internet Movie Database，IMDB）等子公司。

亚马逊（见图 2-3）及其他销售商为客户提供了数百万种独特的全新、翻新及二手商品，如图书、影视、音乐和游戏、数码下载、电子产品、家居园艺用品、玩具、婴幼儿用品、食品、服饰、鞋类和珠宝、健康和个人护理用品、体育及户外用品、玩具、汽车及工业产品等。

2012 年亚马逊将"全球开店"项目引入中国，致力于将中国最优秀的企业、最优秀的卖家引入到亚马逊海外站点上，让中国卖家直接面对海外消费者。亚马逊团队经过努力，已经开辟出美国、加拿大、日本市场，这就意味着中国卖家只要将相关资料提交给亚马逊招商团队，就能直接在这些海外市场上进行销售和消费。

图 2-3　亚马逊

(二) 亚马逊中国

2004 年 8 月，亚马逊全资收购卓越网，使亚马逊全球领先的网上零售专长与卓越网深厚的中国市场经验相结合，进一步提升客户体验，并促进中国电子商务的成长。亚马逊中国坚持"以客户为中心"的理念，承诺"天天低价，正品行货"，致力于从低价、选品、便利 3 个方面为消费者打造一个百分之百可信赖的网上购物环境。

作为一个在中国具有领先地位的 B2C 电子商务网站，亚马逊中国为消费者提供了 32 个大类、上千万种产品，通过货到付款多种支付方式，为消费者提供便利、快捷的网上购物体验。

亚马逊中国拥有非常先进的运营网络，目前拥有 15 个运营中心，主要负责厂商收货、仓储、库存管理、订单发货、调拨发货、客户退订、返厂、商品质量安全等工作。同时，亚马逊中国自己拥有专业的配送队伍和客服中心，为消费者提供了更加便捷的配送和售后服务。

二、亚马逊平台特色

(一) 重产品，轻店铺

在亚马逊平台，随处可见的是产品，但体现店铺的按钮和链接却很少；卖家要把主要的运营资源放在产品或者 listing 上，影响 listing 每一个相关的因素都需要精心打磨；对于初级卖家来说，初期少做产品、精做产品是更有效率的运营手段。

(二) 重推荐，轻广告

亚马逊的大数据计算能力非常强大，又非常重视用户体验；基于后台数据的关联推荐和排行榜流量是亚马逊运营推广较为有效的推广方式；给卖家的启示是要重视产品品质及买家反馈，如果是好产品，又有好口碑，亚马逊就会推荐你的产品，销量自然不会差。

(三) 重产品详情，轻客服咨询

亚马逊鼓励客户自助购物，故不设置在线客服。买卖双方没有即时在线沟通方式，一般用邮件沟通（24 小时之内回复）；而产品详情页就是卖家传递产品信息给买家的最重要窗口。好的详情页标题要做到突出产品核心卖点且具备可读性；五个关键词需要尽可能体现产品核心卖点；产品的图片需清晰，突出细节，彰显产品品质；详细有效的产品描述有助于买家了解你的产品；合理有效地利用 Q&A（问答）；想办法提升 review（评价）的好评率。

（四）重视客户反馈

亚马逊认为用户是一切的核心，所以特别重视客户反馈；亚马逊有如下两套评论体系。

（1）商品评论：商品评论会呈现在产品详情页，直接影响转化率。

（2）买家反馈：主要是客户对于卖家提供的服务质量评级，会显示在卖家详情页。这个评级会影响卖家绩效。对于卖家的意义在于一定要重视客户的购物体验，以最宽的尺度来保证买家的购物体验。

（五）FBA

亚马逊参与货物仓储、配送、质量控制和退货等环节的管理，为顾客提供了更加良好的服务，从而保证用户体验。对于初级卖家来说，使用亚马逊的 FBA 服务，有两大方面的好处。

（1）使用 FBA 配送的 listing 拥有产品优先曝光优势，其效果相当于国内的卖家使用顺丰包邮或者京东物流，买家喜欢这样快捷又高品质的配送服务。

（2）使用 FBA 服务，亚马逊将提供物流仓储、订单管理、配送、质量控制和退货环节的工作，卖家可以将更多精力放在产品开发、销售和运营上，提高整体运营能力。

（六）大数据

亚马逊是全球第二的互联网公司，也是全球第七的大数据公司，具有关联数据、预测性物流等专利技术。对于新卖家来说一定要利用亚马逊后台提供的产品、店铺、库存预警等数据支撑，为运营销售和备货提供依据。另外，在选品环节，新卖家还可以借助谷歌、keyword tool 等产品关键词或者数据挖掘工具进行针对性选品。

三、亚马逊平台支付

亚马逊在线跨境交易的基本流程是卖家在平台上开设网店，发布产品；平台买家搜索产品，直接在线下单。买家付款到亚马逊平台；卖家接受订单后发货；卖家向亚马逊平台请款；亚马逊平台定期将货款扣除部分保留款后，将余款放给卖家。

（一）亚马逊主要付款方式

2014 年 8 月 13 日，亚马逊推出了自己的信用卡刷卡器 Amazon Local Register，进一步向线下市场扩张。同时为了让开发者可以通过提交 App 获得更多的收益，亚马逊推出了针对 Kindle fire 的 App、游戏等购买的虚拟货币 Amazon Coin。Amazon Coin 于 2014 年 5 月在美国上线，所以亚马逊支付目前有两种支付方式：一种是通过信用卡，一种是通过 Amazon Coin。

亚马逊跨境电子商务支付中可选择的方式包括信用卡和借记卡，亚马逊接受主要的信用卡和借记卡，包括 VISA、MasterCard 国际信用卡组织、Discover card 信用卡、JCB、大来卡及中国银联。

（二）亚马逊主要收款方式

跨境电子商务收款和结汇是十分重要的一个环节，由于亚马逊平台的崛起，亚马逊的收款渠道和方式也是层出不穷，本部分将对亚马逊主要的几种支付方式及收费标准进行比较。

1. Payoneer

Payoneer 俗称 P 卡，目前是亚马逊收款类官方唯一的合作伙伴，有美元、欧元和英镑三种币种的账户，所有币种均支持多平台店铺，个人和公司身份均可申请。另外，Payoneer 现在分有卡和无卡账户两种，有卡账户管理费每年 29.95 美元，无卡账户则不需要年费。Payoneer 转账无汇损，提现到国内 1~2 个工作日，结汇无限制。

2. World First

World First 无年费，没有提款额度限制。对于美国账户，一次性转款 1000 美元以下每笔 30 美元；1000 美元以上免手续费。英国账户，一次性转款 500 英镑以下每笔 10 英镑；500 英镑以上免手续费。欧元账户，一次性转款 500 欧元以下每笔 10 欧元；500 欧元以上免手续费。加元账户，一次性转款 1000 加元以下每笔 30 加元；1000 加元以上免手续费。每次转款汇损在 1%~2.5%，转款金额越大越优惠。

3. 美国银行卡

申请美国银行卡需要先注册美国公司，国内卖家申请美国银行卡程序较为复杂，找代理注册美国公司税号（在订单数达到 50 笔或者金额大于 2 万美元时必须提供）再开户的话费用也较高（8000~1.5 万美元），开户会浪费人力物力财力。用美国银行卡来收款的亚马逊美国站，美元入账免费，但接收亚马逊欧洲、英国、加拿大和日本等站点的款项时，亚马逊会先将本地货币转换为美元入账，这个过程会产生 3%左右的汇损。从美国银行卡转款到国内会收每笔 20~45 美元的费用，无汇率损失。收款或提现金额过大时，可能面临美国银行机构的监管。

4. Currencies Direct

CD 卡是欧洲顶级金融管理集团 AZIBO 旗下的一家货币兑换公司，现有英镑、欧元和美元银行账户，个人和公司身份均可申请。如果账户长时间没有使用或者没有达到指定的交易金额，那么都需要额外费用。CD 账户办理完成后无须缴纳月费和年费，欧洲收款优势较大，汇损在 1%~1.5%。提款无额度限制，卖家可在后台绑定国内银行卡进行提款。

5. 中国香港账户转账结汇

用中国香港当地的银行收款只能收港币，再转成人民币会发生两次汇损。亚马逊后台货币转换时一般会扣除 3%~3.5%的汇率损失，因此该方式会面临较大的汇损，不建议使用。虽然费用较高，但国内有很多公司希望做出口退税，需要中国香港银行向内地银行转账的流水记录；也有部分商家有海外生意，要给海外公司支付货款，需要平账，也会使用中国香港银行卡，所以还是有部分卖家会选择中国香港银行卡收款。需要注意的是，实体美国银行卡和中国香港银行卡都不支持子账户，如果在亚马逊美国站运营多个店铺，收款会面临较为复杂的问题。

四、亚马逊平台物流模式

亚马逊的物流体系相对成熟，它本着双赢的原则，把美国本土业务的100%全部由一家物流公司承包，就是美国邮政UPS；本土以外的全球物流，则有几个实力相对较强的物流公司瓜分，其中主要包括基华物流和联邦快递等。而且，为了与外包物流公司的无缝对接，亚马逊公司不惜初期投入成本建造大量的物流中心。就好比流水线工厂一样，把商品看成流水线的产品，将分散的订单归类成几个类型生产线，集中信息及货物的同时，产品下线与物流公司做到JIT（无库存生产方式）无缝对接，不占用过多时间空间，合理布局，减少使用面积，给未来的业务（如第三方卖家）提供便利。

除第三方物流外，亚马逊还积极引入第四方物流，也就是物流方案咨询机构为其进一步降低物流成本，整合优化体系。总的来说，亚马逊公司的物流体系都是与第三方物流公司合作，结合了最原始的普通邮寄包裹，自身集货运输和跨境电子商务平台仓储集货，其中仓储地都是自建的海外仓。该业务后来也逐步发展成了亚马逊公司的核心业务，即FBA，它是由亚马逊提供的包括仓储、拣货打包、派送、收款、客服与退货处理的一条龙式物流服务。

FBA的优势：提高listing排名，帮助卖家成为特色卖家，抢夺购物车，提高客户的信任度，提高销售额；多年丰富的物流经验，仓库遍布全世界，智能化管理；配送时效性强；4小时亚马逊专业客服；删除由物流引起的差评纠纷；对单价超过300美元的产品免除所有FBA物流费用。

FBA的劣势：一般来说，费用比国内发货偏高，但是也要根据产品的重量来定夺；灵活性差；FBA仓库不会为卖家的头程发货提供清关服务；如果前期工作没做好，标签扫描出问题会影响货物入库，甚至入不了库；退货地址只支持美国；客户想退货就可以退货，不需要跟FBA有太多的沟通。

五、亚马逊平台营销推广

在亚马逊跨境平台进行销售的时候，并不是所有的上架产品都能够保证热销。优质的产品是核心的内容，但是想要在数千甚至数万件产品中脱颖而出，被买家所关注，达到引流的效果，需要营销推广手段的辅助。提供几种站内营销推广手段，使卖家快速达到推广产品的目的。

（一）SP广告

SP广告全称为Sponsored Products Ads，是亚马逊提供的一种帮商家推广产品的广告付费服务，类似于淘宝的直通车服务。卖家为某个关键词进行出价，当客户搜索这个关键词的时候，广告产品会出现在前台的页面，而且仅当客户单击广告时，才会对这个广告进行收费。

（二）LD 闪购

LD 全称为 Lightning Deal，是亚马逊平台提供的一项 deal 展示的收费广告服务，是卖家经常用到的打造爆款的一种方法，2016 年亚马逊刚开始对卖家开放，类似于淘宝的秒杀活动。

（三）Promotion

除了上述两种付费的营销推广手段，还有一些免费的，如 Promotion，亚马逊产品页面是没法像淘宝一样进行美工编辑的，Promotion 用于产品店铺的关联营销。

（四）站外营销推广手段

当平台的流量达不到销售额或引流目标时，可以用到站外营销推广。

1. Google PPC

Google PPC 就像卖家在百度上用到的百度广告一样，与 SP 付费方式一样。

2. SNS 社区

就是卖家所说的社区营销推广，包括脸书、YouTube、Instagram、推特、Pinterest 等。国外粉丝黏性很高，因此社区营销是非常热门的。亚马逊的用户希望与大家分享使用心得，因此很多买家会将产品的特性写得非常清楚，如很多美妆及户外类的网站。很多户外时尚类的红人有很多粉丝，且黏性大，粉丝会经常看红人的 SNS 社区，看到比较喜欢的产品时就会去购买。

3. 折扣类的网站

包括 SD、Woot 等，是以个人买家的身份发帖去分享折扣信息的网站。SD 对店铺有要求，即反馈 1000 个评论以上才可以在 SD 上发帖。

4. 邮件营销

邮件营销需要有一定的客户积累。卖家在做促销或者新品上线时，以邮件的方式将消息精确发送给买家，通过这种方式获得顾客的关注，并引导他们去店铺下单。

知识拓展

烟台中韩跨境电子商务平台启动，外贸发展注入新动力

2019 年 11 月 29 日，由烟台高新区管委和烟台市商务局共同主办的烟台中韩跨境电子商务平台启动仪式暨中韩跨境电子商务高峰论坛活动在南山皇冠假日酒店成功举行，烟台市商务局、烟台高新区工委管委领导，特邀嘉宾，韩国客商，烟台市传统外贸出口企业及跨境电子商务企业负责人共约 200 人参加活动。

烟台凭借其良好的区位、交通等优势，已迅速成为对韩友好往来的重要桥头堡城市。烟台中韩跨境电子商务平台作为烟台市创建国家级跨境电子商务综合试验区和国家服务外包示范城市的重要载体，通过跨境电子商务运营模式，促进中韩企业开展经贸交流合作提供了重要平台。

在过去的十年间，从世界整体范围来看，电子商务极速成长，最近几年，中韩两国间

的电子商务往来也以每年30%的增长率快速发展。中国于2019年颁布了电子商务法，大力简化了通关流程，加之两国地缘相近，同时具有良好的运输条件，为两国跨境电子商务的发展提供了便利条件。在此形势下，中韩跨境电子商务平台的启动，为实现两国新的贸易合作关系提供了平台，为两国的企业提供了开拓国际市场的机会，为两国外贸发展提供了新的动力，也为中韩两国消费者提供了更多的满足感。

随后，在全场领导、特邀嘉宾、中外企业负责人的见证下，烟台中韩跨境电子商务平台正式启动上线。

本次活动期间，举行了《数字经济时代的企业升级转型创新思维》《2020电商发展新机遇》《电商转型升级的数字化助手》三场专家论坛，同时，大会还举行了意向客户一对一对接洽谈会，为中韩企业合作搭建了更广阔的平台。

烟台中韩跨境电子商务平台以B2B、B2C的贸易模式，集政策发布、产品展示、交易服务、支付结算、结汇退税、仓储物流等功能为一体，整合了世界500强跨境电子商务巨头eBay、亚马逊、韩国Gmarket等全球优质资源，着力打造烟台市开展中韩服务贸易和电子商务合作的综合服务平台。平台上线后，将帮助更多企业适应跨境电子商务发展新趋势，为烟台与韩国双向贸易开辟跨境电子商务绿色通道。

资料来源：烟台中韩跨境电商平台启动，外贸发展注入新动力[EB/OL].（2019-12-02）. http://www.100ec.cn/detail--6536561.html.

第四节　eBay 平台

一、eBay 平台概述

eBay（中文为电子湾、亿贝、易贝，见图2-4）是一个可让全球民众上网买卖物品的线上拍卖及购物网站。作为全球电子商务与支付行业的领先者，eBay 为不同规模的商家提供了共同发展的商业平台。

eBay 集团旗下的主要业务包括三大块：在线交易平台 eBay、在线支付工具 PayPal 以及为全球企业提供零售渠道和数字营销便利的 eBay Enterprise。

eBay 的电子支付品牌 PayPal 在193个不同国家和地区拥有超过1.48亿活跃用户，支持26种货币的收付款。

图 2-4　eBay

借助强大的平台优势、安全快捷的支付解决方案及完善的增值服务，自2007年以来，数以万计的中国企业和个人用户通过 eBay 在线交易平台和 PayPal 支付解决方案将产品销向全球两百多个国家和地区。

二、eBay 平台特色

eBay 平台的品牌认同度高，买家资源丰富，流量大；品类丰富；支付系统强大，PayPal 支持 26 种货币；为吸引中国卖家入驻，成立专业团队提供一站式外贸解决方案，并提供跨境交易认证、业务咨询、专场培训、洽谈物流优惠等服务。

三、eBay 平台支付

（一）PayPal

PayPal 的支付配置步骤如下。

（1）以 eBay 美国站为例，完成登录，进入"My eBay"页面。
（2）在"My eBay"页面中单击"Account"，进入账户页面。
（3）进入"Account"页面，单击"Business Policies"，进入商业政策页面。
（4）单击"Create Policy"按钮，在下拉列表中选择"Payment"，创建一个新的收付款方式。
（5）在创建页面中，可在"Policy Name"对应的文本框中输入收付款政策名称，在"Policy Description"对应的文本框中输入政策说明，如果要将正在设置的收付款方式定为默认政策，可选中"Set as default payment policy"。
（6）在"Electronic payment methods(fee varies)"中可设置收付款方式。如需设置 PayPal 作为支付方式，需选中 PayPal，然后在"Your PayPal account e-mail address"下的文本框中输入 PayPal 邮件地址。如需买家立即支付，可选中"Require immediate payment when buyer uses Buy It Now"。
（7）如有额外的收付款说明，可在"Additional payment instructions(shows in your listing)"中填写，设置完毕后，单击"Save"按钮保存。

（二）离线手动支付方式

买家能够选择指定的国际信用卡支付，并按照指令，在完成结算后联系卖家，最终完成付款，还可在每个刊登模板内查看相应的信用卡对话框或者核对相应的业务规则。

四、eBay 平台物流

（一）线上国际 E 邮宝——美国/俄罗斯路向

线上国际 E 邮宝类型为标准型直邮物流方案。区别于经济型直邮物流方案的仅带部分物流跟踪，标准型直邮物流方案带有全程物流跟踪信息，且运费也要比经济型方案高一些。

国际 E 邮宝方案由中国邮政与境外邮政合作开发，为国内跨境电子商务卖家提供方便快捷、时效稳定、价格优惠、全程可查询的寄递服务。E 邮宝产品的国内揽收及运输都由中国邮政承运，包裹到达目的国后交给目的国当地邮政进行派送投递或通知买家到邮局领取。如果一次发包 5 件以上，中国邮政可以提供上门揽收服务。

注意事项：由于航空禁令限制，国际 E 邮宝暂时无法寄递纯电池及含电池类产品，含电池类产品务必将电池拆除或使用其他渠道寄递。

（二）DHL 电子商务可追踪包裹服务——美国/洲路向

DHL 电子商务可追踪包裹服务——美国/洲路向为针对内地及香港市场推出的高性价比的标准型直邮物流方案。

特点：计费方式为 1 g 起重，续重按克计费。全程带有追踪，具有收件扫描及派送扫描功能。包裹最大尺寸为长宽高三边均不得超过 90 cm，包裹重不得超过 2 kg。全程可视化追踪，卖家可以通过 DHL 电子商务平台实现在线追踪。

运送时间：以 DHL 电子商务可追踪包裹的美国专线为例，如果从 DHL 中国香港仓库开始计算，一般需要 6~9 个工作日派送到门，如果是从深圳仓始发则加 1 天，上海仓始发再加 1 天。不同的目的地，根据产品设计的不同，送达时间也略有不同。

（三）UBI 利通智能包裹

UBI 利通智能包裹类型为在澳大利亚、加拿大、俄罗斯、墨西哥和印度路向上为 eBay 卖家订制的直邮方案。

特点：利通智能包裹国际专线具有妥、快、好、省四个特点。

妥是指物流专线提供门到门全程追踪，且物流跟踪轨迹已与 eBay 系统集成，支持在 eBay 平台查件。

快是指专线运送，时效更快更稳定，揽件范围覆盖珠三角及江浙沪等多个主要城市，提供上门揽件和卖家自送仓两种收件服务。揽收件数 5 件起，不同路向可合并计算；不足 5 件仅收提货费 5 元。

好是指服务多样化，UBI 更为卖家制定了多样化的增值服务，诸如退运、更换标签、更改收件地址、快件截留等，并且支持中英文双语服务，承运符合安全运输标准的带电包裹。

省是指运费更优惠，UBI 利通智能包裹为 eBay 卖家提供了专享的特惠运费。

（四）海外仓

1. 卖得更多

eBay 通过将货物预先运送至海外仓库，提升货物的 listing 的曝光率和点击率，增加其销售机会。因为在 eBay 对于 item location 在国外的商品刊登有流量倾斜，搜索排名优先，而且相关的 listing 拥有 Fast&Free 标识，有助于增加点击浏览商品详情的概率。

2. 货量更大

海外仓可以通过单次承运货量更大、单位运输成本更低的海运来进行国际运输。特别是那些单品重量较高、体积较大的商品，如家具，家电，户外、汽配、机电产品等。这些产品的平均销售单价都普遍较高，利润也较高。海外仓备货模式大大扩展了卖家可以在 eBay 平台销售的商品品类，同时进入竞争相对较少的商品领域，也有利于提高商品平均售价。

3. 物流更快

通过海外仓提前备货，商品在售出之前就已经在买家所在的国家了，那么在 eBay 平台产生交易后，海外本地派送相比从国内发货，所需运输时间大幅缩短，这样可以大幅降低产生物流差评的概率，提升卖家的 eBay 账号表现，也让消费者的购买体验更好，相应地提升口碑和复购率。

4．成本更低

以目前的市场价格水平测算，在绝大多数情况下，如果商品超过 400 g，那么通过海外仓模式产生的全段物流成本摊入单品的占比相对国内直邮就可以大大降低。同时，通过专业的第三方海外仓服务，简化卖家在国内备货、包货的操作流程，也可以降低物流管理和人工投入的成本。

（五）eBay——亚太物流平台（ASP）

eBay 亚太物流平台是 eBay 为适应国际电子商务寄递市场的需要，提高中国卖家物流处理效率而推出的平台。用户通过 eBay 亚太物流平台可以实现：同步 eBay 订单信息、申请跟踪单号、打印标签、线上发货/单号上传、查询货件状态。

五、eBay 平台营销推广

（一）利用 Auction（拍卖）物品及 Buy It Now（一口价）物品推广商店

Auction（拍卖）及 Buy It Now（一口价）物品会出现在 eBay 的基本搜寻结果和类别页。可在 Item Description（物品说明）中加入商店页面的链接，如首页、商店类别、商店长期刊登物品等。在所有 Item Description 中，利用商店招牌加入商店的视觉特色（颜色、商标、背景主题），以及其他商店页和类别页的链接。

（二）运用商店推广工具

eBay 提供了一些可以用来推广商店的推广工具，包括卖家直销电邮、自订商店招牌、推广传单、连带推广和物品 RSS Feeds（要获取消息的网站的内容的种子）。只要单击一下 My eBay 中的"推广工具"链接，就可以使用这些工具。

（三）建立商店招牌

建立商店招牌，在物品页中推广自己的商店，给买家提供更好的购物经验。

（四）利用"我的档案"页面

建立商店专用的"我的档案"页面，通过它描述业务，提供商店链接、商店视觉特色等。

（五）提高登记使用等级

提高登记使用等级可增加物品在 eBay 商店搜寻页及其他页面的 Exposure（曝光率）。

（六）Discussion Boards（讨论区）发表意见时加入商店名称

在 eBay 的 Discussion Boards（讨论区）上沟通时，可加入自己的商店名称和网址，作为签名的一部分。

盘点：针对跨境电子商务卖家的九大 eBay 运营指南

第五节　Wish 平台

一、Wish 平台概述

Wish（见图 2-5）是一个源于移动端的平台，2011年12月成立于美国，99%的交易都在移动端进行，用户可以随时随地浏览购物，从打开 Wish 手机应用到完成付款流程最快不过数秒时间。同时，Wish 弱化了搜索功能，采用独特算法，根据用户在社交网络上的浏览轨迹分析用户喜好，向用户推送与之喜好匹配的商品，因此每个人在 Wish 首页看到的商品都不同。所谓"千人千面"，就是这个道理。

图 2-5　Wish

Wish 是一款基于手机移动端的全球综合类商品购物应用，支持超过 30 种语言，拥有超过 9000 万件各类商品，为超过 71 个国家或地区提供购物服务，在全球拥有超过 1 亿名用户。

Wish 是欧洲和北美最受欢迎的移动购物应用，也是苹果应用商店和安卓应用商店里最受欢迎的生活类应用之一。Wish 备受欢迎的特色之一是把商品和用户分别标签化，通过不断记录用户的浏览点击行为和购物消费习惯，结合大数据及人工智能算法，适时地自动向用户手机端推送其感兴趣的产品，让用户享受个性化、方便快捷、高性价比的全球购物体验。

Wish 拥有 Wish 综合、Mama 母婴类、Cute 彩妆类、Home 家居类、Geek 电子产品类 5 个购物应用。其中，Wish 综合购物应用的商品种类最齐全、最丰富。Mama、Cute、Home 和 Geek 是从 Wish 综合购物应用中精选出来的垂直类商品购物应用，为商品需求相同的用户群体提供了简单直接的购物体验。

二、Wish 平台特色

Wish 有近 5 亿注册用户，超过 40 万入驻商户，日活跃用户大于 1400 万，月活跃用户大于 7000 万，1.6 亿活跃的 SKU 周重复购买率大于 75.45%，15~39 岁的用户每天浏览时长超过 45 分钟。Wish 的平台具有以下几个特点。

（一）简单

有简单易开发的 API 文档。Wish 自己的客服已经帮卖家把大部分客户咨询（如要求退款）都搞定了，不需要卖家做太多工作。如果客户不满意，Wish 会直接退款给客户，客户不需要承担任何损失。

（二）价格战完全不适用于 Wish 平台

首先，Wish 的基因决定了价格不是最重要的权重。其次，Wish 是个简单的移动端平台，页面展示的空间也有限，不提供比价功能。如果在两个账号上卖完全一样的产品，其中一个账号的价格都比另外一个账号的价格低，那么销售情况基本上不会因为在另外一个账号上卖得价格低，而使那个账号的销售暴涨。所以，使用 Wish 首先要厘清思路，看明白 Wish 的规则，不要用 eBay 和速卖通的思路去使用 Wish。

（三）平台机会面前人人平等

Wish 的毛利润率目前设置为 30%～40%，但入驻商户也可以随着团队的大小自己设定。在 Wish 上不要卖得太便宜，或者为了短时间内提高销量而平价或者亏本销售。Wish 低门槛的亲民政策，倡导无行业局限，易于立足。总结起来而言，Wish 平台的特征为四易、三防、三重心、三新规。

- 四易：易入驻，易操作，易跟卖，易成长。
- 三防：防关联，防仿品，防低劣数据。
- 三重心：重产品，重价格，重物流。
- 三新规：海外仓，营销排位赛，诚信店铺指标多维度。

三、Wish 平台支付

（一）如何将资金转入商户的银行账户

1．PingPong

登录 Wish 商户平台，在 Payment Setting 下的提供商选项选择 PingPong 金融，并点击"注册"；如果已经有 PingPong 账户，请点击下面的"已经注册 PingPong，立即登录"完成绑定。

在线注册或绑定完成后，在 Wish 定期转款日之后的 5～7 个工作日，就可以进入 PingPong 账户。

2．Payoneer

登录到 Wish 卖家账户，在"付款设置"的下拉列表中选择 Payoneer 并完成注册。

如果已经拥有了 Payoneer 账户，请点击"如果您有一个 Payoneer 账户，请点击这里"按钮，将 Wish 账户绑定到现有的 Payoneer 账户上。一旦 Payoneer 账户批准通过，Wish 款项将在每个付款周期（每月 15 日）直接支付到 Payoneer 账户，并且将收到电子邮件通知。

3．PayPal

登录 PayPal，在"提款"菜单里选择"转账到银行"。输入金额数，选好银行账户，点击"继续"。确认明细然后点击"提交"。

在转账之后的 3～4 个工作日内注意银行账户动态。

4．联动优势

商户登录 Wish 商户平台，在付款设置下的"提供商"选择"联动支付（UMPAY）"。

填写收款相关信息：银行名称、收款人姓名、收款人银行账号、电话号码和身份证号码，点击更新支付信息。

Wish 会在每月 1 日和 15 日定期转款，没有中间账户，不需要商户再次操作，将资金直接转入商户的银行账户。

（二）消费者如何付款

消费者可以使用 ApplePay、PayPal 和信用卡付款。

四、Wish 平台物流

（一）Wish 平台物流选择向导

Wish 商户除了可以自行寻找物流承运商来配送包裹外，也可以直接在 Wish 后台使用下列国际物流服务商来进行配送，例如中邮速递（国际 E 邮宝）、YanWen（燕文）、Boxc 等。对于 Wish 商户来说，选择什么样的物流服务商对于自身的销售及回款等有不同的影响，Wish 提出了物流服务商分级方案，即 Wish 物流选择向导。

Wish 物流选择向导是为帮助商户选择优质物流服务商而设的物流服务商分级方案。此工具将 Wish 认可的物流服务商分为四个等级。除去等级 1 物流服务商，其余等级均会有一列表，根据物流服务表现列出对应的物流服务商。

等级 1（Wish Express，WE）：仅满足 Wish Express 妥投要求的 Wish Express 订单可享受等级 1 的利好政策。

等级 2：具有高妥投率及低物流因素退款率的可靠物流服务商。

等级 3：具有较高物流退款率及低妥投率的物流服务商。

等级 4：物流表现差的物流服务商，如具有极高物流因素退款率及极低妥投率。

使用一级物流服务商有助于获得更快的放款资格，Wish Express 订单一旦确认妥投便成为可支付状态；使用二级服务商配送的订单将于确认发货 45 天后成为可支付状态；使用三级物流服务商配送的订单将于确认发货 75 天后成为可支付状态；使用四级物流服务商配送的订单将于确认发货 90 天后成为可支付状态。坚持使用等级 1 和等级 2 物流商发货的产品，将会获得 All-star shipper 标志，这将带来流量的提升，从而增加获得更高销量的可能性。

（二）Wish 邮

Wish 邮（Wishpost）是由 Wish 和中国邮政共同推出的 Wish 专属商户跨境电子商务物流产品。"Wish 邮"可为优质商户提供专属集货仓、专线产品、专业仓储等一体化物流解决方案，并且所有 Wish 订单将享受快速放款政策。

"Wish 邮"专属服务如下。

（1）为 Wish 商户提供专属集货仓的服务。

（2）为 Wish 优质商户提供专业仓储服务和物流一体化解决方案。

（3）为 Wish 商户提供"Wish 邮"国际小包的优先处理服务。

（4）为 Wish 商户提供"Wish 邮"多节点的实时动态查询跟踪服务。

（5）为 Wish 商户提供专属操作团队、技术团队、客服团队及个性化专属服务。

（6）为 Wish 商户打造重点路向专线产品（目前已开通美国专线）。

（7）Wish 商户可享受中国邮政集团公司平台对接商户各项优惠措施和资源支持。针对 Wish 平台发展规划和运营特点，中国邮政可为其提供定制化的专属服务，包括提供专属集货仓、专线产品、专业仓储等一体化物流解决方案，并提供专属的业务团队、技术团队和客服团队给予项目支撑。此外，所有通过"Wish 邮"发运的包裹，邮政方承诺使用绿色通道，给予快速处理，实现 24 小时交航，并提供实时动态跟踪查询服务。

（三）FBW（Fulfillment by Wish）

1．FBW 海外仓

FBW 认证仓是由 Wish 与某一个第三方物流商合作的一种物流形式，如与斑马仓合作建成的 FBW-US 美国认证仓，与顺丰合作建成的 FBW-EU 欧洲仓库。FBW 认证海外仓的优势如下（第 5~10 项是 FBW 海外仓特有优势）。

（1）3 倍及更多的流量。

（2）作为等级 1 的物流方式享有前端差异化标识展示及更快的结算时间。

（3）帮助商户聚焦自己的核心价值运营环节，解决物流疑难，无后顾之忧。

（4）无须 WE 审核期，更快捷、直接地加入 Wish 海外仓项目。

（5）因为物流导致的订单配送延误，可免责并仍然保证在 Wish Express 项目中。

（6）被踢出 5 次的账号，仍然可以通过 FBW 项目参加海外仓项目。

（7）订单执行和运输完全由 FBW 认证仓来处理。

（8）更高效的资金利用，海外认证仓内的作业费及尾程运费在 Wish 商户账户内扣减。

（9）保税仓库的货物可更方便地运回中国（适用于 FBW-EU）。

2．FBW 中国仓

海外仓成本高负担重，物流环节多不可控，退款率高损利润，品类扩展受限难发展……为进一步优化消费者购物体验，提升物流整体效率，加强物流环节控制，提供更顺畅的物流体验，Wish 推出了 FBW 中国仓（FBW-CN）。

FBW-CN 是由 Wish 联合知名仓储服务商提供的升级物流解决方案，区别于 FBW-US&EU 的海外仓交付模式，FBW-CN 是针对国内直发产品设计的境内交付生态链升级方案，轻松几步即可解决国内直发产品的配送问题。

FBW 中国仓代表 Wish 中国履行订单。这是一项由 Wish 提供的仓储发货服务，商户可以将热销产品存放在此仓库中。Wish 商户们仅需将产品运送至 FBW 中国仓，然后仓库将会负责履行订单（捡货、打包及配送）。这对于在节假日中不能履行订单或没有充足的履行订单能力，但希望继续售卖其热销产品的商户非常有帮助。当然，Wish 中国仓也适用于那些希望轻松运营店铺并倾向于将仓储外包给第三方的商户。

FBW-CN 的好处如下。

（1）FBW-CN 突出简便快捷的交付设计，整体交付流程在产品于 FBW-CN 仓库上架后无须商户进行订单处理的任何操作。

（2）商户使用 FBW-CN，因仓储、物流等原因造成的用户退款，平台将进行赔付。平台同时会给予商户更多运营方面的支持。

① 快速布局，多地建仓。除杭州、东莞仓外，Wish 未来将在更多城市开展 FBW-CN 项目。

② 支持卖家自主配置物流渠道。开放运费模板，支持卖家自主配置物流渠道，实现个性化服务。

③ 支持更多目的国。除目前已经支持的国家或地区，未来将拓展更多目的国，实现更广的覆盖。

④ 支持更多品类。在现有产品的基础上，未来将逐步放开限制，支持更多品类，覆盖更多商户和消费者，更有力地服务商户。

⑤ 国内仓海外仓联动。逐步推进 FBW 体系内的联动，实现从国内仓到海外仓的无缝衔接。

⑥ 支持第三方订单。在全面服务 Wish 平台订单的基础上，未来，FBW-CN 将支持非 Wish 平台的第三方订单，满足商户多样化的仓储需求。

五、Wish 平台营销推广

相对于亚马逊、eBay，甚至国内的天猫、京东等购物平台，Wish 独特的个性化推送机制更简单。亚马逊的首页显示的商品琳琅满目，天猫的首页全是各大品牌的产品，然而打开 Wish 后映入眼帘的始终是没有任何修饰的产品图片。所以无论对于卖家还是 Wish 自身，Wish 完全以商品为主导面对消费者，而不需要卖家通过广告位购买等营销手段进行商品促销。

（一）衍生 App

在 Wish 发展的早期，为了在市场上更大范围更迅速地扩大知名度，以及区别于 Wish 全品类平台，Wish 推出了 Geek 电子产品类、Mama 母婴类、Cute 彩妆类和 Home 家居类四个垂直类的购物应用。

Wish 能在短时间内发展成为最具潜力和被看好的移动端跨境电子商务平台，很大程度在于其过硬的智能技术支撑。2014 年 11 月，其推出了两款颇具分量的垂直类移动购物平台——Geek 和 Mama，主要针对品类为 3C 和母婴产品。

这两款 App 主要是针对特定商品和人群的，且 Wish App 在技术层面更具先进性。卖家无须重新注册账号，平台根据对应热销品的数据直接抓取。据介绍，Geek 主要强调的是科技感，侧重智能/运动/健康相关方向，而不仅仅是传统的 3C 品类。目前 Geek 平台上的品类很多，包括 Headphones、Watches、Speakers、Phone upgrades、Car accessories 和 Electronics directly on your phone 等；而另一个平台 Mama 则更倾向于母婴用品，主要上线的产品有儿童及女士服装、鞋袜、玩具、婴幼儿用品、厨房用品等品类。

（二）Wish Express

Wish Express（简称 WE）是 Wish 对于海外仓产品的一个区分标识。

从客户角度看，Wish 为了更好地表现及区分出海外仓的产品，推出了 WE 这个项目。这样客户在前端下单会有两个选择，"标准物流"下的标准物流费用或者是"快速到达"下的额外快递费用支出，用以更好地提升用户体验。

从商家角度看，如果产品加入海外仓，其前端会显示"小黄车"标识，则根据 Wish 独特的精准计算的技术，会将客户引流至海外仓产品。海外仓产品的日常推送流量是普通产品的 3 倍。

这是一个很好的提高平台产品物流时效的工具，达到买家和卖家互惠的目的。一般来说，Wish 商家中 80%～90%都是中国商户，所以大部分产品都是从中国寄往世界各地，物流时效并不能得到很好的保证。WE 项目激励更多的卖家将产品放进海外仓，提升整个平台的客户体验。

（三）Product Boost

Wish 是一家完全以技术为参数，对客户进行精准推送的购物平台，但却在某一方面忽略了客户可能突然发生的需求。相对于亚马逊、AliExpress 等，Wish 弱化了客户的搜索端，潜在地失去了一部分客户。

Product Boost（简称 PB）便是 Wish 针对有搜索需求的客户推出的工具。商家需在 Wish 后台进行 PB 报名，填写报名的产品的关键词。

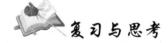

复习与思考

1. 名词解释

（1）C2C 电子商务

（2）垂直跨境电子商务

（3）跨境进口电子商务

（4）信息服务平台

（5）跨境出口电子商务

2. 简答题

（1）跨境电子商务平台按照交易主体属性分类可以分为哪几类？

（2）速卖通平台放款时间是怎样的？

（3）亚马逊平台的特色是什么？

（4）Wish 平台特色是什么？

（5）速卖通的入驻资质是什么？

第三章 跨境电子商务网络营销

知识目标

- 了解跨境电子商务营销理论。
- 理解跨境电子商务选品的基本思路。
- 了解商品成本是如何核算的。
- 认识跨境电子商务B2B渠道策略。
- 了解跨境电子商务引流与推广。

学习重点、难点

重点

- 网络整合营销方式与应用。
- 跨境电子商务选品策略。
- 价格的调整与换算。
- 跨境电子商务B2C渠道策略。

难点

- 掌握数据分析工具。
- 熟练运用商品定价的技巧与策略。
- 了解跨境电子商务企业全渠道营销策略。
- 了解跨境电子商务引流与推广方式。

案例导入

国外网红成跨境电子商务营销新方式

社交媒体平台成为中国跨境电子商务销售的必争之地,国外网红成商户的营销新方式。这一观点来自全球领先的在线支付平台 PayPal 近日在广州举办的第五届中国跨境电子商务大会。

PayPal 表示,通过近年来对中国跨境电子商务市场的持续关注与投入,发现除了直接在社交媒体上投放广告外,中国商户还采取与国外社交媒体红人合作等新形式。这些国外的网红们成为了商户品牌和商品的媒介,他们通过自身在网民中的广泛影响力,将粉丝转化为潜在消费者。

第一节 跨境电子商务网络营销概述

一、跨境电子商务营销理论

市场营销理论是企业把市场营销活动作为研究对象的一门应用科学。如果我们在跨境电子商务营销推广中能应用营销的一些相关技巧,那么店铺运营将更加系统化。本节主要介绍市场营销中常用的 4P、4C、4R、4I 营销体系,以及它们在跨境电子商务平台中的应用。

(一) 4P 理论

4P 理论即产品(Product)、价格(Price)、渠道(Place)和促销(Promotion)(见图 3-1),该理论产生于 20 世纪 60 年代的美国,是由密歇根大学教授杰罗姆·麦卡锡(E. Jerome Mccarthy)提出来的。他认为 4P 理论研究的是把合适的产品以合适的价格,通过合适的渠道,用适当的方法促销给更多顾客,从而满足市场需要,获得最大利润。因此,我们可以说,市场营销管理的本质就是企业能够制定出适应市场环境变化的市场营销战略。

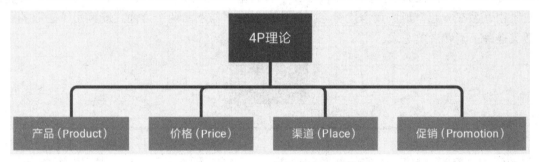

图 3-1 4P 理论

虽然 4P 理论风靡了半个世纪,但到了 20 世纪 90 年代,消费者个性化消费日益突显,市场竞争日趋激烈,媒介传播速度加快,4P 理论受到前所未有的挑战。从本质上来讲,4P 理论以企业为中心,企业生产什么产品,希望获得多少利润,制定什么样的价格,以怎样的方式进行传播和促销,以怎样的渠道进行销售,都是由企业决定的,企业的营销活动忽略了最重要的营销服务对象——顾客。随着 4P 理论的弊端日益突显,更加强调顾客满意度的 4C 理论应运而生。

(二) 4C 理论

4C 理论是由美国学者劳特朋(Lauterborn)教授在 1990 年提出来的,分别指代顾客(Custome)、成本(Cost)、便利(Convenience)和沟通(Communication)(见图3-2)。它以顾客需求为导向,强调企业应该把顾客满意度放在首位,努力降低顾客购买产品所愿意支付的购买成本,要最大限度地为顾客提供购物便利,同时注重与顾客的双向交流与沟通。

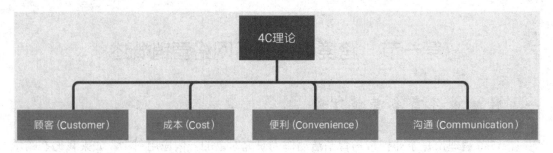

图 3-2 4C 理论

随着时代的发展，4C 理论也突显了其局限性。企业是以顾客需求为导向的，当顾客利益与企业利益发生冲突时，顾客战略也是不适应的。因此从市场对 4C 理论的反应来看，需要建立企业与顾客间更有效、更长期的关系。

（三）4R 理论

针对 4C 理论的局限性，美国的唐·E. 舒尔茨（Don E. Schultz）在 2001 年提出了关联（Relevancy）、反应（Reaction）、关系（Relationship）和报酬（Reward）的 4R 营销理论（见图 3-3）。4R 理论以竞争为导向，侧重于实现企业与顾客的双向互动与共赢，注重建立企业和客户之间的长期互动关系，建立顾客忠诚度。通过关联、反应、关系把企业与客户紧密联系在一起，形成竞争优势。报酬体现在成本与双赢两个方面，既满足了企业的利益又兼顾了消费者的需求。

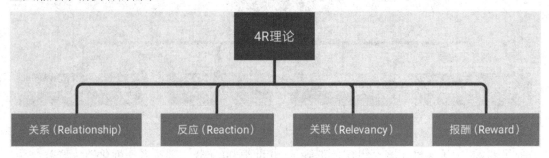

图 3-3 4R 营销理论

4R 理论与其他理论一样，存在缺陷与不足。如与顾客建立关联，建立长期的互动关系。这需要企业有一定的实力，然而这并不是每个企业都能做到的。

（四）4I 理论

随着网络的快速发展，传统的营销理论已经很难适用。在传统媒体时代，信息传播是自上而下、单向式流动的，消费者只能被动接受。而在网络媒体时代，信息呈现出互动式的新的传播方式，声音嘈杂，多元化，各不相同。加之博客、论坛、IM（即时通信）等自媒体的爆炸式增长，每一个消费者都形成了自己的特点，也渴望通过个性来吸引更多人的关注。企业如何通过营销将产品信息有效地传达给顾客并满足顾客个性化的需求呢？面对市场的需求，唐·E. 舒尔茨于 20 世纪 90 年代又提出了网络整合营销 4I 原则：趣味原则（Interesting）、利益原则（Interests）、互动原则（Interaction）、个性原则（Individuality）。

这个原则已慢慢成为一个新的营销宝典（见图3-4）。

图3-4　4I营销理论

二、精准营销的个性化体系

（一）精准的市场定位体系

市场的区分和定位是新时代营销活动中的关键一环。只有对市场进行准确区分，才能保证有效的市场、产品和品牌定位。通过对消费者消费行为的精准衡量和分析，建立相应的数据体系，通过数据分析进行客户优选，并通过市场测试验证来区分所做定位是否准确有效。在精准营销的实践中，借助自己开发的市场定位技术营销测试系统，能够很好地实现对产品的精准定位。市场定位技术系统采用复合的数字理论模型，在模拟的真实市场环境中得到真实实验数据。数据模型是以求证营销为蓝本设计的，它在小的真实市场环境下模拟大规模销售。模拟的市场环境包括货架实验、网络实验、用户走访直接邮寄广告（DM、模拟）等。对一个大规模上市的产品而言，投入很少的测试费用就可以知道上千万元投入的效果，这就是精准定位的魅力。

（二）与顾客建立个性传播沟通体系

从精准营销的字面上大家就可以看到它采用的不是大众传播，要求的是精准。这种传播大概有以下几种形式：DM、EDM、直返式广告、电话、短信、网络推广等。这些东西并不新鲜。DM就是邮件，EDM就是网络邮件。直返式广告是对传统大众广告的改良。一般的传统广告主要是讲自己的产品怎么好，鼓动大家去什么地方购买。有的也给些打折让利的优惠。传统广告需要占据较大版面，并且广告费较高。而直返式广告主要是宣传一个活动，让感兴趣的人参与。直返式广告的设计核心是活动诱因设计，原则是让精准定位的人群对广告感兴趣，设计这部分人感兴趣的活动、感兴趣的东西，达到让他们参与的目的，以实现下一步一对一的沟通。活动诱因指让特定的客户感兴趣的东西，它更多涉及消费心理研究、购买行为研究。

（三）适合一对一分销的集成销售组织

精准营销的销售组织包括两个核心组成部分：精准营销颠覆了传统的框架式营销组织架构和渠道限制，它必须有一个全面可靠的物流配送及结算系统，以及一个顾客个性沟通主渠道呼叫中心。便捷快速的物流配送体系和可靠的结算体系是制约精准营销的两个主要因素，在精准营销的实践中，可以借助国家邮政网络来实现货物配送及货款结算。传统营销关心的是市场份额,而精准营销关心的是客户价值和增值。精准营销的运营核心是客户关系管理。呼叫中心是通过网络技术和电话建立起来的实现和顾客一对一沟通的平台,它的主要职能是处理客户订单、解答客户问题、通过客户关怀来维系客户关系。精准营销摆脱了传统营销体系对渠道及营销层级框架组织的过分依赖,实现了一对一的分销。

(四)提供个性化的产品

与精准的定位和沟通相适应,只有针对不同的消费者、不同的消费需求,设计、制造、提供个性化的产品和服务,才能精准地满足市场需求。个性化的产品和服务在某种程度上就是定制。以戴尔为例,计算机本身标准化很高,要全方位地满足客户对计算机性能、外观、功能和价格等各方面的综合需求,相对比较容易。通过综合运用先进的供应链管理、流程控制、呼叫中心、电子商务等多种手段,戴尔能够实现按需生产,即大规模定制。对于其他标准化程度不高、客户需求更加复杂、既要实现大规模生产、实现成本最优,又要适应日益差异化客户需求的企业而言,就必须有选择地满足能够实现规模和差异化均衡的客户需求。通过精准定位、精准沟通能够找到并"唤醒"大量的、差异化的需求,通过个性化设计、制造或提供产品、服务,可以最大限度地满足有效需求,获得理想的经济效益。精准的、个性化的产品和服务体系依托的是现代化的生产和流程管理,包括供应链管理、企业资源计划(ERP)、业务流程再造(BPR)等,如宝马汽车(BMW)已经实现了按照客户订单来完成整车配置并及时送达的精准生产模式。

(五)顾客增值服务体系

精准营销最后一环就是售后客户保留和增值服务。对于任何一个企业来说,完美的质量和服务只有在售后阶段才能实现。同时,营销界一般认为,忠诚顾客带来的利润远远高于新顾客。只有通过精准的顾客服务体系,才能留住老顾客,吸引新顾客,实现顾客的链式反应。

三、网络整合营销方式与应用

(一)常用营销方式

以下是在网络整合营销中最常用的一些营销方式。

1. 搜索引擎营销

百度作为全球最大的中文搜索引擎,据不完全统计,在中国,5亿~6亿网民中的80%在使用百度搜索引擎,其他20%使用其他的搜索引擎。也就是说,在中国,网民都在使用各种各样的搜索引擎。好的搜索引擎所产生的效果是非常好的,实现的方法有关键词竞价排名、搜索引擎自然排名(搜索引擎优化)、分类目录登录、搜索引擎登录、付费搜索引擎广告、关键词广告、TMTW(一种来电付费广告模式)来电付费广告、网站链接策略等。

要做好搜索引擎营销,首先我们需要从以下几个方面入手:选择搜索引擎营销的策略;确定搜索引擎的目标;确定关键词计划;管理竞价;优

亚马逊A9算法下如何进行搜索引擎优化来提高产品排名

化网站内容；确定标准；确定搜索引擎营销工具；报告标准测评的结果。

2. 视频图片营销

视频图片营销是指企业将各种图片/视频短片以各种形式放在互联网上，来达到一定宣传目的的营销手段。一张好的图片会被高速转载到网络的每一个角落，但是一个广告图片是不会被转载的，所以我们要用会被转载的图片作为广告，这种方式就叫作图片营销。图片营销的好处是投资小、效果好，不用人力推广而且传播快。视频营销类似于电视视频短片，只是平台在互联网上，是视频与互联网的结合，这就使视频营销具备了视频与互联网的优点。

3. 博客营销

博客营销是通过博客网站或博客论坛接触博客作者和浏览者，利用博客展示个人的知识、兴趣和生活体验等传播商品信息的营销活动。

博客与博客营销是有区别的，它们的区别主要在于，博客就是在网上写的文章，有些普通日志的特征，比如正文是按时间排序的，不过与写在普通日志上的不同，最新的文章排在最前面，旧的会排在后面。真正的博客营销是依靠原创的、专业化的内容更吸引读者，能够培养一批忠实的读者，在读者群中建立起信任度、权威度，形成个人品牌，进而影响读者的思维和购买决定。

4. 微博营销

微博营销是一种网络营销方式，新浪随着微博的火热催生了有关的营销方式，即微博营销。每个人都可以在新浪、腾讯等注册一个微博账号，然后就可以更新自己的微博。每天更新的内容可以跟大家交流，或者就大家感兴趣的话题发表观点来达到营销的目的。微博营销必须一切以客户为中心来进行，让客户有更好的体验，倾听客户的评价和使用体验意见才能更好地获得营销效果。

5. 百科贴吧营销

百科是为用户提供更多权威信息的平台，是专门为各类词条建立的数据库，是建立公信度的最佳平台之一。做好百科能最大限度地提高信誉度，百科营销其实也就是在做品牌营销。而贴吧营销是以贴吧为载体的一种营销方式，是一种基于关键词的网上主题交流社区，它与搜索紧密结合，准确把握用户需求。贴吧营销需要注意：选择贴吧要有侧重点，帖子的内容要有讲究，要学会利用百度热点，发帖需有技巧。

6. 口碑营销

口碑源于传播学，由于被广泛应用于市场营销领域，所以有了口碑营销。传统的口碑营销是指企业通过员工朋友、亲戚的相互交流将自己的产品信息或者品牌传播开来。而对于口碑营销来说，口碑只是目标，营销也只是手段，产品才是最重要的，它是口碑营销的基石。但事实上，"口碑营销"一词来源于网络，其产生背景是博客、论坛这类互动型网络应用的普及。这类应用正逐渐成为各大网站流量最大的频道，甚至超过了新闻频道的流量。要做好真正的口碑营销，还需要在产品的定位、传播因子和传播渠道三个方面进行挖掘。

7. 新闻事件营销

新闻事件营销是企业通过策划、组织和利用具有名人效应、新闻价值及社会影响的人物或事件，引起媒体、社会团体和消费者的兴趣与关注，运用新闻报道进行宣传，以求短时间内提高企业和产品的知名度，塑造品牌美誉度与公信力。并且，新闻和事件也是相对独立的营销模式。新闻营销具有目的性强、传播广、嵌入性强、炒作性大四个特点，主要注重于传播。而事件营销是近几年来国内外十分流行的一种公关传播与市场推广手段，它主要注重于策划，而事件营销成功的要素是需要让事件成为新闻。因此，两者又是相辅相成的关系。

8．公关营销

公关营销又称公共关系营销，即社会市场营销，这是20世纪70年代末出现的、极富生命力的市场观念，也是"感性消费观念""明智消费观念""生态强制观念""社会公众利益观念"的综合。

9．社区论坛营销

随着中国社会经济与房地产的蓬勃发展，目前城市中绝大多数人口已经按照自身居住的业态形成了一种社区化的生活方式，而"社区营销"恰恰是在这样的大环境与背景下诞生的。在社区，企业可以直接面对消费人群，目标人群集中，宣传比较直接，可信度高，更有利于口碑的宣传；依靠氛围销售，投入少，见效快，利于资金的迅速回笼，还可以作为普遍的宣传手段使用；也可以针对特定目标，组织特殊人群进行重点宣传。社区营销能够直接掌握消费者反馈的信息，针对消费者需求及时对宣传战术和方向进行调整。

论坛营销是企业利用网络交流平台，通过文字、图片、视频等方式发布企业的产品和服务信息，从而让目标客户更深刻地了解企业的产品和服务，最终达到宣传企业品牌、加深市场认知度目的的网络营销活动。

10．电子邮件营销

电子邮件营销简称EDM，是在用户事先许可的前提下，通过电子邮件的方式向目标用户群体传达有价值信息的一种网络营销手段。电子邮件营销有以下三个基本因素：以用户许可为前提，电子邮件传递信息，信息必须对用户有价值。三个因素缺一不可。电子邮件营销是利用电子邮件与受众群体进行商业交流的一种方式，同时也广泛应用于网络营销领域。它也是最古老的网络营销手段，它比绝大部分网络推广和网络营销手段都要早。

（二）行之有效的网络营销的典型应用

随着中国网民消费需求的转型升级，跨境电子商务备受追捧。与此同时，跨境电子商务各方都在积极尝试各种营销推广方案，以期打开平台知名度，占据更大的市场空间。这在各跨境电子商务平台发展及运转过程中并不鲜见，比如一些国内跨境电子商务平台乐于同国外品牌展开深度合作。

2015年10月，阿里巴巴集团旗下的聚划算平台对外宣布，其将同泰国商业部门联手推出泰国美食生活年卡，将泰国的佳肴、乳胶制品、旅游产业产品及服务等直接输送至中国消费者手中。而作为中国境内第一家获得进口产品直采资质的1号店，从2011年年初就开始引入境外品类，并通过与美国、澳大利亚、韩国、英国等多国驻华机构合作，不但让其在进口商品资源上得到了保障，而且使其跨境业务有了新的进展。

除此之外，各跨境平台也擅长运用明星效应提升市场热度，明星的娱乐化营销也是市场营销的一部分。在"互联网+"背景条件下，电子商务平台和明星、经纪公司等在探索新的互赢模式。

当然，对于跨境电子商务平台而言，其可用的营销方式并不局限于少数几类。以下将对几种营销方式的应用进行重点介绍。

1．电子邮件

电子邮件的覆盖范围较为广泛，其已变成愈来愈多企业人士眼中的营销利器。据有关数据统计，接收者接收到自身感兴趣的电子邮件时的反馈率高达 20%～30%，电子邮件的营销效果可见一斑。除此之外，使用电子邮件进行网络营销直观、简洁、方便、成本低廉，可以直接进行一对一联系，方便企业感知客户需求。当然，电子邮箱营销也需遵循一定的商业规则，电子商务营销必须牢记以下几点：设法获取有用的电子邮件地址；使用纯文本格式编辑邮件，切忌啰里啰唆，词不达意；把文件标题作为邮件主题；邮件越短越好。敦煌网低成本拓展世界市场便是使用电子邮件进行营销的一个成功范例。敦煌网利用自建的 EDMSYS 平台为目标群体详细描述商品的相关信息及情况，并且客户还可以通过自由选择订阅英文版 DM 商品信息的方式来了解市场最新的供应情况、价格及购买热度等信息。

2．搜索引擎

作为互联网的向导，搜索引擎将网络上分门别类的信息变为查询信息的重要依据。据统计，使用搜索引擎寻找出口商的外商超过 70%。搜索引擎是企业同潜在用户沟通和接触的一个渠道，这种推广方式成本低、见效快，对国际贸易市场营销发挥着至关重要的作用。毋庸置疑，网络的快捷发展为全球速卖通平台的推广营销提供了非常有效的媒介渠道。

3．HTML

HTML 译为超文本描述语言，是跨境贸易网络从业者必须掌握的网络语言。外贸电子商务经营者通过掌握与市场营销有关的超文本描述语言可以有效优化和宣传网站，开展网络营销和市场调查，了解客户需求，这样更便于电子商务工作的开展。全球速卖通、敦煌网等跨境电子商务平台的店铺页面和商品页面设置都需要使用到 HTML 描述语言，也就是说，HTML 语言是入驻平台的商家装修网络店铺和展示区的必要工具之一。一些缺乏网页设计经验的入驻商家通常会通过选购 HTML 自定义代码的方式进行装修和页面升级。如果能够巧妙地运用 HTML 这一网页设计工具，平台商家就可将线上商铺打造得更加精细，更易操作，从而提升产品转化率和购买率，达到事半功倍的效果。

4．访问统计报告

访问统计报告是由服务器端生成的用于统计网站访问信息的日志。企业网站访问的有关信息就是通过三维分析软件对访问信息进行详尽分析得出的，这些有用信息包括站点被成功点击的次数、页面被浏览的次数、网站访问的日平均数、访问者在网站停留的平均时间、访问次数较多的组织、访问者来自特定国家的比例、访问最多的目录等，这些信息都可为网络营销提供重要参考。通过对一段时间的访问统计报告进行综合分析，可得出跨境电子商务网站和客户的最新信息，从而能提升网络营销的成效。

 **知识拓展**

百度、腾讯在下沉市场"割韭菜",云集市为中小企业网络营销助力

这是一个流量为王的时代,拥有了用户并占据用户时长就等于拥有了市场。随着流量红利期的过去,国内新增用户增长临近天花板,越来越多的互联网巨头开始把战略转向下沉市场,其中就有百度、腾讯、阿里。而对于那些夹杂在互联网激流中求生存求发展的互联网营销人来说,无疑需要面对更多的挑战和考验,难免焦虑重重。

一、巨头们与下沉市场

什么是下沉市场?它指的是三线以下城市(非一线、新一线、二线城市),包含三线、四线、五线及广大乡镇农村地区。Mob研究院对下沉市场的研究数据表明:在短视频领域,下沉市场用户时长为 5 小时日均使用时长,可以说,下沉市场扛起了流量增长的大旗。而在这一方面,腾讯、百度、今日头条等互联网巨头将"割韭菜"的战略表现得淋漓尽致。

与此同时,淘宝、京东、苏宁易购等三大老牌巨头电商也在下沉市场进行深耕,又或是攻城拔寨式的市场瓜分。

对这些巨头企业来说,下沉市场无疑是一个新兴的市场。但这背后折射出来的,往往更多的是对营销的焦虑,尤其是对那些不曾拥有巨头企业营销优势的互联网营销人。

二、互联网营销人的焦虑、短见与妄想

一般来说,互联网营销人包含了两种人,一种是提供网络营销服务的服务商,另一种是对网络营销有需求的企业(企业主及企业内部员工)。

对于互联网营销人来说,2019 年上半年已经过去了,但是营销的焦虑并没有消除。网络营销的方式多了,但越来越多的服务商找不到客户,越来越多的企业找不到优质的服务商。

根据云集市一站式智能服务外包平台对中小企业在网络营销方面的认知调研数据,笔者发现,超过 80%的传统中小企业对网络营销的认知还十分落后。他们往往认为:建一个小程序网站就能带来裂变营销的效果,建一个企业官网就等于有了收录和排名,投了百度广告就能带来实际转化。更有甚者认为,找一个服务商代运营,服务商就得为他承包一整年的效果转化。如此种种,我们很难不理解为这就是互联网营销人的短见与妄想。

三、缓解焦虑的有效途径

无论营销市场如何千变万化,营销的本质是不变的。网络营销最终目的就是——赚钱。

何以解忧?唯有暴富。这说法看似很俗,实际上说出了许多互联网营销人的心声:赚到钱才能缓解焦虑。那么有哪些缓解焦虑的有效途径呢?

根据云集市一站式网络营销智能服务外包平台对网络营销市场的研究结果,笔者发现,服务商之所以找不到有营销需求的企业,根本原因有两个方面:一是企业没有发现自己有这样的营销需求,二是企业因网络营销市场的复杂性而盲选所导致的无效营销使其对服务商失去了信任和信心。

基于对网络营销市场的深刻洞察、"让网络营销更简单有效"的企业使命及高度的社

会责任感，云集市经过前期的转型和升级，致力于成为国内首个专业的一站式网络营销智能服务外包平台，为服务商和企业搭建起网络营销的桥梁，同时充当一个信息的媒介，让服务商和企业通过云集市一站式网络营销智能服务外包平台针对网络营销服务和网络营销需求达到高度有效的交流和传递。

截至目前，云集市一站式网络营销智能服务外包平台为企业整合了全球优质的网络营销服务商，可以为企业提供自媒体营销、新闻营销、广告营销、电子商务运营等一百多种网络营销服务。为了确保企业进行的网络营销是有针对性的、有效的，云集市自主研发了网络营销现状诊断系统、网络营销效果监管系统、网络营销服务估价系统，从多个维度以客户效果为导向，从根本上为互联网营销人消除营销焦虑。

资料来源：百度、腾讯在下沉市场"割韭菜"，云集市为中小企业网络营销助力[EB/OL].（2019-08-20）. http://www.100ec.cn/detail--6523840.html.

第二节　跨境电子商务市场选品

一、跨境电子商务的选品

中国的销售商在占据丰富的产品线和低廉的产品价格等天然优势的情况下，要把产品快速地销售出去并获得高回报，其关键问题就是选择符合国外客户需求的产品。如果对国外客户的购物需求、偏好等情况不了解，那么首先要考虑的就是选择哪种产品进行销售。对目标客户、目标市场进行必要的数据分析，确定产品适用于哪个年龄阶段的目标人群，在锁定目标人群、目标市场之后才能选择好跨境销售的产品。

（一）跨境电子商务常见品类认知

从市场角色关系看，选品，即选品人员从供应市场中选择适合目标市场需求的产品。从这个角度来说，选品人员必须一方面把握用户需求；另一方面，要从众多供应市场中选出质量、价格和外观最符合目标市场需求的产品。成功的选品有助于最终实现供应商、客户、选品人员三者共赢。此为选品价值之所在。

从用户需求的角度来说，选品要满足用户对某种效用的需求，比如带来生活方便、满足虚荣心、消除痛苦等方面的心理或生理需求。

从产品的角度来说，选出的产品应该在外观、质量和价格等方面符合目标用户需求。

（二）选品选型的基本思路

由于需求和供应都处于不断变化之中，所以选品也是一个无休止的过程。选品选型的基本思路：网站定位→行业动态分析→区域需求分析→品相参考→产品开发与信息加工。

在把握网站定位的前提下，研究需要开发产品所处行业的出口情况，获得对供需市场的整体认识；借助数据分析工具，进一步把握目标市场的消费规律，并选择正确的参考网站，最终结合供应商市场，才能进行有目的的产品开发。

产品专员还需通过对销售网站整体定位的理解和把握，选择适合定位的品类进行研究分析。中国制造的产品，其优势在于成本低，更新快，种类多，国外需求量大；而其劣势在于质量一般，缺少品牌，客户忠诚度低。因此，对于立足中国的跨境电子商务B2C站点来说，建立销售品牌更优于建立产品品牌。

目前，跨境电子商务平台普遍包含的品类有儿童用品、摄像器材、汽车配件、手机周边、服装服饰、计算机周边、电子、美容保健、家居园艺、首饰手表、办公用品、体育用品、玩具收藏品、游戏配件等。

1．网站综合性定位对产品集成的要求

1）宽度方面

充分研究该类别，拓展品类开发的维度，全面满足用户对该类别产品不同方面的需求，在拓宽了品类宽度的同时，也提升了品类的专业度；开发产品时，应考虑该品类与其他品类之间的关联性，提高关联销售度和订单产品数。

2）深度方面

每个子类的产品数量要有规模，品相足够丰富；产品有梯度（如高中低三个档次），体现在品相、价格等方面。挖掘有品牌的产品进行合作，提高品类口碑和知名度；对目标市场进行细分研究，开发针对每个目标市场的产品。

结合网站定位，并借助第三方信息（研究报告、行业展会等）及网络分析工具，明确自己所管理的品类的最优产品投放市场，进行区域化用户需求分析。

从行业的角度研究品类，每个品类都建立在中国制造的产品面向国外出口的整个行业背景下。了解中国出口贸易中该品类的市场规模和国家分布，对于认识品类的运作空间和方向有较大的指导意义。

2．了解品类出口贸易情况的途径

目前，了解某个品类的出口贸易情况主要可以通过以下三种途径。

1）第三方研究机构或贸易平台发布的行业或区域市场调查报告

第三方研究机构或贸易平台具备独立的行业研究团队，这些机构具备全球化的研究视角和资源，因此，这类研究报告往往可以带来较系统的行业信息。以下为目前公开发布的行业研究报告：行业分析报告——中国制造网；行业视频教程——敦煌网；外国人眼中的中国公司调查——环企网。

2）行业展会

行业展会是行业中供应商为了展示新产品和技术、拓展渠道、促进销售、传播品牌而进行的一种宣传活动。参加展会可以获得行业最新动态和企业动向。

3）出口贸易公司或工厂

产品专员在开发产品时，需要与供应商进行直接的沟通。资质较老的供应商对所在行业的出口情况和市场分布都很清楚，通过他们，产品专员可以获得较多有价值的市场信息。需要注意的是，产品专员需要先掌握一定的行业知识后再与供应商进行沟通，否则容易被"忽悠"。

二、跨境电子商务选品策略

跨境电子商务真正成功的第一步就是跨境产品的选品，正确的选品需要了解自己企业真实的产品优势，自己产品的目标客户群体、目标市场群体，现有竞争对手的市场竞争力，产品的盈利能力和产品的售后服务等一系列问题。跨境商品的选品是一个非常细致且严谨的市场调研工作，纳入分析的数据一般分为外部数据和内部数据。外部数据是指企业范围之外的其他渠道，如行业市场、类似产品公司销售情况、市场反馈等。内部数据是指企业内部根据企业经营发展的需要和发展目标，在经营过程中产生的数据信息。只有在充分掌握外部数据和内部数据的信息之后，才能有针对性地做出科学、正确而有效的决策，选出销路好、回报高的产品进行销售。

要想选择一个能做得出来的产品，可以从货源、市场、热门类别三个方面来进行。

（一）从货源角度选择

涉及货源的角度主要有两个方面：价格和对货源质量的把控情况。

1. 从价格角度考虑

产品价格从来都是买卖双方首要考虑的问题，对于跨境电子商务产品的价格，由于要考虑到各种税费，总体单品价格适宜选在 50～500 美元。首先，跨国交易需要考虑到国标运费，如果商品单价很低，运费却比产品价格要高出很多，那么买家在选择是否买的时候就会犹豫不决，在其他产品的诱惑下，很容易下单给其他商家。从另一方面来说，产品单价过低，自己的利润就不会太高，好不容易做成一单，赚的比快递还少，心里肯定不舒服，进而打消继续经营的决心。甚至由于产品价格低、利润薄，也很容易引起其他竞争者跟风，使整个市场混乱。

此外，如果产品单价过高，比如一些奢侈品、贵重物品，客户在选择是否购买时，会形成与实体店的一种潜在比较，就很难形成信任关系，进行快速订购。

产品的售价需要有足够的利润，只有足够的利润空间才能支撑起企业的整个销售链条，所以，确定的某个售价区间的产品在利润上必须要有足够的空间。

2. 从货源质量的把控情况考虑

销售的本质就是以产品的质量换利益，如果对销售的产品质量难以把控，不知道发给顾客的产品质量怎么样，又怎么能做好销售？特别对于跨境电子商务来说，做的完全是信誉。如果卖出的是假冒产品或产品质量不合格，或者产品和所描述的不符，那必然会失去更多的客户，甚至平台会封店。如此一来，只能是两败俱伤。所以，选好产品的同时，必须控制产品的质量，使销售能良性循环，越做越大，越做越好。

选品的基本原则

（二）从市场角度选择

从市场的角度选择产品，就需要综合考虑国内市场和国外市场由于地域文化的差异、消费习惯的不同、主流推广平台的不同等因素在产品消费方面引导的发展趋势。接下来做好需求调查，在充分了解市场需求的前提下做好市场细分。市场细分可以从地域、年龄、消费能力、消费倾向性、消费品位等方面来综合考虑选择哪种产品。

在决定选择一种产品进行推销之前，一定要对这个产品有所了解，从它的性能、价格、市场需求情况到国外对这个产品的需求、价格、市场供应情况等，都要有所了解。只有对产品和市场有敏锐的洞察力，才能较好地去把握买家的心理需求。

在选择好产品以后，就需要对这个产品适合的市场进行研究。首先，要从国内市场考察，因为跨境电子商务跟国内的淘宝和其他电子商务一样，都要考察文化、地理、消费习惯等问题，就这些方面来说，基本上跟国内的考察没有本质的差异。随着国际交往方式的增多，消费者的消费习惯越来越容易研究。剩下的就只要考虑增加产品和网站的曝光量，有流量，就会有订单产生。当然，研究国内其他电子商务平台时，同样要研究消费者的消费习惯和产品特性及目标客户人群各方面的特征。而对于外国客户，由于地理和文化的差异，在刚开始做跨境电子商务时不一定了解他们，甚至在感知到外国客户的消费习惯时，他们的很多消费习惯会让中国商家咋舌，感到难以置信。有时候，在国内有很多人追捧的东西，热卖得不得了，在国外却没人理睬，然而很冷门的商品却在国外成为爆款。更何况，全世界有那么多的国家，每个国家都有不同的地域文化、风俗习惯、文化背景等，某种产品到底适合哪个国家、哪个地区、哪个年龄阶段的消费者等，这些问题都需要下功夫来从各个不同的方面做深入细致的研究。

此外，在选择推广平台的时候，也需要根据具体产品和消费对象的不同来确定。比如，eBay平台比较适合一些欧美、澳洲、英国等发达国家和地区，其优势在于拥有一些比较有特色的产品，产品质量要求相对较高，但是拼价格就不占优势。而速卖通则比较适合发展中国家、欠发达国家，如巴西等市场，它的优势就是可以利用价格优势攻克更多客户，同时，速卖通还有一个优势就是即使是单一品类，它的供应链也非常齐全。对卖家要求最高的要属Amazon，它对产品质量要求极高，致力于集中优势品牌做最好的平台，但也可以做出不菲的利润，所以想在Amazon销售产品就必须有品牌意识，以高质量的产品建立品牌，以品牌换利润。当然，所有这些考虑因素都可以直接或间接获得。不管通过哪种方式获得，都要对所有信息进行仔细、深入的分析，特别是在不能去国外实地考察的情况下，一定要关注客户和市场的反应情况，做好记录，总结经验教训。更为有效而且说明问题实质的方式还是要经常留意和分析市场和平台上的数据，根据数据来源分析问题实质，特别是在做得好与不好的过程中，要经常关注变化，及时根据客户、市场的回应做出相应的应对措施，使销售工作经久不衰，越来越好。

（三）从热门类别角度选择

规划核心优势商品，就要根据公司或者平台的整体定位、策略、模式、市场调研、目标客户分析、竞争对手分析、平台研究、政策走向等情况来规划适合自己平台的、能带来实际利润的商品。卖家在经营一个店铺或者平台时，离不开商品，要获得高流量、高利润，更离不开好的商品。如果我们把商品分为爆款、引流款、利润款三个层次，那么什么样的商品结构分配才能达到理想的效果呢？

1. 爆款

顾名思义，爆款就是非常火爆的商品，高流量、高曝光量、高订单量就是它的具体表现。爆款商品的评价和晒单是最好的商品介绍，能吸引客户，增加信任感，能给平台内其他商品带来关联流量，但是这样的商品却不是利润的来源。也许有人会问既然爆款的订单量和流量都这么高，为什么不是盈利的来源？因为，一般情况下达到高流量、高订单的商品，价格相对来说不会高，这样造成的直接影响就是给卖家带来的利润低，针对这样的商品，建议一个品类设1~2件。卖家在打造爆款的前期阶段应把利润尽量降低，做好不盈利的准备，这样才方便爆款商品的打造，而对爆款的利润率期望应该设在-1%~0，也就是说，爆款商品的预期是亏1%的。爆款商品的折扣都设在50%以上，这样方便商品报名参加平台活动，例如平台大促及全店打折，等等。

爆款就是要销量，要销量就不能断货，必须设置一个预警库存：日均销量×采购周期（即进货从下单到入库需要的时间）。有了最低库存要求，那么比较适宜的采购进货量就等于设定的预计销售周期×单品单日销量。

爆款能最大程度地优化商品线，能配合平台的定位，最大程度带来关联交易。对于爆款，能有最优性价比。也就是锁定竞争对手，做定向或活动措施，打造性价比最高的商品，能提供最优的服务：有充足的库存，有高效准确的交付服务，还有良好的售后服务。

接下来就需要有针对性的商品策划（活动策划、页面策划、店铺策划），以及运营UED（用户体验设计）与设计部视觉配合（页面逻辑清晰、商品图片精美、风格贴切、推广活动），通过爆款调整、改善、沟通、分析、确定及引爆这样的一个周期再一个周期的循环爆款，最终就会为平台带来源源不断的流量、滚滚的红利。

2．引流款

引流款是指给平台或者店铺及商品带来流量的商品。同样，这样的商品价格不能过高，一般情况下利润预期在0~1%。引流款也不是利润的主要来源，一般情况下它是不获利或获利很少的，所以建议每个品类设立5件。这样，对卖家的成本投入要求就不会过高。引流款商品折扣空间可以设置在30%~50%。这样的价格，在报名参加或者举办各种平台活动时就不会被折扣空间限制，再与爆款商品配合，将会有一个非常好的效果。

3．利润款

最后是利润款。一个平台或者店铺的运营离不开效益，利润款就是主要的盈利商品。一般而言，除了爆款和引流款，店铺其他商品都是利润款。利润率由卖家对商品预期利润率的估值来定，虽然这类商品流量不多，但是其利润高。当然，这类商品也要预留折扣空间，这是为了在促销时顺应平台推出的打折活动，折扣空间可以预留5%~20%。有了这样的折扣空间，就方便利润款赶上平台的流量高峰期了。

当然，商品结构的设置只是经营店铺的一个环节，物流、选品、售后、营销等都是不可或缺的。

因此，要想利润高，个性化需求是方向，爆款标品只是引流的手段，精细化、差异化的选品思维才是核心。总的来说，挑选产品对新手而言确实是比较艰难的事情。市场上那么多的产品，哪个会好卖，哪个不好卖，并不能一眼看清楚。有时候，别人卖得比较好的产品自己并不一定卖得好。所以在选择某个类别的产品以后，可以做一个比较笨的筛选法：在初始阶段大量地铺货，而且隔一段时间就换一轮产品，销售一两个星期后，再来分析比较数据，撤换掉数据差的产品。通过这种优胜劣汰的方式，最终挑选出来的一定是一些好卖的产品，然后在继续售卖的同时不断丰富产品的类别。

第三节 跨境电子商务产品定价

一、商品成本核算

店铺的核心目的是盈利，所以首先要非常清楚产品真正的成本，这也是后期产品定价策略的基础。商品的实际成本一般会由以下几点组成：进货成本（产品价格+快递成本+破损率）+跨境平台的成本（包括推广成本、平台年费、活动扣点）+跨境物流成本+销后维护成本（包括退货、换货、破损率）+其他综合成本（人工成本、跨境物流包装成本等）。对于跨境物流费用的报价建议包含在产品标价里面，并且写上 FREESHIPPING 这样的标价方式，以吸引客户。

（一）平台的推广成本

平台的推广成本包括平台的年费，核心是市场推广成本，这个都需要加到产品价格里面。资金实力不是特别雄厚的中小卖家，对于商品的推广投入成本应该谨慎并且有非常详细的预算，一般建议是（工厂进价+国际物流成本）×10%至35%，一般不建议超过40%的投入，如果超过了40%，运营压力就非常大，店铺本质上会长期处于亏损状态。

（二）售后纠纷成本的计算

这个成本核算是很多跨境创业新人最容易忽视的一个成本，很多中小跨境卖家通过中国境内发货，线长点多周期长，经常会出现一些产品破损，丢件甚至客户退货退款的纠纷事件。因为跨境电子商务的特性，这样的成本投入往往比较高，在核算成本的时候应该把这个成本明确地核算进去。核实的比例一般是（进货成本+国际物流成本+推广成本）×3%～18%，如果超过这个比例，建议放弃这类产品。因此，选择跨境品类的时候，应该选择一些适合国际物流、标准化强，并且不容易发生消费纠纷的品类。

二、价格的调整与换算

在跨境平台商品定价之前首先应该清楚地了解商品的采购价格是处于这个行业价格的什么水平，也就是供应商的价格水平是不是具备优势。跨境电子商务经营要成功，选择一个优质的供应商是重中之重，还须考虑到优质的产品品质、产品的研发能力、良好的电子商务服务意识，而最核心的事情是供应商给出的价格必须具备一定的市场竞争力，这样才可能拥有足够的利润空间去做运营和推广。对于跨境小卖家，一般建议去阿里巴巴的 1688 批发市场找供应商。

下面以速卖通为例来讲解如何设置产品定价。在速卖通里，对排序有重要影响的两大因素分别是销量及关键词。而影响销量的最关键因素在于价格，以下是必须了解的一些相关名词。

- 上架价格（List Price，LP）：即产品在上传的时候所填的价格。
- 销售价格/折后价（Discount Price，DP）：即产品在店铺折扣下显示的价格。
- 成交价格（Order Price，OP）：用户在最终下单后所支付的单位价格。

这几个价格的直接联系显示如下。

销售价格=上架价格×折扣

成交价格=销售价格-营销优惠（满立减、优惠券、卖家手动优惠）

搞清楚这几个价格的关系，就可以有针对性地对不同定位的产品采取不一样的定价。

首先，研究同行业卖家、同质产品销售价格，确定行业最低价，以最低价减5%~15%为产品销售价格。用销售价格倒推上架价格。那么上架价格又可以两种思路来做：

上架价格=销售价格/(1-15%)

上架价格=销售价格/(1-30%)

第一种思路费钱，可以用重金打造爆款，简单、粗暴、有效，但不可持续，风险较大。

第二种思路略微保守一些，可以通过后期调整折扣来让销售价格回到正常水平。两种定价思路都可以在15%折扣下平出或者略亏，作为引流爆款。

其次，通过计算产品的成本价，根据成本价加利润来确定产品的销售价格，这样做是比较稳妥的。

产品的销售价格确定后，根据店铺营销的安排，确定上架价格。

三、定价技巧与策略

关于定价，最简单有效的方法是：搜索出产品的类目，看看同一类目下的产品定价范围，一般来讲，排序在前三页的产品最畅销，价格最具有参考价值。

在搜索结果中，还能清楚地了解到其他卖家的打包方式、销售模式等，这些都是可以借鉴的地方。

在定期进行充分市场调研的基础上，做到知己知彼，不断地自我调整，商家才能具备真正的竞争优势，而要做好跨境电子商务，在越来越多跨境同行中取得订单，产品的价格必须具有比较明显的优势。

（一）成本差异化定价策略

商家非常了解自己的成本，加上期望的利润，以成本差异来定价格，在数据上可以做到非常准确，能够在谈判的过程中做到游刃有余、张弛有度，能在控制好利润的前提下有效抓住客户心理，获得客户的订单。它的不足之处就是没有很好地考虑到市场需求的因素对价格的影响，有时候，市场需求量大，而利润率决定的价格相对来说就会较低，从而影响总的营业额；相反，在市场需求量小的情况下，价格就会高出市场价格，势必引起客户的反感，从而错失很多良好的客户。

（二）数量差异化定价策略

数量差异化定价是根据顾客所定数量来定价格。比如十个以下什么价格，十个以上什么价格，一百个以上什么价格，等等。这种定价办法的好处是能通过价格差异提升销售量，达到以销售的量提高总的营业额的办法。

（三）市场差异化定价策略

市场差异化定价就是以历史价格为基础，根据不同的市场需求、顾客的需求和消费能力来定价。它的优点是产销平衡，符合经济学供求原理，贴近市场实际需求状况，有时可能同一产品，由于地点不一样，供需情况不一样，它的价格就不一样。缺点是与市场实际需求吻合的数据难以采集，而且采集的成本高，数据凌乱，处理起来费时费力，有时甚至会影响整个销售。

（四）顾客承受能力定价策略

以顾客的承受能力来定价就是要根据顾客对该产品的价格承受能力结合商家对利润的追求来确定产品的价格。在市场上，有些产品的价格实际上没有确切的数值，会因为各种因素而不断变动。在选择某些产品的时候，经济能力不同的顾客其承受能力会影响到产品价格，如化妆品类、化工品类、生物制品类。在这种情况下，商家一定要多跟客户交流，揣摩他们的心理，了解他们的生活状况、经济能力、消费习惯，从而确定客户能承受的价格。当然，这种定价的营业额总量肯定会比固定定价的方式高，同时又能提升营销人员的能力，增加他们的收入，为整个公司的长远运作及人员储备打下良好的基础。

（五）套餐定价策略

选品不能只选单品，否则，即使产品质量再好，价格再优惠，顾客也会因为买不到全套的产品而选别的电子商务平台。因此，在选好成套产品的时候，也要考虑套餐价格。

套餐价格就是顾客在购买某种商品的时候，会考虑购买与此产品相搭配的其他产品，如服饰、电子产品等。此时，如果根据客户不同的喜好进行搭配，以成套出售来定价，并给予一定的价格优惠，客户肯定会因为一方面能购买到全套产品，另一方面能享受到价格优惠，再加上在邮费方面的考虑，做出购买套餐产品的选择。

（六）竞拍定价策略

竞拍定价就是确定好一个基础价格，由顾客通过竞争的方式，最终确定价格的定价方式。这种方式的好处是，在竞拍平台上确定好基础价格，制定相应的竞拍规则，剩下的工作就由顾客根据自己对商品价值的评估及该商品对他的意义来确定最终价格。当然，这个价格往往高于在平台上的定价，而且省时省力，收益高。一般来说，顾客非常喜欢这种方式所带来的成就感，也能根据他们的承受能力选择适合的产品，甚至有些产品对他们来说意义非凡，那就不仅仅是价格问题了。

四、商品折扣对定价的影响

（一）商品打折时的注意事项

（1）研究同行业、同质产品的价格及销售情况，弄清行业最低价格，然后以行业最低价格减价 5%～15%为自己产品的价格。这种折扣方式的特点是：商家必须有一定的实力，用这种方式打造自己的爆款，吸引客户眼球，吸引客户进来之后再根据具体情况跟客户商谈价格。因此，这种方式有一定的风险，不能持续太长时间，不然对于自己的总销售额有一定的损害。

（2）直接在产品上架价格基础上进行打折让利，但是这个折扣必须是在利润率的控制范围之内的，比如 5%。这种打折方式最大的特点是：客户能直接感受到商家的折扣诚意，但是也会遭到一些精明客户的质疑，因此一定要做到诚心诚意，才能获得更多客户的青睐。

（3）利用成交价格为基础打折，成交价格打折的具体做法是：在销售价格的基础上减去营销优惠价，再进行打折。营销优惠方式有满立减、优惠券、卖家手动优惠、买家好评后返现等。这种打折方式的好处在于能充分调动客户的积极性，为各项数据的提升提供最直接最可靠的保证。

（4）特别值得注意的是：所有的折扣都应该在一定的利润率控制范围之内，都是为了提高曝光量、提升转化率所做的努力。一定要在自身能力所能承受范围之内打折，不能是仅仅为了获得短期转换率而做的赔本行为。

（二）定价时应考虑客户讨价还价的主客观因素

1. 主观因素

如果该客户是大客户，而且购买力较强，还能进行长期购买，此时可适当根据具体情况把价格报高一点，为后期因其他情况的变化跟客户谈判留有余地。如果客户的情况与此相反，那就应该把价格稍报低一点。

如果客户对该产品和价格都非常熟悉，那么就应该用专业"对比法"。在与其谈判时，通过突出自己产品的优点、显现同行产品的缺点，进而掌握定价的主动权。

如果有些客户对价格特别敏感，每分每厘都要争，与此同时，对于产品又很中意，这说明他们对产品的特性是了解的。此时，可以试图跟客户交朋友，更专业地讲解产品性能和优势，打持久的心理战。

2. 客观因素

任何时候，产品价格的高低跟它的质量和供求关系等息息相关。报价之前，必须对自己产品的特征及目标价位、主要目标市场等信息与目标市场上同类产品及价格做一个充分的对比，知己知彼，百战不殆。一般情况下，应该把握以下几个原则。

（1）根据价格和价值通常相等的原则，如果产品质量相对更好，报价肯定更高。

（2）根据供求关系影响价格的原则，如果产品在市场上供不应求，当然也可以报更高的价格。

（3）人们比较喜欢新鲜事物，如果产品是新品，款式又比较新颖，通常报价比成熟的产品要高些。

综合考虑各方面因素进行定价，即使是同一种产品，在不同的阶段，因受市场因素和政府控制等因素影响，报价也不尽相同。所以一定要进入到销售产品的领域和行业，要多方了解有关信息，锻炼出敏锐的嗅觉，实时对价格做出调整。

价格一直是买卖双方最关心的问题，一定要给自己留有余地，不要一开始就直接给客户最低的报价,防止自己手中的底牌被客户摸清,以致最终无路可退,只能被客户牵着鼻子走。总而言之,在定价时,一定要综合考虑多种定价策略和主客观因素,争取主动,以获得较高的利润。

第四节 跨境电子商务商品促销

一、跨境电子商务引流与推广

(一)搜索引擎优化

1. 搜索引擎优化的概念

搜索引擎优化简称 SEO,是英文 Search Engine Optimization 的缩写。原意是指从自然搜索结果中获得网站流量的技术和过程,是在了解搜索引擎自然排名机制的基础上,对网站进行内部及外部的调整优化,改进网站在搜索引擎中的关键词自然排名,获得更多的流量,从而达成网站销售及品牌建设的目标。在跨境电子商务中,SEO 是指产品搜索排名优化,即在现有的跨境电子商务平台网站搜索规则下,使目标产品在顾客通过关键词搜索时能够被网站系统抓取。这里将以跨境电子商务平台阿里速卖通为例,从商品属性优化、商品标题优化、规则分析优化几个方面详细介绍如何进行搜索引擎优化。

2. 放大流量入口

搜索引擎优化最重要的一点就是增加商品的曝光率,获得更多的流量。那么应该从哪几个方面放大流量入口呢?下面以阿里速卖通为例,介绍一般的流量起点来源,如图 3-5 所示。

图 3-5 速卖通流量起点来源

通过速卖通首页可以看到,当顾客点击进入这个网站的时候,有以下几个流量导向:一是在搜索框通过关键词搜索,二是左侧已细分好的类目,三是平台的活动 Banner(横幅广告),四是直接访问购物车和收藏夹,五是 Top Selling(畅销的)和平台推广的商家以及商品。由此可以看出,在买家进入速卖通首页后,可以通过以上五个渠道进行搜索,寻找自己所需要的目标产品。当买家进入店铺或产品详情页时就会产生后台数据 PV（Page View），即页面浏览。

3．商品属性优化

1）销售属性的优化

在商品 listing 页面的左侧，我们可以看到各种属性选择栏。

买家通过属性的选择，最终能够精准地找到其需要的目标产品。通常这种曝光的转化率非常高，不仅可以使新品快速地出单，增加新品的搜索排名，而且能不断地提升后续的曝光，增加其成长空间。

不过需要强调的是，无论是什么产品，产品的属性填写率必须高于所要求的 78%。这样一方面可以体现出卖家对产品的了解程度，另一方面也可以看出卖家对这类产品的市场把握能力。产品属性的填写一定要注意精准化，属性具有不可变性，一旦填写就无法改变。

2）商品自定义属性的优化

除了商品销售的属性外，还可以添加商品自定义属性。自定义属性可以理解为一些偏向于主观因素、可控制的产品属性，如产品的风格、规格颜色、流行元素、会员价等。可以通过丰富自定义属性，来优化产品的精细化搜索，从而达到增加产品流量、提升产品转化率的目的。

4．标题的优化

1）标题的作用

在阿里巴巴速卖通平台的搜索系统中，标题不仅展示产品，显示产品的信息，而且其每个字符都具有丰富的意义。一个读起来并不通顺的标题其实承担着被平台搜索抓取曝光并提升排序的重要任务。当买家用关键词进行搜索时，系统就会自动抓取产品标题中与关键词相关且匹配度高的词，从而找到买家想要的目标商品，这个过程我们称之为相关性抓取。

2）标题模板设计

一个优质的商品标题必须简练，字数不能太多，并且能用一句完整的话来充分描述商品，其中涵盖商品的各种信息，如商品的属性、颜色、规格、参数、品牌、材质、数量等。

商品的属性信息是标题很重要的组成部分。从商品属性优化的内容我们了解到，一个商品属性的组成包括商品的销售属性和自定义属性。销售属性是商品本身自带的，填写后是不可以改变的，而自定义属性（如产品的款式、风格和流行元素）是可以改变的，因此我们可以对这部分属性进行优化。商品标题中最关键的内容还是大类目搜索词。属性与大类目搜索词的简单组合构成了一个完整的标题。

此外，还需要考虑新品的抓取曝光。在设计标题时，可以结合产品的属性信息、参数、风格、流行元素等词形成长尾词来提高产品搜索的精准度，从而促使订单成交，提升新品搜索排序，增加曝光机会。

综上所述，可以得出如下的万能标题模板：A 大流量搜索词 1+B 大流量搜索词 2+C 大流量搜索词 3。标题模板中的"A""B""C"是产品的属性信息、风格、参数、流行元素等词，这是卖家自己添加的，这些词可以参考平台后台数据中的人气高、转化率高的词。

下面来分析这个模板的万能之处。使用大流量搜索词的目的是放大商品的流量入口，因为只有增加流量才能使标题最大限度地被抓取。可以通过模板中的三个大流量搜索词放大商品的流量入口,增加曝光路径。也就是说,买家通过搜索"大流量搜索词1"可以快速有效地找到商品,通过"大流量搜索词2"和"大流量搜索词3"也是如此。这样我们可以使该商品通过三个大流量搜索词实现曝光的最大化。

上述标题是由"A 大流量搜索词 1""B 大流量搜索词 2"和"C 大流量搜索词 3"三个部分组成的,以实现这三个长尾词的精准定位。通过这个模板我们还可以进行长尾词组合,从而变换成新模板,如"A+大流量搜索词 2""B+大流量搜索词 3""A+B 大流量搜索词 3"或"A+B+C 大流量搜索词 3"等,更大范围地覆盖非紧密的长尾词,从而达到高流量入口的覆盖和高密度长尾词精准搜索的覆盖。

5. 规则分析优化

要打造一个优质的爆款,我们需要在平台规则允许的范围内不断微调与优化产品。下面我们看一条速卖通平台规则——速卖通平台更换产品行为规范。

"适用范围:为促进公平的交易环境,卖家不得以更换产品的形式在速卖通平台发布新产品,而应该选择重新发布的形式。更换产品的行为将在速卖通平台受到处罚。"更换产品的行为指通过对原产品的修改来发布不同的产品,包括但不局限于更换产品图片、标题、价格、关键字、类目等,但是如果修改只涉及对原有产品信息的补充、更正而不涉及产品,则不视为更换产品的行为。

"如卖家更换产品,速卖通平台将移除该产品所有累积的销量记录等信息。"速卖通平台将保留对更换产品影响恶劣者追加处罚的权利。

"速卖通平台建议您选择重新发布产品,尽可能不更换原有的产品,避免之前累积的销量记录等被清空。"

从速卖通平台的规则可以看到,平台对于更换产品的行为是严格禁止的,处罚也非常严厉。但是通过细心分析,我们会发现规则明确界定了该行为,是指通过对原产品的修改来发布不同的产品,这就说明商品信息的补充和更正不属于违规范围。因此,可以在一定范围内修改和优化产品的属性、标题、关键词甚至是图片,从而优化产品信息,增加曝光机会。

6. 未付款订单处理

相信大多数的卖家在日常的经营中都遇到过这样的情况:出于各种原因买家下了订单却迟迟没有付款,有些订单因为时间原因而被系统自动取消。有些卖家并不在意这些订单,认为它们是无效的,买家不付款表示不想买了就算劝说也是徒劳,有的则是敷衍地进行一次紧急催款。这些处理方式都忽视了未付款订单的重要性。订单转化率是影响商品排序的一个很重要的因素,提高产品订单转化率能提升商品排序。如果买家没有完成支付这一步,则表示这是一次无效的商业性得分,并且它还会直接拉低商品的转化率,降低商品的排序。因此,对于未付款订单一定要足够重视,尽力完成最后一步的转化,具体做法可以分为以下三个步骤。

首先,根据买家的信息观察其情况。例如,如果是一个新手,他注册账号的时间并不久,很有可能是支付时遇到了问题,如对支付流程不熟悉,甚至有的根本不会支付。可以通过站内通信或者订单留言的方式引导买家购买并完成订单支付。

其次，如果卖家是一个曾有购买记录的客户，应该是对商品购买产生了犹豫。那么应该与其积极沟通，并表达出随时提供帮助的意愿，实在不行可以用小赠品促使其完成订单支付。

最后，如果连赠品都不能引起买家的购买欲望，那么可直接通过修改价格的方式来吸引买家支付，完成产品订单的转化。

7．Cart 和 Wish List 的订单转化

与未付款订单相似，Cart 和 Wish List 的订单也往往容易被卖家忽视，Cart 和 Wish List 的产品都是买家浏览页面后并没有完成转化的潜在订单。可以在利润合理的范围内，针对 Cart 和 Wish List 顾客发放一定限额的优惠券，从而达到完成订单转化的目的。

（二）付费广告（直通车）推广

速卖通直通车，是速卖通平台会员通过自主设置多维度关键词、免费展示产品信息、大量曝光产品来吸引买家，按照点击付费的全新网络推广方式。简单来说，速卖通直通车就是一种快速提升店铺流量的营销工具。下面分别从前期准备、直通车运营、直通车优化与提高等方面介绍直通车推广的操作方法。

1．前期准备

1）选品策略

一个店铺如果想持久运营下去，能够源源不断地引进大量的流量是必不可少的，而热销爆款便是帮助店铺持续引进流量的重要条件。因此，每一位卖家都希望通过各种方法和途径增加店铺内某一款或几款商品的销量，但是如果推广的商品并不是大家喜欢的，不容易被市场接受，那么销量再高也是徒劳。只有选择买家所需要的产品，并结合自身产品的特点进行推广，才能快速地打通市场，快速地提升所推广商品的销量。

2）提升转化率

直通车运用最关键的因素不是浏览量，也不是点击率，而是转化率，当然流量是前提，没有流量也就不存在转化率的问题。提升商品转化率的关键是将推广的商品精准地投放给购买意愿高的买家，并通过商品个性化的特征（如有创意的产品图片）吸引买家的兴趣。我们可以从以下几个方面提升商品转化率。

（1）尽可能使用精准关键词。精准关键词一般是指与商品匹配度较高，根据用户的搜索习惯选择的、属性表达明确的词。通常精准关键词有明确的指向性，也就是说，买家搜索这个关键词时对于属性的购买倾向是非常强的。常见的表达形式是"属性词+类目词"。因此，若直通车推广时采用精准关键词，会大大提升其商品的转化率，而且明显比非精准的大类目词的转化率要高。需要说明的是，并不是不建议使用非精准的大类目词，如 dress、bag、shoes 等，搜索热度高的大类目词也会带来不少的点击量及成交量。因此，最好是将两类词结合起来，且要特别重视精准关键词。

（2）创意图片体现商品个性化特征。参与直通车推广一般需要卖家设置创意标题和创意图片。创意图片，一般展示在搜索页面的右侧和底部，向买家传达商品的个性化特征。所以，创意图片一定要清晰、有创意、个性化。这些个性会吸引买家点击购买，设计创意图片可以参考以下方法：① 充分地表达出商品的一些主要属性，特别是区别于其他商品的

个性信息。② 标题的前几个词尽量用富有吸引力的属性词，以吸引买家眼球。③ 注意色彩搭配，底色要鲜明，避免有其他商品的信息，而且商品占整个图的比例要尽量大。④ 若图片有多种颜色，则重点突出一种颜色来清晰地展示个性。

（3）从细节入手提高买家购物体验。买家的购物决策是一个非常复杂的过程，除了受对商品本身属性偏好度的影响外，商品详情页里的各种信息要素也是影响买家购物的重要因素，包括详情页的整体设计、销量、买家评价、品牌介绍、各种属性值等。这些细节都会影响买家购买决策。

因此要提高商品转化率，以上各种要素在直通车推广时都要不断地改进、完善，从细节入手提升买家的购物体验。

2．直通车运营

1）关键词选词技巧

关键词是直通车推广的基石，关键词选词的数量和质量直接关系到直通车的推广效果。关键词的数量方面的要求是要尽可能多地使用展示商品信息的词，关键词的质量要求是关键词与商品的匹配度要高，精准关键词尽量多。如何选择精准关键词呢？我们可以通过直通车后台强大的关键词工具进行选词，根据不同的商品推广需要，关键词工具的使用可分为升序排列法、降序排列法和关键词联想法。

（1）升序排列法。在选择好行业和类目后，按照"30 天搜索热度"升序排列，然后从上到下依次选择与商品匹配的关键词，放入左边的"加词清单"中进行推广。在此过程中需要注意应该直接排除与商品根本不匹配或匹配度较低的词。

（2）降序排列法。卖家在选择直通车关键词时一般都会选择搜索热度较高的热词，但热搜的词一般竞争比较激烈，而且出价高。有很多词属于搜索热度适中且竞争度非常低的词，出价也非常低。如果能够学会将这些词作为关键词，将有利于在直通车推广时避开激烈的竞争，且因其热搜度适中还能获得一定的点击量和订单量，从而大大地降低直通车推广的费用，增加商品的利润。

（3）关键词联想法。关键词联想法是一种发散性的思维方法，具体的操作就是将某个关键词作为原词，然后从这个原词开始不断地联想其他的相关词，通过直通车后台的关键词工具对所联想到的词进行搜索热度的检验，热搜度高就留，热搜度太低就直接删除，通过这种方法往往能找到"热搜度适中、竞争极低"的好词。

2）关键词出价策略

使用直通车关键词一定要慎重，每一个关键词都能为商品带来曝光流量，增加点击，促进成交，但同时也需要大量的费用，因为买家的每次点击都有相应的成本。所以关键词出价一定要掌握好一个度，一个盈亏的度，出价过高可能亏损，出价过低受到直通车推广的力度一定很小。在介绍出价技巧之前，先了解一下直通车推广排名综合得分的计算公式：

$$直通车推广排名综合得分=关键词出价×推广评分$$

通常，关键词在直通车中推广的排序是由推广排名综合得分决定的，而这个综合得分是由关键词出价和推广评分两个因素决定的。推广评分分为优、良、差三个等级，推广评分为差就没有任何曝光机会。在这里可以将推广评分理解为直通车对于某个关键词是否适合推广这个商品的系统判断，如果非常适合，评分就会高，如果认为关键词和商品没有关系，则评分非常低。影响推广评分的因素主要包括关键词与商品之间的匹配度、商品的相关信息是否完整、买家的需求等。在提交推广计划时，系统会自动对所有的推广关键词给出一个初期的推广评分，后期根据直通车的运营推广情况，如商品的浏览量、点击率、转化率，推广评分也会不断地变化。

直通车的关键词出价是一个复杂、动态的过程，卖家可以根据推广的不同时段、关键词的精准度等设置不同的出价，并积极地进行管理。

3．直通车优化与提高

通过直通车后台的商品报告和关键词报告的数据查看直通车推广效果。

1）商品报告

商品报告中的主要参考数据有曝光量和点击量，曝光量与点击量直接体现了直通车推广的整体效果。

如果曝光量和点击量都高，则说明关键词与商品的匹配度高，客户对于该商品的购买意愿高，只需要对单次点击付费进行优化。如果曝光量高，但点击量低，则说明关键词与商品的匹配度高，但该种商品对顾客的吸引力非常低，可以对商品的图片进行优化或者使用打折促销手段。如果曝光量低，则说明关键词与商品的匹配度低或者关键词不多，要优化关键词。

2）关键词报告

关键词报告中的主要参考数据有点击率和平均点击花费，体现的是具体关键词的推广效果。

如果点击率高、平均点击花费高，则说明该关键词多数是热搜词或者类目词。这类词的平均点击花费大，在卖家预算不多的情况下，应该适当保留一部分这类关键词。如果点击率高、平均点击花费低，则说明该关键词多数是长尾关键词。这类关键词精准度较高，但是曝光量比较低。对于这类词应该多多挖掘，并将合适的关键词添加到重点推广计划里。

如果点击率低、平均点击花费高，则说明这类关键词和商品的精准度与匹配度可能都比较低，重点是推广费用高，因此建议删除此类关键词。如果点击率低、平均点击花费低，则说明针对这类词可以先提高单次点击花费，等到其曝光量提升时再观察其点击率和转化率有没有相应提升。如果提升，则保留此类关键词；反之，则删除。

4．直通车爆款打造策略

1）选品

这里介绍两种选品方法：方法一，如果店铺中有些商品已经有一定的销量，而且客户评价记录很多，好评率也很高，并且商品的转化率正处于一个稳步上升的趋势，同时在价格上有优势，有一定的利润空间，则我们可以考虑选择此类商品作为爆款打造的对象。方法二，商品经过一段时间的推广后，会慢慢积累一些数据，可以通过对商品数据报告的分析，从中选择一些表现比较好的商品作为重点商品进行推广，将其打造成平台爆款。

2）商品信息的优化

（1）价格优化。通常做法是将要推广的商品与平台同类商品的价格进行比较。特别是销量大的商品，在一定的利润空间下，价格尽量不要高于同类销量大的商品价格。在设置价格时，我们可以先定个专柜价、原价，并且可以设置得稍微高一点，然后再设置一个促销价，并用一些促销工具展示出来，这样更能吸引买家的兴趣。

（2）创意优化。在直通车的重点推广计划中，每个推广单元可以设置两组创意，推广标题和图片都可以随时修改。可以分别设置两组创意，通过商品的点击量和转化率测试出买家喜欢的标题和图片。如果某一组创意曝光量高、点击率高，表明此组创意符合买家的偏好，就要不断地优化，重点推广。

（3）详情页优化。商品价格优化和创意优化可为平台引来更多的流量和点击量。打造一个爆款，光有流量是远远不够的，只有订单转化率提升才能真正达到推广目的，获得更多的利润。可以从详情页着手提高商品转化率，不断优化其细节。

一个好的详情页面有以下几点要求：首先，详情页面的内容要完整，比如商品的图片展示、商品的属性信息、尺寸大小、模特展示效果等；其次，要能突出商品的个性特点，符合买家需求，能引起买家的兴趣，激发买家的购买欲望；最后，一定要注意内容、细节处，让顾客觉得这就是他需要的产品，最终下单购买。

3）建立方案

第一步：要先新建一个直通车推广方案，再建立重点推广方案，选择需要重点推广的商品及其推广关键词，为关键词设置出价。

第二步：对新建的重点推广计划进行调整管理，添加更多高精准度和高匹配度的关键词。

第三步：关键词竞价。按照推广评分的优、良、低三个等级将关键词划分为优词良词和质量差的词。不同质量的关键词竞价方式不同。优词应该在自己推广费用范围内进行合理出价。

第四步：设置创意。在直通车的重点推广计划中，每个推广单元可以设置两组创意，推广标题和图片都可以随时修改。通过商品的平均点击率、点击量和转化率推测出买家喜欢的标题和图片，从而确定最佳的创意。设置符合买家需求和偏好的创意，还能增加商品关键词的推广评分。

4）不断调整优化

前面所说的内容，从选择推广爆款到建立重点推广方案、选择关键词、设置出价、设置创意，都是爆款推广方案的第一轮。在第一轮设置结束后，如果产品和关键词的选择正确，商品的销量就会不断地增加，后台会慢慢积累反馈数据，如每天的推广成本、曝光量、点击量、订单量。根据对后台推广数据的分析对推广方案进行调整和优化，开始第二轮的推广。第二轮推广可以从以下几个方面进行优化。

（1）优化关键词出价水平。打开爆款推广详情页面，选择曝光量从高到低按降序排列，并且分析推广评分、点击量和出价数据。

（2）添加或删除关键词。优词，曝光量高、点击量高的词保留；曝光量高、点击量低的词进行优化，效果不好的词删除；推广效果差的词删除。

良词，相关属性优化，曝光量、点击量数据理想的词保留，优化后仍然不理想的词删除。

（3）创意的优化。通常有两种常用的优化创意的方法：① 测试推广主图的效果——不同主图，相同标题。② 测试推广标题的效果——不同标题，相同主图。

5）持续引爆

持续引爆是指在打造爆款的成熟期，能带出一个次爆款。建议在选择主爆款时，同时次爆款也一起选择。如果整个推广过程中爆款到了衰退期，那么次爆款可支撑店铺的整个流量，保证店铺流量持续地引进。

知识拓展

实战：6大社区平台发帖最佳时间表

你做社交媒体营销吗？简单来说，你在Facebook、LinkedIn、Twitter、Pinterest、Instagram、Google+这6个平台上找客户和维护客户吗？精心准备的内容何时发才能事半功倍？请看以下总结和分析。（以下时间均为目标市场时间）

1. Facebook

最佳发帖时段：周六、周日的中午12点～下午1点；周四、周五的下午1～4点；周三下午3点。

能够增加分享和点击率的时段：下午1点；下午3点；早上9点。

效果最差时段是周末的上午8点之前，以及晚上8点之后。比较有趣的内容可以在周五发。下午3点发帖可以获得最大点击量，下午1点发帖可以获得最大转发量。

2. LinkedIn

最佳发帖时段：周一的下午5～6点；周二上午10～11点；周二、三、四的早上7:30～8:30、中午12点，以及下午5～6点。

点击量最高时段：下午5～6点；早上7～8点；中午12点。

效果最糟糕的时段是晚上10点～早上6点。周一和周五效果都不太好。商务人士习惯像浏览报纸一样，在早上浏览LinkedIn。

3. Twitter

最佳发帖时段：Twitter的最活跃时段是中午12点～下午3点，顶峰在下午5点；周三中午及下午5～6点；周一至周五的中午12点～下午3点，以及下午5点。

能够增加转发和点击率的时段：下午5～6点；中午时段；下午3点。

B2B企业建议在工作日发推（周三点击率尤其高）；B2C建议在周末发推。

4. Pinterest

最佳发帖时段：周六晚上8～11点；周五下午3点。

"Pin"最多的时段：晚上8～11点（9点为顶峰）；早上2～4点，下午2～4点；下午1～3点。

周六早上发帖的效果也不错，效果最差的时段是工作时段。

5. Instagram

最佳发帖时段：Instagram用户每天都比较活跃，周一更活跃一点；周一和周四除下午3～4点外的所有时段；视频可在任意一天的晚上9点～早上8点发。

效果最好时段：早上8～9点；早上2点；下午5点。

晚上9点发视频可以增加34%的互动。

6. Google+

最佳发帖时段：工作日的早晨效果不错；周三上午9点；工作日上午9～11点。

效果最好时段：上午9点；上午11点；中午12点～下午1点。

最糟糕时段为下午6点～早上7点。

资料来源：实战：6大社区平台发帖最佳时间表[EB/OL]. （2019-09-06）. http://www.100ec.cn/detail--6526234.html.

二、跨境电子商务站内营销活动

（一）平台活动

1. 平台活动简介

阿里巴巴速卖通的平台活动是专门为卖家提供的一项引流推广服务，是完全免费的，不过有的活动需要满足一定的条件才有资格参加。卖家可以在平台的营销中心板块浏览当期的活动内容，自主选择符合条件的活动进行报名。如果平台审核通过，卖家申报的商品就会被平台活动推广，获得大量的免费流量。

平台活动主要包括Super Deals、团购活动、行业/主题活动和一些大型的促销活动。

2. Super Deals与团购活动

1）Super Deals

Super Deals活动中，开通时间最长、营销效果最显著的是Today's Deals，也是最具有代表性的。Today's Deals相当于淘宝中的天天特价，旨在为买家推送质优价廉的商品。它位于速卖通平台首页的首要推广位，免费为卖家推广优质商品，但活动对于卖家的折扣要求非常高。

Today's Deals的招商要求非常严格，价格折扣要求在35%～99%，并且店铺等级要求三勋至五冠，90天好评率≥92%，针对要求国家（地区）30天销售数量≥1，对活动要求国家（地区）免邮，且发货期≤15天。

2）团购活动

目前平台团购活动项目所对应的国家（地区）并不多，主要有俄罗斯、巴西、印度尼西亚和西班牙四个国家。俄罗斯团购是最具代表性的，整个活动的流量也非常大。俄罗斯团购报名条件要求较高，还要求卖家尽快发货，最大可能地给买家以最优的购物体验。

印度尼西亚和西班牙团购开通的国家（地区）团购项目，团购招商条件要求较低，比较适合平台的中小买家和刚开张不久的新店铺。

3. 大型促销活动与"双十一"

目前速卖通平台大型促销活动主要有年初的Shopping Festival、年中的Supernova Sale及年底的Double Eleven Carnival（即"双十一"）。从活动促销的力度来看，Double Eleven Carnival促销力度最大，同时流量也是最大的。每次的大型促销活动都是平台精心策划准备的，吸引了大量的商家和优质的商品，流量也很大，因此促销活动的效果远远高于其他营销活动。活动中商品销量都会计入商品搜索排名评分当中。活动的大量流量能为单品带来大量的销量，快速提升商品的搜索排名。

平台大型促销活动的类型有秒杀活动、主会场五折活动、分会场活动、主题馆、优质店铺推广活动、全店铺折扣活动和"海景房"。

在其余类型的活动中，主会场五折活动的流量是最大的，活动报名要求也相对低一些，因此是一些中小卖家重点争抢的活动。活动的审核标准主要是商品的综合排名，综合排名越高，越容易申请成功，而且还能获得优等的展示位置。因此，很多商家会在活动前对商品进行优化，做各种活动"亏本冲销"，以提高单品的综合排名，达到主会场五折活动的审核标准。

（二）店铺自主营销活动

卖家还可以根据自己的需要设置店铺自主营销活动，主要有限时限量折扣、全店铺打折、店铺满立减和店铺优惠券四大店铺营销工具。

1. 限时限量折扣

在四大营销工具中限时限量折扣是卖家的首选，所以在店铺营销中是最常用的。它有以下几个好处。

（1）通过限时限量折扣工具，平台可以获得更多的曝光机会。

（2）如在大型促销活动期间使用限时限量折扣工具，能够为商品带来非常多的流量。

（3）若买家购物车和收藏夹里的商品有限时限量折扣消息，系统就会立刻提示买家，吸引买家关注，从而增加购买率。

（4）在设置限时限量折扣信息时，可以为手机渠道设置专属的限时限量折扣活动。限时限量折扣工具除了以上所述的各种好处外，还可以结合其他促销活动配合使用。例如，在对产品推优推爆的过程中，限时限量折扣搭配直通车，会达到出乎意料的效果。

2. 全店铺打折

全店铺打折工具是根据店铺内不同类目商品的利润率，对全店铺的所有商品按照不同的营销折扣进行分组，对不同组别的商品设置不同的促销折扣。总体来说，全店铺打折是最受平台买家欢迎的促销工具。在换新换季和反季清仓时，全店铺打折不仅能快速提升新品的销量，还能对过季商品进行清仓处理，降低其库存，并且在每年的 Double Eleven Carnival 活动时，平台会对全店铺打折给予支持，提供给其更多的曝光机会，更多的流量。由以上分析可以得出，全店铺打折工具有以下好处：增加曝光和流量，提升转化率，提升店铺整体排序评分。

全店铺打折工具的好处多多，但要正确使用才能发挥它的最大价值。所以我们在设置的时候要注意以下几点。

（1）从活动开始前 24 小时至结束期间，商品的所有信息无法修改，允许商品下架。因此，在报名时一定要细心、谨慎，避免信息填写错误或者重要的信息没有填写。

（2）店铺内不同类目的商品利润率不同，可以先对全店铺的所有商品按照不同的营销折扣进行分组，再对不同组别的商品设置不同的促销折扣。

3. 店铺满立减

店铺满立减是由卖家在自身客单价基础上设置的，只要达到一定的数量或者金额，系统就会自动减价的促销工具，活动类型分为全店铺满立减和商品满立减两种。全店铺满立减，顾名思义就是店铺内的所有商品都参与满减活动，而商品满立减活动是只有部分的商品享受这个活动价格，商品满立减订单金额只计算商品价格，不包括运费，如果同一商品参加了多种促销活动,则以其他活动为先,再以折后价参与。

满减条件分为多梯度满减和单层级满减,其中多梯度满减选项每次可以设置 3 个梯度,至少需要设置 2 个,并且优惠比例必须大于上一梯度,比如梯度一满 100 美元减 10 美元,梯度二满 200 美元的话,必须减 20 美元以上。单层级满减选项只能设置 1 个梯度,优惠可累加。

如果一个买家购买多个商品刚好符合满减的条件,那么购买的所有商品必须是在同一个订单里,分开下单则不享受优惠。买家下单后,只要订单金额达到优惠条件,系统就会自动减价,若设置了多梯度满减,则默认为减最大梯度的优惠金额,比如店铺满 9 美元减 10 美元,199 美元减 20 美元,若一买家的订单总额为 23 美元,那么系统默认减 20 美元。

使用店铺满立减工具的主要目的是促使买家多买,提高客单价。可以将商品的原价设置得高一些,或者将满减的额度设置得高一些。可以通过关联产品营销带动店铺内其他的产品销售,并通过站内信留言、邮件等方式积极将该活动信息通知各位新老客户。

4. 店铺优惠券

店铺优惠券是由卖家自主设置优惠金额和使用条件,买家领取后在有效期内使用的营销工具。其实际作用与店铺满立减类似,不过优惠券更大的作用是增加二次营销,刺激老顾客回头购买,从而巩固老客户。店铺优惠券分为无门槛优惠券和一般的优惠券。无门槛优惠券是指只要不小于优惠券的优惠金额都可以使用,比如一张 10 美元的无门槛优惠券,只要订单达到 10.1 美元都可以使用。一般的优惠券是有使用条件的,比如订单金额满 99 美元减 10 美元,只有订单大于或等于 99 美元时才会优惠 10 美元。可以将优惠券定向发放给已经购买过商品或者将自家商品加入购物车或收藏夹的买家。买家领取优惠券后可以通过买家后台的个人信息查看领取的优惠券及优惠券的使用情况,并在优惠券的有效期内下单使用。如果买家在一个店铺内领取了多张不同金额的优惠券,那么下单时可以自主选择优惠金额最大的一张使用。

需要注意的是,店铺满立减和店铺优惠券两种促销工具可以同时使用,卖家在设置活动的时候一定要根据店铺不同商品的不同利润率错开订单金额和优惠力度。另外,店铺满立减和店铺优惠券两种促销工具的订单金额都是以打折活动(如平台活动、限时限量打折、全店铺打折)的折后价格计算的。此外,订单金额的设置必须大于客单价。店铺满立减和店铺优惠券两种促销工具都是为了使客户多买,提高客单价。活动创建好后,要尽可能地通过各种渠道,如站内信留言、邮件、SNS 等将活动信息快速通知新老客户,并且还可以与其他的营销活动配合使用,最大限度地增加产品的曝光,以达到最佳营销效果。

(三)客户管理营销

客户管理营销工具能帮助卖家更好地管理自己的买家,该工具能自动识别有购买力并且诚信度良好的买家,并可以通过该工具对这些买家开展有针对性的精准营销。该工具包含客户管理和邮件营销两个核心功能。

1. 客户管理功能

登录"我的速卖通"→"营销中心"→"历史客户统计与营销",进入客户管理营销页面,选择历史客户统计与营销页面。

通过"历史客户统计与营销"页面我们可以清楚地看到老客户的最后一笔订单、成交次数、累计成交金额、最近一次采购时间等信息，并对这些客户信息进行管理，方便卖家通过各种维度识别需要维护的重点买家并进行有针对性的营销。比如，一位顾客曾多次在店铺购买东西，而且每次的订单数额都很大，但是自上次购买后至今已经很久没有消费了，对这样的顾客就应该主动与其取得联系，了解其中的原因，并有针对性地改善自己的产品或服务，争取做到更好，留住老顾客。当然，对于一些恶意客户，应该直接把他们拉进黑名单，避免和他们交易，以降低对店铺的不利影响。

建议卖家培养对买家信息进行备注的习惯，特别是重要的信息，比如买家的购买需求、购买习惯、购买频率、购买类型等采购信息及邮箱等，这样客户再次购买时就可以根据之前的备注信息给顾客提供更好的服务，提升客户的购物体验，促进交易。

2．邮件营销功能

卖家可以在"历史客户统计与营销"页面勾选需要进行邮件营销的客户，单击"发送营销邮件"按钮，即进入营销邮件编辑页面。

进入营销邮件编辑页面之后，首先需要填写邮件标题和邮件内容。可以将要向客户传达的店铺相关信息发送给顾客，比如产品的促销打折信息、新品上架信息、清仓处理信息等，也可以对顾客的售后满意度等进行调查，吸引老客户再次购买。需要注意的是，要避免在短时间内对同一客户多次发送营销邮件，一定要控制对每个买家发送邮件的频率，因为过多的营销邮件反而会产生负面影响。为了控制买家接收邮件的频率，提高买家的购物体验，建议每月对同一客户发送的邮件控制在两封以内。

复习与思考

1．名词解释

（1）4P 理论

（2）选品

（3）爆款

（4）SEO

（5）4C 理论

2．简答

（1）4R 理论的内容是什么？

（2）常用营销方式有哪些？

（3）跨境电子商务选品时，应该从哪几个不同的方面来考虑？

（4）定价技巧与策略有哪些？

（5）B2B 营销策略有哪些？

第四章　跨境电子商务物流

📖 知识目标

- 了解跨境电子商务物流的概念与特征。
- 了解传统物流模式。
- 认识跨境物流模式选择的必要性。
- 了解跨境电子商务海运物流风险与防范。

学习重点、难点

重点

- 跨境电子商务物流与传统物流的对比。
- 跨境物流模式选择方式。
- 跨境电子商务新型物流模式。
- 跨境电子商务物流模式对比。

难点

- 了解跨境电子商务物流前景。
- 掌握跨境物流模式选择的宏观与微观因素。
- 掌握跨境电子商务空运物流风险与防范。

📖 案例导入

阿里国际站更新规则，变更跨境供应链物流信息

2020年2月21日，针对肺炎疫情影响，阿里国际站对运营规则进行再次更新，推出了全新平台运营规则（2月20日版）。相比2月18日版，全新运营规则主要对阿里巴巴跨境供应链物流服务的信息更新进行了通知。

由于物流服务承运商也受到疫情期间假期延长、复工延迟等影响，阿里巴巴国际站物流服务恢复时间也再次进行了相关调整。快递门到门线路返工时间不变，部分地区快递仓库到门返工时间有所调整。

如浙大区域义乌八达通仓库后接线路服务商HKUPS/HKDHL/无忧专线，返工时间定于2月22日，2月24日开始提供上门揽收服务，而浙大区域杭州佳成仓库后接线路服务商佳成专线，以及华东区域苏州佳成仓库后接线路服务商嘉城专线等返工时间均待定。

据了解，针对疫情影响，阿里国际站之前便推出了全新平台运营规则（2月18日版），

对信用保障订单发货时间调整等进行了公示。接下来，国际站也将继续做出努力，并将帮助商户应对疫情带来的诸多挑战。

资料来源：阿里国际站更新规则，变更跨境供应链物流信息[EB/OL]．（2020-02-22）．http://www.100ec.cn/detail--6545961.html．

第一节　跨境电子商务物流概述

一、跨境电子商务物流概念与特征

（一）跨境电子商务物流概念

物流作为供应链的重要组成部分，是对商品、服务及相关信息从产地到消费者的高效、低成本流动和储存进行的规划、实施与控制的过程，目的是满足消费者的需求。电子商务物流又称网上物流，是利用互联网技术，尽可能地把世界范围内有物流需求的货主企业和提供物流服务的物流公司联系在一起，提供中立、诚信、自由的网上物流交易市场，促进供需双方高效达成交易，创造性地推动物流行业发展的新商业模式。而跨境物流的特殊之处在于交易的主体分属于不同的海关关境，商品要跨越不同的关境才能够从生产者或供应商手中到达消费者手中。

因此，跨境物流就是为了使以海关关境两侧为端点的实物和信息能够有效流动和存储而进行的计划、实施和控制管理过程；其范围包括进出口商品的运输贸易、国际邮件的快递业务等；其实质是依照国际惯例，以国际分工协作为原则，利用国际化的物流网络、设施和技术，实现货物在国际间的流动与交换，以促进区域经济的发展和全球资源优化配置；其目标是通过最佳的方式和路径，用最低的费用，承担最小的风险，保质、保量、适时地将货物从出口国的销售方运到进口国的需求方；其核心要素包括包装、运输、仓储、装卸、通关和信息交换等，贯穿于整个国际物流活动中。

（二）跨境电子商务物流特征

在跨境电子商务开始发展起来时，电子商务商家主体已经自然而然地开始自主整合传统物流的服务资源。跨境电子商务的发展首先推动了跨境电子商务物流的出现，在传统物流的基础上，出现了属于跨境电子商务物流的一些新特征。

1. 服务功能多样化与目标的系统化

单一物流服务功能与单一物流环节最优化已不能满足现代物流需求，因此在进行物流作业时，除了需要考虑运输、仓储等环节的协调外，还要考虑物流与供应链中的其他环节相互配合，不仅要实现单个物流环节最优化，还要追求物流活动的整体最优化，从而保证物流需求方整体经营目标最优化。

2. 物流作业标准化与服务的个性化

一方面，标准化作业流程可以使复杂的作业变得简单，有利于跨地区协同与沟通，也有利于操作过程监控与对操作结果的评价；另一方面，受经营产品、经营方式及自身能力的影响，物流需求方除了获得传统的物流服务外，还希望针对自身经营产品的特点与要求获得量身定制的个性化服务与增值服务，如市场调查与预测、采购及订单处理、物流咨询、物流方案的选择与规划、库存控制策略建议及货款回收与结算等方面的服务，从而提高物流服务对决策的支持作用。

3．以先进物流系统为基础的高效快速反应能力

根据哈佛大学教授钱德勒对速度经济的阐述，快速反应能力是指企业在竞争环境突变中能否迅速做出反应的能力，其重要性不亚于产品质量。当物流过程涉及的包装、装卸、运输、仓储和配送等系列环节出现不协调时，就可能导致全部或部分链条运转停滞，直接影响物流效率或造成巨大的损失。伴随市场范围空间延伸与产品生命周期的缩短，企业为了达到扩大市场份额和降低成本的双重目的，不仅需要建立完善的全球产供销经营体系，还需要提高及时供应、减少库存以降低成本等方面的能力，因此物流管理也就成为企业管理的重要环节。

4．物流技术先进化

国际物流作业的各个环节广泛应用先进的物流技术，不仅提高了每个作业环节的效率，还确保整个经营目标的实现。比如，根据电子商务服务平台指令，物流供应商按照运输计划，组织提货、仓储、包装、报关、国际运输和国外配送等。在整个物流链中，参与各方有效地利用了电子数据信息交换系统（EDI），实现了信息的即时交换和资源共享，使参与各方及时了解货物的流向与下一步操作，避免了由于信息滞后而造成操作环节的延误，从而确保整个物流链的顺畅。在跨境电子商务交易中，物流公司起到了一个桥梁的作用，它利用其丰富的物流管理技术和运作经验，促使交易顺利完成。

5．物流系统信息化与服务网络全球化

一方面，由于跨境交易范围是全球，物流服务网络覆盖范围越广，越有利于商家根据市场变化储存、调配商品，从而更能满足商家的物流需求；另一方面，先进的物流网络不仅能够做到物流网点间物流活动的一致性，使整个物流网络的库存总水平分布、运输与配送最优化，同时适应经营的需求，而且可以通过物流信息系统加强供应与销售环节在组织物流过程中的协调和配合，以及加强对物流的控制。

二、跨境电子商务物流与传统物流的对比

跨境电子商务物流的运作过程一般包括境内物流、出境清关、国际物流、目的国清关与商检、目的国物流、目的国配送等。再从物流作业环节进行细化，则包括接单、收货、仓储、分类、编码、理货、分拣、转运、包装、贴标、装卸等，还会涉及支付、报关、纳税、售后服务、退换货物流等。该运作流程还会涉及多个国家、多个物流企业，其复杂性要远超国内物流。为适应跨境电子商务发展的需求，更好地服务跨境电子商务，商业快递、邮政快递、国际物流专线、海外仓等跨境电子商务物流模式不断衍生出来。

跨境电子商务物流与传统物流的差异性主要体现在以下几个方面。

（一）运营模式的不同使得对物流服务的要求发生改变

传统商业模式"少品种、大批量、少批次、长周期"的运营模式决定了传统物流的固

化性和单一性；而跨境电子商务"多品种、小批量、多批次、短周期"的运营模式对物流的响应性和柔性提出了更高的要求。跨境电子商务网上交易后对物流信息的更新强调了库存商品快速分拣配送的原则，体现了跨境电子商务物流快速响应的特点，多元化物流渠道的选择也符合跨境电子商务的柔性要求。

（二）物流功能性的附加价值不同

传统物流除了运输功能外，附加价值体现并不明显。跨境电子商务物流的附加价值不仅体现在实现物品在空间上的跨境转移，更强调了终端客户的时效体验及物流成本在产品价格上的竞争优势体现。

（三）物流服务的层次不同

传统物流主要强调"门到门""点到点"的服务，而跨境电子商务物流强调物流的整合和全球化。

（四）对信息化和智能化的要求不同

传统物流的作业流程相对固定，对 IT 技术的重视程度和智能化程度低于跨境电子商务物流。跨境电子商务的物流、信息流、资金流以主动的方式推送给客户，并实时监控，因此"三流"的统一是跨境电子商务物流的本质要求。

跨境电子商务物流更关注以 IT 技术为核心，对物流的全过程进行优化。各大物流服务提供商也都致力于开发领先的信息系统，以提供更全面、简单的物流信息操作模式，实现跨境电子商务的一体化和智能化。

三、跨境电子商务物流前景

当前，消费者的个性化与多样化需求日趋成为主流，伴随着跨境电子商务的飞速发展，对跨境物流的需求已不再局限于商品的运输与送达，而对时间、安全、价格、服务等的需求更为明显，进而衍生出各类物流增值服务需求。因此，在跨境电子商务与物流的整体系统中，跨境电子商务物流具有以下发展前景。

（一）跨境电子商务物流面临行业洗牌

跨境电子商务的迅速发展反映出越来越多的消费者接受和喜爱这种消费方式，然而井喷式的发展不仅带来了火爆和加速扩大的跨境电子商务市场、诸多政策利好的倾斜，同时也造成了该市场的阶段性饱和。在现有需求相对饱和的市场状态下，跨境电子商务企业之间的竞争加剧。在这种状况下，跨境电子商务的发展开始出现不协调，一些低价进口商品的质量遭到消费者的质疑，假货频出让消费者望而却步，等等，这些都成为影响行业增速的重要原因。

虽然现阶段跨境电子商务的增速有所放缓，但是随着行业的不断发展与规范，再加上新政策的推动和市场作用，消费者的需求会继续释放。随着市场日趋成熟，消费者在跨境电子商务活动中的选择权将逐步增加，因此消费者对跨境电子商务消费体验的要求会越来越高。作为跨境电子商务客户体验的重要环节，跨境电子商务物流行业必然会从群雄混战到优胜劣汰，整个行业将面临洗牌。

（二）第三方物流综合服务体系发展壮大

如同一般电子商务的发展，一方面是亚马逊、全球速卖通、敦煌网等跨境电子商务大平台的不断壮大，另一方面是专注细分市场的中小型跨境电子商务的不断成熟。为了服务于不同跨境电子商务企业，与之相应的跨境电子商务物流也逐步分化，出现了自建物流和第三方综合服务物流。

市场的细分使得越来越多的中小型跨境电子商务平台涌现出来。中小型跨境电子商务平台的主要精力放在产品销售和客户维护方面，几乎不可能有充裕的资金去搭建自己的物流体系。对这类企业而言，第三方综合服务物流商不仅能为其提供跨境电子商务的仓储、运输、报关等传统物流服务，还能定制信息整合、采购、融资等增值服务，因此，第三方综合服务物流成为中小型跨境电子商务平台的物流服务主体。

（三）自建物流与第三方物流体系持续共存

跨境电子商务大平台的自建物流在一定程度上会对第三方物流产生一定的影响，但与传统电子商务物流行业的发展一样，第三方物流会避开大平台自建物流的锋芒，发挥自身的优势特点，从而使得行业分工进一步细化。在未来很长一段时期内，跨境电子商务大平台的自建物流与中小平台的第三方物流会持续共存。

（四）跨境电子商务物流人才专业化要求越来越高

跨境电子商务模式的多样化促进了跨境电子商务物流服务市场的细分，行业的人才需求也从传统粗放型向专业化程度高的集约型转变。不论服务于跨境电子商务大平台的自建物流还是服务于中小平台的第三方综合物流，跨境电子商务物流人才的需求量都将不断增大，对专业的要求也会越来越高。跨境电子商务物流人才是复合型物流人才，这是跨境电子商务行业发展的必然趋势。

 知识拓展

Wish 新增政策：物流跟踪信息修改时间延长至 46 天

受新冠病毒疫情影响，Wish 于近期再次新增一项政策更新，为中国商户赋能。

对于北京时间 2020 年 1 月 16 日 0 时至 3 月 1 日 0 时释放给中国内地和香港发货的商户的订单，商户可在订单释放后的 46 个自然日内修改物流跟踪信息。

这意味着在疫情期间，因各种原因导致物流跟踪信息有误时，商户可以有更加充足的时间及时进行修改，以确保各项物流信息服务满足 Wish 相关政策的要求。

Wish 表示，物流服务目前仍在逐渐恢复中，在履行订单过程中，各类物流跟踪信息可能无法及时更新，因此商户要及时关注订单的履行情况，格外注意物流信息，避免不必要的损失。

据记者了解，在此前 Wish 还发布了疫情期间中国商户物流运行及发货指南，其已与合作物流服务商紧密沟通，在疫情期间整合物流资源，以协助商户正常发货，并为从中国大陆通过 WishPost 发货的商户们提供了一系列的发货支持和指南。

资料来源：Wish 新增政策：物流跟踪信息修改时间延长至 46 天[EB/OL]．（2020-02-21）．http://www.100ec.cn/detail--6545911.html．

第二节　跨境电子商务物流模式

伴随着海淘、海外代购模式逐渐向跨境电子商务模式转变，跨境物流模式也逐渐趋于正规化、合法化、多样化。在跨境电子商务的发展过程中，国际邮政包裹（尤其是国际邮政小包）与国际快递扮演着极其重要的角色，在众多跨境物流模式中，这两种的使用比重最大。在跨境电子商务发展与演进的推动下，市场需求刺激了多种物流模式的出现，跨境物流模式也不再拘泥于国际邮政包裹与国际快递，以海外仓为首的新型跨境物流模式逐渐受到关注，并开始被应用于跨境电子商务市场。根据跨境物流模式的出现及发展过程，此处将国际邮政包裹与国际快递视作传统跨境物流模式，将海外仓等近两年涌现的跨境物流模式视作新型跨境物流模式。

一、传统物流模式

传统物流模式主要包括国际邮政小包与国际快递两种。它们在跨境电子商务之前就已经存在，并历经长期的发展。在跨境电子商务兴起之初，国际邮政小包与国际快递成为首选的跨境物流模式，其中国际邮政小包得益于成本低、清关容易等优势，在实际跨境物流中使用最为普遍。国际邮政小包在时效性、安全性、追溯性等方面存在劣势，对商品的体积、重量与形状也有较大的限制；而国际快递具备时效性强、丢包率低等优点，但存在价格高、特色商品无法速递等劣势。

（一）国际邮政包裹（国际邮政小包）

国际邮政包裹是指通过万国邮政联盟体系实现货物的进出口运输，多采用个人邮包形式进行发货，以邮政体系作为商品实现跨国物流的载体。在跨境电子商务市场中，国际邮政包裹方式又以国际邮政小包居多。国际邮政小包在目前跨境电子商务中使用最多，也是海淘与海外代购最常用的跨境物流模式。

以中国为例，据不完全统计，目前跨境电子商务中有超过60%的商品是通过国际邮政小包运输的。

在万国邮政联盟中，跨境电子商务使用较多的有中国邮政、新加坡邮政、英皇邮政、比利时邮政、俄罗斯邮政、德国邮政、瑞士邮政等。国际邮政小包的优势较明显，其价格便宜，并方便个人操作以实现通关；但是劣势也较为显著，主要有递送时间久、包裹丢失率高、非挂号件难以追溯进度等。

国际邮政包裹适合轻型、小型商品，在货物体积、重量、形状等方面有较多限制，如含电、粉末、液体等特殊商品无法通过正常方式在邮政渠道实现通关。

中国邮政速递物流股份有限公司（简称"中国邮政速递物流"）是经国务院批准，由中国邮政集团于2010年6月联合各省邮政公司共同发起设立的国有股份制公司，是中国经营历史最悠久、规模最大、网络覆盖范围最广、业务品种最丰富的快递物流综合服务提供商。中国邮政速递物流坚持"珍惜每一刻，用心每一步"的服务理念，为社会各界客户提供方便快捷、安全可靠的门到门速递物流服务，致力于成为持续引领中国市场、综合服务能力最强、最具全球竞争力和国际化发展空间的大型现代快递物流企业。

截至2010年年底，中国邮政速递物流在国内31个省（自治区、直辖市）设立分支机构，并拥有中国邮政航空有限责任公司、中邮物流有限责任公司等子公司。截至2017年年底，公司注册资本220亿元人民币，员工近16万人，业务范围遍及全国31个省（自治区、直辖市）的所有市县乡（镇），业务通达包括港、澳、台地区在内的全球200余个国家和地区，自营营业网点超过5000个。

中国邮政速递物流主要国际业务有：邮政特快专递服务；中速国际快件业务；针对国际及港澳台电子商务快递业务推出的e邮宝、e速宝、e特快、e包裹，以及中邮海外仓（跨境电子商务出口）和中邮海外购（跨境电子商务进口）等一站式综合物流解决方案。

1．邮政特快专递服务

邮政特快专递服务即EMS（Express Mail Service），是中国邮政速递物流与各国（地区）邮政合作开办的中国大陆与港澳台及中国与其他国家间寄送特快专递邮件的一项服务，可以为国际用户快速传递各类文件资料和物品，同时提供多种形式的邮件跟踪查询服务。该业务与各国（地区）邮政、海关、航空等部门紧密合作，打通绿色便利邮寄通道。这也是该业务区别于很多商业快递的最根本的地方。此外，邮政速递物流还提供代客包装、代客报关等一系列综合延伸服务。

EMS国际快递投递时间通常为3~8个工作日，不包括清关时间。EMS国际快递的资费标准、收寄跟踪信息及体积、重量限制等信息可以在EMS官网上查询。EMS的优点主要有：① 邮政的投递网络强大，覆盖面广，价格比较合理，以实重计费；② 不用提供商业发票即可清关，而且具有优先通关的权利，通关不过的货物可以免费返回国内；③ EMS适用于小件、对时效性要求不高的货物；④ EMS寄往南美洲国家、俄罗斯等国有绝对优势。

EMS的缺点主要有：① 相对于商业快递来说，EMS速度会慢一些；② 查询网站信息滞后，一旦出现问题，只能做书面查询，查询时间比较长；③ EMS不能一票多件，大货价格偏高。

2．中速国际快件业务

中速国际快件业务即China International Express，中速国际快件业务是指中国邮政速递物流与商业公司合作办理的国际快件业务，通达全球220多个国家和地区。中速快件根据重量、运递时限和服务方式的不同，分为"标准快件""经济快件""重货快件"等；同时提供门到门、门到港、港到港及收件人付费、代垫关税等增值服务。

3．国际及港澳台电子商务业务

国际及港澳台电子商务业务，是邮政速递物流为适应跨境电子商务及大陆与港澳台地区之间电子商务物品寄递的需要，整合邮政速递物流网络优势资源，与主要电子商务平台合作推出的寄递解决方案。一般来说，物流服务提供商会根据其服务的客户、所寄送产品的价值、体积重量及寄送区域设计不同的物流服务产品。针对跨境电子商务市场的不同寄递需求，邮政速递物流跨境电子商务产品有 e 邮宝、e 速宝等，线上下单，上门揽收或客户自送，同时，邮政速递物流还推出了中邮海外仓（跨境电子商务出口）和中邮海外购（跨境电子商务进口）一站式综合物流解决方案。中国邮政速递物流主要国际业务如表 4-1 所示。

表 4-1 中国邮政速递物流主要国际业务

渠道	产品名称	通达国家或地区	适用类型	重量限制/kg	尺寸限制/cm
邮政渠道	e 邮宝	美国、澳大利亚、英国、加拿大、法国、俄罗斯、沙特、以色列、乌克兰、挪威、巴西	轻小件	2	长+宽+高≤90 单边长度≤60
	e 特快	中国香港、台湾，日本、韩国，新加坡	较高价值物品	30	同国际标准 EMS
		英国、法国、俄罗斯、白俄罗斯、乌克兰			
		荷兰、西班牙、加拿大、巴西、澳大利亚			
	e 包裹	美国	经济类	30	同国际标准 EMS
商业渠道	e 速宝	澳大利亚、德国	轻小件	2	长+宽+高≤90 单边长度≤60
	中邮海外仓	美国	批量快消品	—	—
	中邮海外购	美国、日本	海淘商品	—	—

资料来源：常广庶. 跨境电子商务理论与实务[M]. 北京：机械工业出版社，2017.

1）e 邮宝

ePacket，俗称 e 邮宝，又称 EUB，是中国邮政速递物流为适应跨境电子商务轻小件物品寄递需要推出的经济型国际速递业务，利用邮政 EDI 快速清关，进入合作邮政轻小件网络投递。e 邮宝单件最高限重 2 kg；最大尺寸要求单件邮件长、宽、高合计不超过 90 cm，最小尺寸要求单件邮件长度不小于 14 cm，宽度不小于 11 cm。主要路向参考时限 7～10 个工作日，资费较低。需要注意的是，中国邮政对 e 邮宝业务没有承诺时限，且该业务不受理查单业务，不提供邮件丢失、延误赔偿。因此，该业务不适合寄递一些价值较高的产品。e 邮宝现已开通美国、澳大利亚、英国、加拿大、法国、俄罗斯、以色列、沙特、乌克兰、挪威、巴西等国际业务。国际 e 邮宝的资费标准、重量体积限制及参考时限如表 4-2 所示。

表 4-2 国际 e 邮宝资费及相关规定资费标准

国家	资费标准		首重限制/g	参考时限（工作日）	尺寸限制/cm
	元/g	元/件			
美国	200 g 以内（含 200 g）：0.08 200 g 以上：0.075	9	70	3～7	长+宽+高≤90 单边长度≤60

续表

国家	资费标准		首重限制/g	参考时限（工作日）	尺寸限制/cm
	元/g	元/件			
加拿大	0.07	22	—	7～10	
美国					
法国					
澳大利亚					
以色列					
挪威					
俄罗斯	0.1	9（eBay 平台）	50	7～15	
		10（非 eBay 平台）			
沙特阿拉伯	0.05	26	—	—	
乌克兰	0.1	8	50	7～15	
巴西	0.08	25	50	8～10	

资料来源：常广庶．跨境电子商务理论与实务[M]．北京：机械工业出版社，2017．

2）e 速宝

国际 e 速宝是中国邮政速递物流针对轻小件电子商务卖家的商业渠道物流解决方案，该产品必须详细申报物品明细、税则号、申报价值和重量。参考时效为 7～10 个工作日，资费较低。e 速宝现已开通澳大利亚、德国业务。

国际 e 速宝的资费标准、重量限制及参考时效如表 4-3 所示。

表 4-3 国际 e 速宝资费及相关规定资费标准

开通国家	资费标准		首重限制/g	参考时效（工作日）
	元/g	元/件		
澳大利亚	0.09	9	50	7～10
德国	0.08	12	无	7～15

资料来源：常广庶．跨境电子商务理论与实务[M]．北京：机械工业出版社，2017．

3）e 特快

国际 e 特快是中国邮政速递物流为适应跨境电子商务高价值物品寄递需求，专门推出的经济型国际速递产品。e 特快目前已通达 15 个国家和地区，限重 30 kg。

国际 e 特快的资费标准、重量限制及参考时效如表 4-4 所示。

表 4-4 国际 e 特快资费及相关规定

开通大洲	开通国家/地区	首重 500g/元	续重 500g/元	参考时效（工作日）
亚洲	中国台湾	16	0.6	2～4
	中国香港	48	0.5	
	日本	81	1.2	
	日本（促销价）	35	1.5	
	韩国	60	0.9	
	韩国（促销价）	35	1.2	
	新加坡	70	1.2	

续表

开通大洲	开通国家/地区	首重 500g/元	续重 500g/元	参考时效（工作日）
欧洲	俄罗斯	60	4	7～10
	乌克兰	120	2.5	
	白俄罗斯	120	2.5	
	英国	70	2	5～7
	西班牙	85	2.2	
	荷兰	91	2	
	法国	105	2	
北美洲	加拿大	105	3	7～10
南美洲	巴西	115	4	7～10
大洋洲	澳大利亚	69	3	5～7

注：日本、韩国路向暂时使用促销价，促销结束将在国际在线发运系统向客户公告；乌克兰、澳大利亚限重为 20 kg。
资料来源：常广庶. 跨境电子商务理论与实务[M]. 北京：机械工业出版社，2017.

4）e 包裹

国际 e 包裹是中国邮政速递物流为适应跨境电子商务重件市场需求，与境外邮政联合设计推出的经济型速递产品，它服务于寄递批量物品的电子商务平台卖家，产品限重 30 kg，时效参考 5～7 个工作日。

国际 e 包裹的资费标准、重量限制及参考时效如表 4-5 所示。

表 4-5 国际 e 包裹资费及相关规定

开通国家	首重 500g/元	续重 500g/元	参考时效（工作日）
美国	60	30	5～7

资料来源：常广庶. 跨境电子商务理论与实务[M]. 北京：机械工业出版社，2017.

4. 中邮海外仓

中邮海外仓是邮政速递物流为跨境电子商务卖家量身定制的灵活、经济、优质的一站式跨境出口解决方案，它帮助国内跨境电子商务卖家实现销售区域本土发货，配送全面，缩短从出单到收件的时限。

5. 中邮海外购

中邮海外购是邮政速递物流为满足国内消费者"足不出户，买遍全球"的购物需求，专门设计推出的跨境电子商务个人包裹进门转运、入境申报配送等综合物流服务，可实现在线制单、海关电子申报、在线关税缴纳，一票到底，全程状态追踪。

（二）国际快递

跨境电子商务常用的另一种跨境物流模式为国际快递。国际快递是指货物通过国际快递公司实现在两个或两个以上国家或地区之间的物流与配送活动。全球性国际快递公司（主要的见表 4-6）主要有 UPS、FedEx、DHL、TNT、Aramex 等，中国知名的快递公司也扩展了国际快递业务，包括 EMS、顺丰速递、申通、韵达等。国际快递在对货物计费时一般分为按重量计算与按体积计算，常以两者中费用最大的一项为最终计费方式，并在货物包装方面要求较高。

表 4-6 主要的全球性国际快递公司

公司名称	参考时效	主要优点	主要缺点
UPS（美国联合包裹服务公司）	参考派送时间为 2～4 个工作日。派送时间从已上网到收件人收到此快件为止，如遇到海关查车等不可抗因素，派送时效以海关放行时间为准	速度快，服务好；强项在美洲等线路，适合发快件；时效快，2～4 个工作日可送达；递送网络覆盖广，货物可送达全球 200 多个国家和地区；信息化程度高，查询网站信息更新快，遇到问题能及时解决	运费较贵，适合发 6～21 kg 或 100 kg 以上的货物，对寄送物品的限制比较严格，香港 UPS 代理停发澳大利亚件，内地 UPS 可以发；香港 UPS 发货不宜使用香港地址发货，如果目的地清关必须使用香港地址，建议找正规货代公司发货
FedEx（美国联邦快递公司）	FedEx IP（中国联邦快递优先型服务）一般为 2～5 个工作日，派送时间从已上网到收件人收到此快件为止；FedEx IE（中国联邦快递经济型服务）一般为 4～6 个工作日，派送时间从已上网到收件人收到此快件为止	适合 21 kg 以上的大件货物，到南美洲的价格有较大竞争力；时效快，一般 2～4 个工作日可送达；网站信息更新快，网络覆盖全，查询响应快	运费较高，且需要考虑货物的体积重量；对寄送物品的限制比较严格
DHL（德国敦豪航空货运公司）	参考时效从客户交货之后第二天开始计算，1～2 个工作日后有上网信息。参考妥投时效为 3～7 个工作日，需考虑清关时间和不可抗因素	到西欧和北美有优势，适合邮寄小件，可送达的网点比较多；时效快，一般 2～4 个工作日可送达；网站货物状态更新比较及时，遇到问题解决速度快	小件货物价格较高，适合发 55 kg 以上，或超过 21 kg 但不超过 100 kg 的货物；对寄送物品的限制比较严格，拒收许多特殊产品，部分国家不提供包裹寄送服务
TNT	一般派送时间为 3～5 天，TNT 经济型时效一般为 5～7 天	速度快，通关能力强，提供报关代理服务；可免费及时、准确地追踪查询货物信息，在欧洲、西亚、中东及政治军事不稳定的国家有绝对优势，网站信息更新快，遇到问题响应及时	价格相对较高，且需要计算货物体积重量；对所运货运限制较多

资料来源：常广庶. 跨境电子商务理论与实务[M]. 北京：机械工业出版社，2017.

国际快递可以根据不同的客户需求，如地域、货物种类、体积大小、货物重量等选择不同的渠道实现货物运输与速递。国际快递与国际邮政小包具有明显的互补性，国际邮政小包的优势是国际快递的劣势，国际邮政小包的劣势一般是国际快递的优势。国际快递具有速递时效性强、丢包率低、可追溯查询等优点；国际快递全球网络较完善，能够实现报关、报检、保险等辅助业务，支持货物包装与仓储等服务，可以实现门到门服务及货物跟踪服务。

但是，国际快递的价格偏高，尤其在有些国家或偏远地区收取的附加费更是惊人。国际快递也会被一些国家限制，尤其针对某些货物种类，一些国家会将其列为禁运品或限运品。在美国，一些货物被列入国际快递的禁运目录，如新鲜、罐装的肉类与肉制品，植物种子，蔬菜，水果及非罐装或腌熏之鱼类及鱼子等。

二、跨境电子商务新型物流模式

在跨境电子商务发展的推动下，与之相关的跨境物流不再拘泥于国际邮政小包、国际快递或托人捎带等传统物流模式，一些新型物流模式不断涌现，且呈现出快速发展的态势，如海外仓，边境仓，国际物流专线，保税区、自贸区物流，集货物流，第三方物流，第四方物流等。

（一）海外仓

2015年5月，商务部推出《"互联网+流通"行动计划》，不少电子商务平台和出口企业通过建设海外仓布局境外物流体系。海外仓的建设可以让出口企业将货物批量发送至国外仓库，实现该国本地销售、本地配送。

1. 海外仓概述

海外仓俗称海外仓储，是近两年兴起的跨境物流模式，指跨境电子商务企业在卖方所在国之外，尤其是在买方所在国通过租赁或建设仓库，通过国际货运方式，预先将所售商品运至该仓库，然后通过跨境电子商务平台进行商品展示与销售，在接到消费者下单后，商品从该仓库进行出货、物流与配送活动。拥有海外仓库，能便捷地从买家所在国本土进货和发货，使订单的周期缩短，同时用户体验得以大幅度提升，也会导致用户重复购买，这样也有利于突破销售领域的瓶颈，使得跨境电子商务企业在用户心目中的地位更上一个台阶。

海外仓储既可以是自建的，也可以是租赁的。简单概括来说，海外仓储是指在销售目的地为卖家提供的仓储、分拣、包装和派送的一站式服务。因此，也可以将其划分为以下三个步骤：第一步，头程运输，商家或跨境电子商务平台首先把商品运送至海外仓库；第二步，仓储管理，通过物流信息系统，对海外仓储中的货物进行远程监控，对其库存实施管理及控制；第三步，本地配送，依照订单详细信息，由海外仓储中心发出指令，依靠当地邮政或者其他快递将商品配送给客户。

如今，海外仓储得以迅速发展的主要原因有以下三点：一是海外仓使得运输品类大大增加，同时降低了物流费用。根据前文可知，国际邮政小包在运输过程中在物品的重量、体积和价值等方面具有一定的限制，这也就导致许多大件或者贵重的物品无法采用邮政小包运输，转而使用国际快递进行运送。而此时海外仓的出现，不仅能够突破物品重量、体积和价值等方面的限制，而且其费用要低于国际快递。二是海外仓能够直接本地发货，这样将大大缩短货物的配送时间。由于跨境运输的路程较长，其货物无法做到实时更新其物流动态，但使用海外仓库发货，由于当地物流一般都具有透明的货物运输状态查询系统，也就可以实现对包裹的全程跟踪。与此同时，海外仓的头程采用的是传统的外贸物流方式，也就是可以按照正常清关流程进行进口，这也大大降低了来自清关方面的障碍。三是海外仓可以为卖家带来更高的价值。通过对大数据进行分析，卖家能够全程控制供应链，同时降低对海外仓的使用成本，能够完成卖家对海外仓内货物的控制，而不是单纯地去等待物流公司进行配送。

2. 海外仓的费用结构

海外仓费用主要包括头程费用、处理费、仓储费、尾程运费和关税、增值税等费用。其中，头程费用主要包括空运、海运散货、海运整柜、当地拖车等费用；处理费主要是出入库费用；仓储费需要考虑淡旺季的需求；尾程运费取决于配送的方式。

1）头程费用

头程费用是指从一国把货物运送至海外仓库过程中所产生的费用，采用航空运输方式的费用包括运费、清关费、报关费、文档费、拖车费和送货费等费用。采用海运货轮运输的方式，有集装箱拼箱和集装箱整箱两种。集装箱拼箱方式以实际体积计算运费，集装箱整箱方式以箱为单位计算运费。

2）税金

税金指货物出口到某国，按照该国进口货物政策而征收的一系列费用。通常所说的关税主要指进口关税，是一个国家海关对进口货物和物品征收的税。进口关税的征收会增加进口货物成本，提高进口货物的市场价格，从而影响货物的进口数量。世界各国都把征收关税作为限制货物进口的一种手段。适当使用进口关税可以保护本国工农业生产，也可以作为经济杠杆调节本国的生产和经济的发展。有些国家不仅有进口关税，还有一些特定的费用，如增值税。

3）当地派送费用

当地派送费用也称为二程派送费用，是指买家下单后，其物品由仓库打包配送至买家地址所产生的费用。由于各国物流公司的操作不尽相同，该费用以具体国家具体物流公司的派送价格和规则为准。

4）仓储管理服务费

仓储管理服务费主要包括仓储费和订单处理费两大部分。仓储费是产品储存在仓库中产生的费用。如果租用第三方物流公司的仓库，第三方物流公司通常按周收取费用，以提高产品的周转率。订单处理费是买家下单后，完成订单拣货打包而产生的费用。通常订单处理费会根据处理的订单数量、体积及重量划分为不同的价目表。

3. 海外仓模式的优势

海外仓模式的优势主要体现在以下几个方面。

（1）运输时效性强。海外仓模式的仓库一般都设在需求地，也就是可以做到直接从本地发货。这能够在极大程度上减少货物配送所需的时间。同时也减少了货物在报关和清关等方面因烦琐的操作流程所耗费的时间，能更快、更有效地发货，从而提升顾客的满意度。

（2）较低的物流成本。海外仓模式从海外直接发货给客户，相当于境内的快递，其物流费用与向海外发货相比要减少很多。

（3）获取海外市场。海外仓模式能够在短时期内用最低的成本去获得海外市场，而且能够积累到更多的资源去开拓更有潜力的市场。

（4）退换货便捷。如有特殊原因导致顾客需要进行退换货服务，只需将货物直接退至海外仓储的仓库，免去了国内外转运的运输成本，节约了时间，同时有助于提升顾客满意度，提升综合竞争力。

4．海外仓模式的劣势

（1）成本较高。海外仓系统，不管是选择租赁还是自建，其运营维护成本普遍较高。另外，也会遇到库存周转、库存消化，以及配送和售后等一系列问题。

（2）存在货物滞销方面的风险。因为海外仓模式往往事先将货物运至海外仓库，如果对海外需求预测不足而把货物运往海外仓库，则很有可能出现货物滞销的情况。此时，滞销货物的运输费用和在仓库的保管费用均会给跨境电子商务企业带来很大的压力。

海外仓的模式有几种

（3）海外仓规模小。由于目前的电子商务市场规模正在急速扩大，海外物流仓储服务没有办法完全满足来自卖家订单配送量方面的需求。

（二）边境仓

边境仓是衍生于海外仓的一个概念与一种跨境物流模式。边境仓与海外仓的区别在于仓库所处的地理位置不同。海外仓是建设在跨境电子商务交易主体的卖方所在国家之外的仓库，边境仓则是建设在跨境电子商务交易主体买方所在国家邻国的仓库。

边境仓具体指的是在商品输入国的邻国边境，通过租赁或建设仓库，预先将商品送达该仓库，通过跨境电子商务平台进行商品的陈列、浏览、下单、处理、支付及客服等一系列活动，通过线下物流直接从该仓库进行跨境物流运输与配送。

按照仓库所处地理位置的差异，边境仓可以分为绝对边境仓与相对边境仓两类。

绝对边境仓是指跨境电子商务交易主体所在国家接壤，仓库设在交易主体卖方所在国家内，该仓库所在地与交易主体买方所在国家相邻，如中国在中俄边境的中国国境内的临近城市成立仓库，如哈尔滨等城市，对接俄罗斯的跨境电子商务业务。

相对边境仓指的是跨境电子商务交易主体所在国家不接壤，仓库设在交易主体买方所在国家的邻国边境城市或地区，用于应对跨境电子商务交易所产生的跨境物流业务需求，如中国与巴西的跨境电子商务交易，在与巴西接壤的阿根廷、哥伦比亚、巴拉圭、秘鲁等国家的临近巴西的边境城市设立仓库。相对边境仓是一个相对的概念，相对于交易主体买方所在国而言属于边境仓范畴，相对于交易主体卖方所在国而言又归属于海外仓范畴。

边境仓可以规避海外仓的一些风险，是出于本国保护主义及跨境电子商务业务发展需要而产生的一种新型跨境物流模式。一些国家的政局不稳定、税收政策苛刻、货币贬值及国内通货膨胀等，刺激了边境仓的出现与发展，如乌克兰政治危机、阿富汗国内政局动荡、巴西限制外来企业及严格的税收政策。边境仓尤其在一些自由贸易区极具优势，如在巴西，本土保护主义及苛刻的税收政策制约了跨境电子商务与跨境物流的发展，但是利用南美自由贸易协定的优势,可以通过在巴西的邻国建立边境仓,从而规避风险,推动南美及巴西跨境电子商务业务发展。边境仓具有海外仓无法实现的优势,可以规避输入国的政治、税收、货币、法律等风险,也可以利用区域政策,如南美自由贸易协定、北美自由贸易协定等。

(三)国际物流专线

国际物流专线也是在跨境电子商务发展背景下出现的一种新型跨境物流模式。国际物流专线具体指在两个及两个以上国家或地区形成的跨境物流模式,运输线路、运输时间、物流起点与终点、运输工具都是固定的,尤其是针对固定跨境物流线路而言。

国际物流专线对跨境电子商务而言,可以起到长途跨境运输的功能,具有很高的规模化属性,通过专线物流模式,能够发挥规模经济效应,对于降低跨境物流成本意义重大,尤其对固定市场的跨境电子商务而言,更是一种行之有效的跨境物流解决方案。

依据线路的不同,国际物流专线种类非常多,以中国为例,可分为中俄专线、中美专线、中欧专线、中澳专线等。依据运输方式的不同,国际物流专线分为航空专线、港口专线、铁路专线、大陆桥专线以及多式联运专线。已经开通的专线主要有郑欧班列、日本 OCS 专线、欧洲 GLS 专线、渝新欧专线、中欧(武汉)冠捷班列、国际传统亚欧航线、顺丰深圳—台北全货机航线等。

国际物流专线的时效性优于国际邮政小包,弱于国际快递;国际物流专线的物流成本低于国际快递,但要高于国际邮政小包。国际物流专线具有明显的区域局限性,无法适应跨境电子商务所产生的无地域限制性物流需求,这将导致跨境物流专线无法成为跨境物流的主要模式之一。

国际物流专线会成为挖掘固定市场的跨境电子商务物流解决方案,也可以成为跨境物流的中间环节及周转环节。在业务量能够支撑的情况下,可以通过开发多条国际物流专线,尤其是形成国际物流专线网络,增加国际物流专线的使用频率与整体价值。

(四)保税区、自贸区物流

在跨境电子商务发展背景下,自贸区与保税区价值凸显,全球各国加快了自贸区和保税区的建设步伐。

保税区或自贸区物流是指通过国际货运预先将商品运至保税区或自贸区仓库,通过跨境电子商务平台进行商品陈列、下单、处理、支付等活动,当处理完网络订单后,通过线下的保税区或自贸区仓库实现商品的分拣、包装、发货,完成终端配送等物流活动。

自贸区或保税区物流模式集规模化物流、集货物流、本地化物流优势于一身,有利于缩短物流时间,提高物流时效,降低物流成本,还能够享受保税区或自贸区的资源优势。保税区或自贸区物流可以享受保税区或自贸区的优惠政策与综合优势,主要体现在物流、通关、商检、收付汇、退税等方面,也简化了跨境电子商务与跨境物流烦琐的流程与手续,如亚马逊在上海自贸试验区建立物流仓库,以上海自贸试验区为跨境电子商务交易入口,引入全球产品线,预先将商品送至自贸区物流仓库,当消费者下单后,商品由自贸区物流仓库发出,能够实现集中化的国际货运、通关与商检,既降低了跨境物流成本,又缩短了物流时间,提高了物流与配送时效。天猫国际、苏宁全球购等纷纷推出保税区物流模式,通过与郑州、重庆等跨境电子商务试点城市合作,在保税区设立物流保税仓库,预先将商品送至保税仓库,当消费者下单购买后,商品直接从保税区仓库发出。

(五)集货物流

跨境电子商务隶属于电子商务范畴,基于互联网的跨时空界限特性,跨境电子商务消费较分散,单笔订单量小,产品种类繁多。在快速发展的跨境电子商务驱使下,集货物流随之出现。集货物流模式的出现是为了降低高额的跨境物流成本。

集货物流具体指先将商品运输到本地或当地的仓储中心或集散中心,当积累到一定数量或达成一定规模后,通过与国际物流公司合作将商品运至境外的买家手中,或者将各地发来的商品先进行聚集,然后再批量配送;或一些商品属性或种类相似的跨境电子商务企业形成战略联盟,成立共同的跨境物流运营中心,利用规模优化与互补优势等理念,实现降低跨境物流成本的目的。如米兰网在广州与成都自建了仓储中心,商品在仓储中心聚集后,通过与国际快递公司合作将商品送至国外买家手中。大龙网在深圳建立了仓储中心,采取集中发货方式满足跨境物流需求,既提高了跨境物流的整体效率,又降低了跨境物流成本。

虽然保税区或自贸区物流模式类似于集货物流模式,大致可以归属于集货物流范畴,但是集货物流又不等同于保税区或自贸区物流模式,集货物流不仅可以集中仓储后再进行跨境电子商务活动,还可以先进行跨境电子商务活动再集中物流与配送。集货仓库也不单独局限在保税区或自贸区,已经脱离了局限性的地理空间范畴。

(六)第三方物流

第三方物流指的是由交易主体以外的第三方承担物流功能,由第三方物流企业采取合同委托模式,承接交易产生的商品物流业务。在国内电子商务交易中,自建物流可视为第一方物流,如中国的京东商城、阿里菜鸟物流、海尔日日顺物流、亚马逊物流、沃尔玛物流等。第二方物流则是由买家来承担物流功能。第三方物流则由专业第三方物流公司来承担,如中国的四通一达等。

在跨境电子商务中,流程与环境更加复杂,自建物流投入多、要求高、风险大,虽然个别跨境电子商务平台也在采取自建物流模式,如京东商城、洋码头等,但是基于资金、跨境物流的复杂性及诸多风险与障碍等因素,绝大多数跨境电子商务平台除了使用国际邮政小包与国际快递外,逐渐开始转向第三方物流模式,如与万国邮政联盟体系、国际快递公司等合作,或者与专业第三方跨境物流公司合作。

在跨境物流中,也会存在多种模式或多个第三方物流公司合作的现象。此外,也会存在自建物流与第三方物流共存的现象。兰亭集势不仅自建跨境物流体系,还与国际性跨境物流资源合作,将商品销往全球170多个国家或地区。大批海运公司、航运公司、陆运公司、多式联运公司、国际货代公司,拥有丰富的国际贸易经验、海外运作经验、海外业务网点及国际化实践能力,这都是跨境电子商务或跨境物流公司合作的潜在对象。顺丰物流与荷兰邮政合作,推出欧洲小包业务,实现了中国国内物流与目的国物流的衔接,缩短了物流周期,降低了物流成本。在巴西,FedEx 与 UPS 等国际快递公司的业务量无法满足全国市场的需求，只能够集中在城市区域，偏远地区则依托于巴西邮政及其旗下的 Sedex 快递服务。

（七）第四方物流

在跨境电子商务发展的刺激下，跨境物流需求驱使第四方物流也应用在跨境电子商务市场中，用于满足商品跨境物流的需求。

第四方物流是独立于交易主体双方及专业第三方物流商之外的主体承担商品物流与配送业务，具体指为商品交易的买卖双方、第三方提供物流咨询、物流规划、商品运输、物流信息系统、供应链管理等综合性活动的一个供应链集成商，通过管理自身资源及外部可协调资料、能力与技术，提供综合性的、全面的供应链解决方案。

第四方物流强调供应链资源整合能力，通过其在整个供应链的影响力与话语权，以解决物流需求为基础，通过整合各类内部及外部资源，实现物流信息共享及社会物流资源充分利用。伴随着跨境电子商务的发展与成熟，跨境物流更加复杂，服务已不再局限于商品跨境空间位移需求，会产生许多增值服务需求，随之涌现出一批第四方物流公司，为跨境电子商务市场提供更丰富的跨境物流服务，如兰亭集势在 2015 年 1 月 26 日宣布正式启动"兰亭智通"全球跨境物流开放平台，通过整合全球各地物理配送服务资源，提供开放比价竞价、全球智能物流路径优化、多种物流协同配送、自动打单跟单服务、大数据智能分析等综合性服务内容。递四方和出口易也属于第四方跨境物流公司范畴，通过全球整合物流服务资源，不仅能够提供专线物流服务，还可以提供购物车建站、货源分销、在线推广、渠道管理软件服务、在线收付、全球物流与仓储等一站式综合服务项目，并逐渐涉足大数据、信息技术及金融增值服务等。

三、跨境电子商务物流模式对比

通过分析各跨境物流模式在时效性、成本、适用性及目前的使用率等方面的表征，我们已经能够对各类跨境物流模式有较为清晰的了解（见表 4-7）。在主要的跨境物流模式中，国际邮政小包与国际快递使用较早，并且是主要的跨境物流使用模式。国际邮政小包得益于万国邮政联盟的物流网络体系，在全球范围内网络最密集，能够辐射到全球近 200 个国家或地区。在跨境物流模式中，国际邮政小包的成本是最低的，相应的时效性也是最差的，跨境物流周期基本在一个月以上，有时甚至几个月，还容易出现丢包、商品丢失等问题。国际快递基于成熟的全球性国际快递公司，如 UPS、DHL、FedEx、EMS 等，在跨境电子商务市场中使用率也很高，主要得益于快速的物流。

表 4-7　跨境电子商务物流模式对比

模　式	时　效　性	成　本	适　用　性	目前使用率
国际邮政小包	慢	低	广	高
国际快递	快	高	广	高
海外仓	较快	较低	广	较高
边境仓	较快	较低	局限性明显	低

续表

模 式	时 效 性	成 本	适 用 性	目前使用率
国际物流专线	较快	较低	局限性明显	低
保税区、自贸区物流	较快	较低	局限性明显	较高
集货物流	一般	较低	局限性明显	低
第三方物流	不确定	不确定	广	较高
第四方物流	不确定	不确定	广	较高

资料来源：张夏恒. 跨境电商物流协同模型构建与实现路径研究[D]. 西安：长安大学，2016.

海外仓近两年发展极快，已成为诸多跨境电子商务平台极佳的物流解决方案，海外仓还可以有效解决本地化及退换货需求，其使用率正处于快速上升期。第三方物流与第四方物流得益于专业性优势，在同一国家内应用范围较广，所以也具有较好的发展前景，其物流时效性与成本因不同情况、企业与商品需求而不同。

规模性优势显著的保税区或自贸区物流、国际物流专线、集货物流等模式，在物流时效性与成本方面具有一定的优势，但是在适用性上具有显著的局限性，局限性不仅体现在地理局限性、时间局限性等方面，还存在于企业与商品方面。保税区或自贸区物流与其他物流模式相比，具有一个显著的特征，因其设在自贸区或保税区内，所以能够充分利用自贸区或保税区的政策以促进其发展。不同的跨境物流模式之间并不存在绝对的优势或劣势，需要根据不同需求来确定，不同跨境物流模式也有其最佳的适用范围。

知识拓展

菜鸟供应链联合物流伙伴面向全国开放 2 万个岗位

菜鸟供应链联合物流伙伴发布春季招募令，面向全国开放 2 万个岗位，和仓储、快递等物流企业一起通物流，保民生，促经济。

其中，菜鸟供应链启动了智慧物流人才共享计划：全国各物流园区面向周边未开工企业员工开放应聘，推动人才共享，既让千家万户早日收到包裹，又促进就业稳定。

菜鸟供应链开放就业负责人介绍，目前线上报名入口已开通，不同岗位机会覆盖了北京、天津、上海、广州、武汉、济南、南京、贵阳、惠阳、江门等主要城市。

据了解，2 月 11 日，阿里巴巴菜鸟网络还曾发布了面向供应链和物流行业的 15 项具体落实措施，帮助商家和快递物流业打赢疫情中的经济仗。

这 15 项措施包括补贴商家发货和快递揽收、降低商家仓储成本、给予跨境物流补贴、开放数智化供应链产品、启动人才共享计划等，对供应链和物流行业给予全面支持，帮助商家和物流伙伴打赢疫情中的经济仗。

此外，阿里巴巴今日晚间发布的第三季度财报显示，阿里巴巴第三财季菜鸟网络的收入同比增长 67% 至 75.18 亿元（10.80 亿美元），收入增长主要由于高速增长的跨境业务中，商家对于"菜鸟履约"服务的采用率有所提升。

资料来源：菜鸟供应链联合物流伙伴面向全国开放 2 万个岗位[EB/OL]. （2020-02-14）. http://www.100ec.cn/detail--6544846.html.

第三节 跨境电子商务物流模式的选择

一、跨境物流模式选择的必要性

国际物流运输方式发展的最新形式是跨境物流配送方式，它主要通过跨境电子商务这一平台来为海内外的客户提供跨境物流服务，为了保证跨境物流服务水平不下降，为跨境电子商务产业的发展提供足够的动力，必须加强对于跨境物流的科学管理。目前，中国跨境物流配送模式主要有传统物流模式和新型物流模式。其中，传统物流模式中的国际邮政和国际快递是主要的跨境物流模式，成本低，但时效性差；新型物流模式的使用率正处于快速上升期，但在适用性上具有明显的局限性。因此，新型跨境物流配送模式受到越来越多外贸企业的追捧，主要的新型跨境物流配送模式是在国内建立跨境物流配送中心或者是建立海外仓（边境仓）。

以国内规模领先的跨境电子商务企业大龙网为例，面对海外业务量的增长及所面临的跨境物流问题，大龙网组建了海外团队奔赴俄罗斯市场，在俄罗斯地区投资建立了海外仓，并已经投入使用，以后大龙网的供应商除了能够享受到低于传统的跨境物流价格外，还能够同时享受到专业的闪仓储管理、订单追踪、"绿色头程+白色清关+分散仓储"方案、全程保险等服务，而俄罗斯地区的消费者则能够体验到跨境购物3~5天送货上门的优质服务。

面对中国跨境电子商务产业快速发展的冲击，中国各类跨境电子商务企业面临一个艰难的选择，那就是如何选择自己的跨境物流配送方式，是传统跨境物流模式更有利还是新型跨境物流更有利。

二、跨境物流模式选择方式

跨境电子商务模式下跨境物流配送方式的选择关系到跨境电子商务企业的发展甚至外贸企业和产品的整体形象，前文论述了中国跨境电子商务企业的跨境物流模式选择，尽管理论上说得通，但是在实际的跨境物流模式选择和运作过程中仍然存在诸多的问题。这些问题既存在于跨境电子商务企业中，也存在于中国制定的有关跨境物流的相关政策及其实际运作上，还存在于国际社会对于中国跨境物流发展设置的相关阻碍上，例如中国跨境电子商务通关监管模式的落后、检验监管模式的落后、跨境物流总体发展水平较为落后等问题。

（一）企业角度

1. 根据跨境物流的地位，选择合适的物流模式

在不同类型的跨境电子商务企业中，物流业务的重要程度是不同的，跨境电子商务企业处在海外消费者、上游供应商、物流配送和其他多个环节形成的闭环国际贸易供应链中，而且其行为对其他环节的行为起了向导作用。因此，跨境电子商务对跨境物流环节的重视

程度，也就是跨境物流业务在跨境电子商务企业中所处的地位直接决定了其对跨境物流模式的选择。若是跨境物流环节对跨境电子商务企业非常重要而且企业内各部分对跨境物流也足够重视，可以说跨境物流在跨境电子商务企业中处于核心的地位，那么该跨境电子商务企业适合自建跨境物流。

若是跨境物流部分对跨境电子商务企业相对不重要而且企业对跨境物流也不重视，那么该企业适合将物流部分外包给第三方跨境物流企业来做，以减少其运营成本和管理费用。不仅如此，对跨境物流业有过研究的人都会发现，近几年跨境电子商务企业中，很多在海外建立了自己的物流配送体系，例如海外仓或者边境仓等，但并不是所有跨境电子商务企业都适合建立自己的跨境物流配送体系，在建立之前必须要考虑自身未来的发展方向，并对建立的跨境物流体系进行利弊权衡，如提高了跨境物流的速度和服务水平后给企业带来的利润是否高于给企业带来的成本增加，这些问题要想得以解决，企业就必须清楚地知道跨境物流在其发展中的位置，科学理性地对待，结合跨境物流的地位，合理选择物流模式。

2．根据企业规模实力，选择合适的物流模式

1）传统跨境大宗交易平台企业

通常，资金雄厚、规模大、海外业务量大的跨境电子商务企业都会考虑建立适合自己的跨境物流配送体系，这样可以让企业在跨境物流配送中占据主导地位从而保证了对于海外消费者的物流服务质量。有自己跨境物流渠道的企业不仅可以满足企业自身的业务需求，还可以与其他跨境电子商务企业和个人实现资源共享，让自建的跨境物流配送体系发挥更大的作用，为企业带来最大限度的收益。而规模大、实力雄厚的跨境电子商务企业在建立自己的跨境物流配送体系之后，可以实现以下目标。

（1）增强国际市场竞争力。现阶段，跨境电子商务产业得到了迅速发展，中国的跨境电子商务企业如雨后春笋般出现，企业之间在国际市场上的竞争也越来越激烈。跨境物流模式的选择和水平的提升能够帮助企业提高海外业务量，增加海外消费者的回头率，抢占更多的国际市场，能够成为跨境电子商务企业取胜的核心竞争力之一。加大对物流的控制力，便于企业以此作为切入点，提升行业竞争地位。

（2）提升海外消费者的品牌依存度。在海外消费者通过跨境电子商务进行消费的过程中，跨境物流服务水平的好坏在很大程度上直接影响着海外消费者在线购物的满足度，而一旦在线购物满意度有所提高，海外消费者就会对该企业品牌产生一定的依赖性，即海外消费者黏性提高，这样也有利于企业的持续发展。

（3）拓展自己的潜在海外市场。海外消费者对于任何跨境电子商务企业而言都是至关重要的，拥有稳定且不断增长的顾客群是每一个电子商务企业都想努力达到的，对于跨境电子商务企业也是如此。掌握并维持海外消费者就可以通过分析现有海外消费者的消费习惯和倾向，来相应地做一些推广，从而招徕更多的潜在海外消费者。

2）垂直类跨境小额批发零售企业

作为规模居中的垂直类跨境小额批发零售电子商务企业，规模和实力都没有传统跨境大宗交易平台企业那么大，那么雄厚，但它们也有急切优化跨境物流环节的需求，适合选择跨境物流联盟的模式来达到以下目的。

（1）拓展跨境物流网络的风险较低。受限于企业的经济实力和规模，规模居中的垂直

类跨境小额批发零售电子商务企业不可能像大型的传统跨境大宗交易平台企业那样建立自己的跨境物流体系，巨大的成本和风险是其所不能承受的。规模居中的垂直类跨境小额批发零售电子商务企业一般通过多家第三方跨境物流进行相应的配送，这样不仅为企业节约了成本，还减少了风险，还可以扩展跨境物流服务网络。

（2）利用自身优势获得海外消费者青睐。为寻求在深度方向的发展领域，培训专业优势，形成品牌效应，这类跨境电子商务企业一般主要将某一类商品做精做深。与传统跨境大宗交易平台企业相比较，这类跨境电子商务企业财务实力、背景相对要弱一些，为了避免与传统跨境大宗交易平台企业相抗衡，并根据市场细分来选择合适的企业管理领域，这类企业可以通过细分市场避免与传统跨境大宗交易平台企业抗衡，并获得持续发展。

3）综合门户类跨境小额批发零售企业

对于业务量小、资金少、管理受限、工作人员不足的综合门户类跨境小额批发零售企业来说，利于生存又能快速成长的主要策略就是通过以下方式选择合适的第三方跨境物流模式。

（1）选择低成本的第三方跨境物流企业。该类企业由于自己实力有限又处于发展期或相应的成长期，没有足够的人力物力来发展自己的跨境物流配送网络，借助第三方跨境物流不仅能为企业节约成本，还能减少企业面临的风险。

（2）选择可信赖的第三方跨境物流企业。对于综合门户类跨境小额批发零售企业来讲，跨境物流服务水平的好坏直接影响着海外消费者的购物满意度，所以在第三方跨境物流企业水平高低不等的情况下，尽量保证选择跨境物流服务水平较高的物流企业，为企业的长远发展维持一定的海外消费群体。

因此，不同规模和实力的跨境电子商务企业，其跨境物流模式的选择也千差万别，不能简单地一概而论。大企业不一定全部适合自建跨境物流模式，也要考虑其自身的能力范围和相关资源储备，视具体情况选择对自身企业发展最有利的跨境物流模式。

3．根据跨境物流服务要求，选择合适的物流模式

目前，优化海外用户体验已经成为跨境电子商务增加客户黏度、提升国际市场竞争力的重要影响因素，关系着企业的持续发展，而海外客户网购跨境物流体验满意度主要包括及时性、准确性及海外客户服务水平三个方面。及时性主要包括订单处理是否及时和商品配送是否及时；准确性主要包括订单商品的准确性和跨境物流配送地址的准确性；海外客户服务水平主要包括网购时客服人员的服务态度和网购快件配送时快递人员的服务态度及在线购物的海外客户投诉时客服人员的态度，其中跨境在线购物的消费者投诉也多集中于此，导致海外消费者与跨境电子商务卖家之间产生一定的隔阂，影响其之后的再消费，降低了海外客户黏性。

在选择跨境电子商务物流配送模式时，结合自身实际，除了根据以上几个主要因素做出选择外，企业同时必须了解不同跨境模式的相关费用组成，以便节省成本和进行资源再利用。但不同类型企业的相关成本组成是不同的，控制方法也千差万别，不可一概而论，因此，跨境电子商务企业需要对跨境物流总费用进行实际综合考量，选择对自身最有利的跨境物流模式。同时，还应该结合跨境电子商务企业自身运作能力的强弱来做出合理的选择。

（二）政府角度

跨境电子商务企业在选择物流模式的过程中，除了受到企业自身的实际情况制约以外，还受到国内外跨境物流运作的大环境的影响。

中国跨境物流的主要形式还停留在传统的国际物流所具有的形式上，例如简单的海外、通关、报关报检等，一些新的具有较高价值增值的跨境物流配送模式发展较为滞后，例如跨境物流信息管理系统、高端的跨境物流解决方案、跨境物流金融等的发展。为了给跨境电子商务企业创造一个良好的跨境物流环境，中国政府应该从以下几个方面着手。

1. 完善跨境物流配套服务设施

较为完善的跨境电子商务物流基础设施和较为有利的国内国际环境将有利于中国跨境电子商务产业的发展。地方政府应根据现有的设施，通过加强管理、改进服务、提高跨境物流服务水平等方式来减少跨境物流成本，吸引客户，抢占市场，配置先进的硬件设施，逐步建立起现代化跨境物流配送中心网络。同时，政府相关部门要做好数据的传输、技术标准的制定、跨境物流作业的规范化等工作，积极推进跨境物流操作规范、通关程序、退税、仓储管理、相关企业管理等的法制化，提高跨境电子商务物流的运作效率。

2. 完善跨境物流信息化和标准化建设

信息时代的到来和计算机科学与技术的高度融合、电子数据交换技术、条形码、全球卫星定位系统等先进信息技术的开发和应用，都极大地促进了跨境物流的发展。这些技术可以提高跨境物流信息的采集、处理和传输效率，减少传输时间，提高跨境物流运作的效率，降低跨境物流的总成本。跨境物流实现信息化的前提是跨境物流信息的规范化和标准化。规范化要求跨国物流企业在运输、包装、装卸、仓储、信息等方面统一标准，以最大限度提高跨境物流的效率。标准化则要实现跨境物流服务的规范化，从而提升跨境物流的速度，这对于提高跨境物流运输效率很重要。因此，要加快跨境物流标准化和公共信息平台建设，并充分认识到跨境物流信息化在提升物流服务水平中的地位。

总之，跨境电子商务企业对所采取的跨境物流模式进行抉择时，应该先客观地评价自身条件，利用相关的评价指标体系对各种跨境物流模式进行评价，并合理进行选择，同时，政府相关部门也要做好相关的基础工作，以更好地促进跨境电子商务产业快速发展。

知识拓展

亚马逊计划在爱荷华州开设首家物流中心

亚马逊宣布计划在爱荷华州邦杜兰特市开设第一家物流中心。据悉，该物流中心占地64.5万平方英尺。亚马逊员工将与机器人一起工作，为顾客挑选、打包和运送小物件，如书籍、电子产品和玩具等。

新的物流中心预计将于2020年末开启，并将创造1000个新的全职工作岗位，同时，除最低时薪为15美元的全职工作岗位外，该物流中心还从第一天起便为员工提供综合福利，包括全面的医疗、视力和牙科保险，以及缴纳50%比例的401K退休计划资金。

此外，公司还提供长达20周的带薪产假，以及诸如休假分享和调休等创新福利，让新晋父母在成长的家庭中拥有更大的灵活性。据了解，为了进一步提升包裹交付速度，亚马逊还在1月份表示计划在芝加哥建立新的物流中心。在2019年10月及11月，亚马逊还先后在澳大利亚、美国密西西比州建立了物流中心，以适应不断增长的业务需求，并为更多客户提供更快速的交付服务。

资料来源：亚马逊计划在爱荷华州开设首家物流中心[EB/OL]．（2020-02-08）．http://www.100ec.cn/detail--6544055.html．

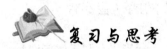 复习与思考

1．名词解释

（1）电子商务物流

（2）国际邮政包裹

（3）e邮宝

（4）海外仓

（5）第三方物流

2．简答

（1）跨境电子商务的物流特征是什么？

（2）跨境电子商务物流与传统物流的差异性主要体现在哪几个方面？

（3）跨境电子商务新型物流模式是什么？

（4）跨境物流模式选择的宏观因素是什么？

（5）从企业角度怎样选择合适的物流模式？

第五章　跨境电子商务通关

知识目标

- 了解通关的定义。
- 了解跨境电子商务 B2C 通关方式。
- 了解跨境电子商务 B2B 通关方式。

学习重点、难点

重点

- 通关的基本程序。
- 我国跨境电子商务通关政策。
- 跨境电子商务 B2C 通关。
- 跨境电子商务 B2B 通关。

难点

- 了解跨境电子商务通关的管理。
- 掌握跨境电子商务通关监管的政策。
- 掌握进出口通关的一般流程。

案例导入

盘点：10 个跨境电子商务通关名词

1. 货运监管

货运监管简称货管，是海关代表国家在口岸，根据《中华人民共和国海关法》（以下简称《海关法》）和国家其他进出口法律、法规和政策行使的监督合法进出境货物和运输工具的重要管理职权，也是海关完成征收关税、制止走私违法、编制海关统计等各项任务的基础。

2. 货运监管的基本制度

对进出境的运输工具及其所载货物进行审单（申报）、查验、征税、放行，构成货运监管既相互制约又相对独立的统一整体，是货管的基本工作。

3. 查验

查验是以经过审核的单证为依据，对货主申报的内容进行直接实际的核实和查对，除有特殊规定准予免验者外，进出境货物的运输工具均应接受海关的查验，它为打击走私违法情事及为征税、统计提供实际监管依据等方面有着重要的作用。

4. 单货相符

在办理进出口海关手续时，经查验货主申报的进出口货物的单证与实际进出口货物相一致，习惯上称为单货相符。

5. 单货不符

在办理进出口海关时，货主申报的进出口货物单证与实际进出口货物经核实不一致，习惯上称为单货不符。

6. 放行

指对经过审单、查验、征税监管环节后已单货相符的货物和运输工具签印放行的监管行为。

7. 开验

海关在查验过程中，针对有些货物做细查细验时，进行内外包装开拆核实查证的行为。

8. 开拆

海关在查验工作中，对需要重点查验的货物进行开箱拆包细验的监管行为。

9. 重封

对受海关监管的货物由于复查等原因需要再次施加关封的行为称为"重新加封"，简称重封。

10. 关封

用于海关内部联系、交接有关单证所使用的印有"海关关封"字样，可以加封的信封。

资料来源：盘点：10个跨境电商通关名词[EB/OL].（2018-06-26）.http://www.100ec.cn/detail--6456499.html.

第一节 通 关 概 述

一、通关的定义

通关也称清关、结关，是指进出口货物的收、发货人或其代理人、运输工具的负责人、进出境物品的所有人按照海关的规定，向海关申请办理货物、运输工具、物品的进出境及相关海关事务的手续，海关对其呈交的单证和申请进出境的货物、运输工具、物品依法进行审核、查验、征缴税费、批准进口或出口的全过程。

根据《海关法》的有关规定，国家在对外开放的口岸和海关监管业务集中的地点设立海关，进出境运输工具、货物、物品都必须通过设立海关的地点进境或出境。在特殊情况下，经国务院或国务院授权的机关批准，可以经过未设立海关的地点临时进境或出境，但必须依法办理海关手续。

二、通关的基本程序

通关程序是指进出口货物的收、发货人或其代理人、运输工具的负责人、进出境物品的所有人按照海关的规定,向海关申请办理货物、运输工具、物品的进出境及相关海关事务的手续和步骤。货物进出境应当经过审单、查验、征税、放行四个海关作业环节。与之相适应,进出口货物的收发货人或其代理人应当按程序办理相对应的进出口申报、配合查验、缴纳税费、提取或装运货物等手续,货物才能进出境。但是,这些程序还不能满足海关对所有进出境货物的实际监管要求。比如,加工贸易原材料进口,海关要求事先备案,因此不能在"申报"和"审单"这一环节完成上述工作,必须有一个前期办理手续的阶段;如果上述进口原材料加工成成品出口,在"放行"和"装运货物"离境的环节也不能完成所有的海关手续,必须有一个后期办理核销结案的阶段。因此,从海关对进出境货物进行监管的全过程来看,通关程序按时间先后可以分为3个阶段:前期阶段、进出口阶段和后续阶段。

(一)前期阶段

前期阶段是指进出口货物的收、发货人或其代理人根据海关对进出境货物的监管要求,在货物进出口之前,向海关办理备案手续的过程,主要包括以下几个方面。

(1)保税货物进口之前,进口货物收货人或其代理人办理加工贸易备案手续,申请建立加工贸易电子账册、电子化手册或者申领加工贸易纸质手册。

(2)特定减免税货物进口之前,进口货物收货人或其代理人办理货物的减免税备案和审批手续,申领减免税证明。

(3)暂准进出境货物进出口之前,进出口货物的收、发货人或其代理人办理货物暂准进出境备案申请手续。

(4)其他进出境货物中的加工贸易不作价设备进口之前,进口货物收货人或其代理人办理加工贸易不作价设备的备案手续;出料加工货物出口之前,出口货物发货人或其代理人办理出料加工的备案手续。

(二)进出口阶段

进出口阶段是指进出口货物的收、发货人或其代理人根据海关对进出境货物的监管要求,在货物进出境时,向海关办理进出口申报、配合查验、缴纳税费、提取或装运货物手续的过程。

在进出口阶段中,进出口货物的收、发货人或其代理人需要完成以下四个环节的工作。

1. 进出口申报

进出口申报是指进出口货物的收、发货人或其代理人在海关规定的期限内,按照海关规定的形式,向海关报告进出口货物的情况,提请海关按其申报的内容放行进出口货物的工作环节。

报关单位应在《海关法》规定的时间内,按照海关规定的形式,向海关报告进出境货物的情况,提请海关按照其申报的内容放行货物。进口货物应在运输工具申报进境之日起14日内向海关申报。出口货物应在货物运抵海关监管区后、装货的24小时以前向海关申报。

2. 配合查验

配合查验是指申报进出口的货物经海关决定查验时,进出口货物的收、发货人或其代理人到达查验现场,配合海关查验货物,按照海关要求搬移货物,开拆包装,以及重新封装货物的工作环节。

3. 缴纳税费

缴纳税费是指进出口货物的收、发货人或其代理人接到海关发出的税费缴纳通知书后,向海关指定的银行办理税费款项的缴纳手续,通过银行将有关税费款项缴入海关专门账户的工作环节。

4. 提取或装运货物

提取货物即提取进口货物,是指进口货物的收货人或其代理人,在办理了进口申报、配合查验、缴纳税费等手续,海关决定放行后,凭海关加盖放行章的进口提货凭证或凭海关通过计算机发送的放行通知书,提取进口货物的工作环节。装运货物即装运出口货物,是指出口货物的发货人或其代理人,在办理了出口申报、配合查验、缴纳税费等手续,海关决定放行后,凭海关加盖放行章的出口装货凭证或凭海关通过计算机发送的放行通知书,通知港区、机场、车站及其他有关单位装运出口货物的工作环节。

(三)后续阶段

后续阶段是指进出口货物的收、发货人或其代理人根据海关对进出境货物的监管要求,在货物进出境储存、加工、装配、使用、维修后,在规定的期限内,按照规定的要求,向海关办理上述进出口货物核销、销案、申请解除监管等手续的过程,主要包括以下几个方面。

(1)保税货物,进口货物收货人或其代理人在规定期限内办理申请核销的手续。

(2)特定减免税货物,进口货物收货人或其代理人在海关监管期满,或者在海关监管期内经海关批准出售、转让、退运、放弃并办妥有关手续后,向海关申请办理解除海关监管的手续。

(3)暂准进境货物,进口货物收货人或其代理人在暂准进境规定期限内,或者在经海关批准延长暂准进境期限到期前,办理复运出境手续或正式进口手续,然后申请办理销案手续;暂准出境货物,出口货物发货人或其代理人在暂准出境规定期限内,或者在经海关批准延长暂准出境期限到期前,办理复运进境手续或正式出口手续,然后申请办理销案手续。

(4)其他进出境货物中的加工贸易不作价设备、外包进口货物、出料加工货物、修理货物、部分租赁货物等,进出口货物的收、发货人或其代理人在规定的期限内办理销案手续。

不同类别进出境货物的通关程序如表 5-1 所示。

表 5-1 不同类别进出境货物的通关程序货物类别

货物类别	前期阶段	进出口阶段	后续阶段
一般进出口货物	无	进出口申报 配合查验 缴纳税费 提取或装运货物	无
保税货物	加工贸易备案和申领登记		核销
特定减免税货物	特定减免税货物备案登记和申领减免税证明		解除海关监管
暂准进出境货物	暂准进出境备案申请		销案
出料加工等其他进出境货物	"出料加工"备案		销案

按照进出境货物通关程序的不同,又可将货物进出境运输分为实际进出境运输和无实际进出境运输两种方式。

实际进出境运输包括水路运输、铁路运输、公路运输、航空运输、邮件运输及其他运输(包括人扛、畜驮、管道、输送带和输电网)等方式。

无实际进出境运输包括特殊监管区域、保税监管场所进出区及其他境内流转的货物,包括特殊监管区域内的流转、调拨货物,特殊监管区域、保税监管场所之间流转的货物,特殊监管区域外的加工贸易余料结转、深加工结转、内销等货物的运输。

三、跨境电子商务通关管理

(一)适用范围

这里所述的跨境贸易电子商务通关管理适用于电子商务企业或个人通过经海关认可并且与海关联网的电子商务交易平台实现跨境交易进出境的货物、物品。

(二)注册备案及监管要求

1. 注册登记

开展电子商务业务的企业,如需向海关办理报关业务,应按照海关对报关单位注册登记管理的相关规定,在海关办理注册登记。上述企业需要变更注册登记信息的,应按照注册登记管理的相关规定办理。

2. 备案管理

存放电子商务进出境货物、物品的海关监管场所的经营人,应向海关办理开展电子商务业务的备案手续,并接受海关监管。未办理备案手续的,不得开展电子商务业务。

3. 商品备案

电子商务企业应将电子商务进出境货物、物品信息提前向海关备案,货物、物品信息应包括海关认可的货物10位海关商品编码及物品8位税号。

4. 监管要求

(1)开展电子商务业务的海关监管场所经营人应建立完善的电子仓储管理系统,将电子仓储管理系统的底账数据通过电子商务通关服务平台与海关联网对接。

(2)电子商务交易平台应将平台交易电子底账数据通过电子商务通关服务平台与海关联网对接。

(3)电子商务企业、支付企业、物流企业应将电子商务进出境货物、物品交易原始数据通过电子商务通关服务平台与海关联网对接。

(4)电子商务企业或个人、支付企业、海关监管场所经营人、物流企业等,应按照规定通过电子商务通关服务平台适时向电子商务通关管理平台传送交易、支付、仓储和物流等数据。

(三)电子商务进出境货物、物品通关管理

1. 电子商务进出境货物通关管理

(1)电子商务企业应提交《中华人民共和国海关跨境贸易电子商务进出境货物申报清

单》（以下简称《货物清单》），采取"清单核放、汇总申报"方式办理电子商务进出境货物报关手续；货物清单与进出口货物报关单等具有同等法律效力。

（2）电子商务企业或个人、支付企业、物流企业应在电子商务进出境货物申报前，分别向海关提交订单、支付、物流等信息。

（3）电子商务企业或其代理人应在运载电子商务进境货物的运输工具申报进境之日起14日内，电子商务出境货物运抵海关监管场所后、装货24小时前，按照已向海关发送的订单、支付、物流等信息，如实填制货物清单，逐票办理货物通关手续。

（4）除特殊情况外，货物清单、进出口货物报关单应采取通关无纸化作业方式进行申报。

（5）电子商务企业或其代理人应于每月10日前（当月10日是法定节假日或者法定休息日的，顺延至其后的第一个工作日，第12月的清单汇总应于当月最后一个工作日前完成），将上月结关的货物清单依据清单表头同一经营单位、同一运输方式、同一启运国/运抵国同一进出境口岸，以及清单表体同一10位海关商品编码、同一申报计量单位、同一法定计量单位、同一币制规则进行归并，按照进出境分别汇总形成进出口货物报关单向海关申报。

（6）电子商务企业或其代理人未能按规定将货物清单汇总形成进出口货物报关单向海关申报的，海关将不再接受相关企业以"清单核放、汇总申报"方式办理电子商务进出境货物报关手续，直至其完成相应汇总申报工作。

（7）电子商务企业在以货物清单方式办理申报手续时，应按照一般进出口货物有关规定办理征免税手续，并提交相关许可证件；在汇总形成进出口货物报关单向海关申报时，无须再次办理相关征免税手续及提交许可证件。

（8）电子商务企业修改或者撤销货物清单，应参照现行海关进出口货物报关单修改或者撤销等有关规定办理，货物清单修改或者撤销后，对应的进出口货物报关单也应做相应修改或者撤销。

（9）进出口货物报关单上的"进出口日期"以海关接受进出口货物报关单申报的日期为准。

（10）电子商务进出境货物放行后，电子商务企业应按有关规定接受海关开展后续监管。

2. 电子商务进出境物品通关管理

（1）电子商务进出境物品通关时，个人应提交《中华人民共和国海关跨境贸易电子商务进出境物品申报清单》（以下简称《物品清单》），采取"清单核放"方式办理电子商务进出境物品报关手续。物品清单与进出口货物报关单等具有同等法律效力。

（2）电子商务企业或个人、支付企业、物流企业应在电子商务进出境物品申报前，分别向海关提交订单、支付、物流等信息。

（3）个人进出境物品应由本人或其代理人如实填制物品清单，逐票办理物品通关手续。

（4）除特殊情况外，物品清单应采取通关无纸化作业方式进行申报。

（5）个人在以物品清单方式办理申报手续时，应按照进出境个人邮递物品有关规定办理征免税手续，属于进出境管制的物品，需要提交相关部门的批准文件。

（6）个人修改或者撤销物品清单，应参照现行海关进出口货物报关单修改或者撤销等有关规定办理。

（7）电子商务进出境物品放行后，电子商务企业应按有关规定接受海关开展的后续监管。

（四）电子商务进出境货物、物品物流监控

电子商务进出境货物、物品的查验、放行均应在海关监管场所内完成。海关监管场所经营人应通过已建立的电子仓储管理系统，对电子商务进出境货物、物品进行管理，并于每月10日前（当月10日是法定节假日或者法定休息日的，顺延至其后的第一个工作日）向海关传送上月进出海关监管场所的电子商务货物、物品总单和明细单等数据。

海关按规定对电子商务进出境货物、物品进行风险布控和查验。海关实施查验时，电子商务企业、个人、海关监管场所经营人应按照现行海关进出口货物查验等有关规定提供便利，电子商务企业或个人应到场或委托他人到场配合海关查验。

电子商务企业、物流企业、海关监管场所经营人发现涉嫌违规或走私行为的，应主动报告海关。

电子商务进出境货物、物品需要转至其他海关监管场所验放的，应按照现行海关关于转关货物有关管理规定办理手续。

知识拓展

跨境电子商务通关名词

1. 关锁
一种用于对海关监管货物加封的金属制一次性使用的长条形封锁。

2. 纸封
用于加封小件海关监管物品的纸质封条。

3. 海关封志
加封海关监管物品的纸封在施封时，注明具体海关的称谓及年、月、日的环节称为封志。

4. 骑缝章
为了保证海关监管货物留存单据的完整齐全，方便核对有关单证，在单据交接处所加盖的印章。

5. 结关
办结或暂时办结海关监管手续的行为。

6. 进出口许可证制度
我国实行对外贸易管理的一种行政保护手段，是根据我国的对外贸易政策对进出口货物和物品实行全面管理的制度。

7. 进出口许可证
国家管理进出口贸易的通关证件，由对外经济贸易部及其授权的有关省、自治区、直

辖市经贸委局和特派员办事处审核签发，从1992年起，进出口许可证上各项标注中英文对照商品名称、编码和计量单位，采用"商品分类和编码协调制度"。

8. 三级管理

指进出口许可证的具体发证工作实行经贸部、经贸部驻口岸特派员办事处和省级对外贸易管理部门三级管理。

9. 保函

由担保人按照海关的要求向海关提交的、订有明确义务的一种担保文件。

10. 担保

以向海关缴纳保证金或提交保证函的方式，保证在一定期限内履行其承诺义务的法律行为。

资料来源：盘点：跨境电商通关名词[EB/OL]．（2018-06-26）．http://www.100ec.cn/detail--6456499.html．

四、我国跨境电子商务通关政策

为探索适合跨境贸易电子商务发展的政策和监管措施，目前海关提出了一般出口、保税出口、直购进口和保税进口四种新型通关监管模式。

（一）一般出口

通过线上信息平台进行试点企业备案、商品备案及全程信息管理，允许试点企业凭交易或物流清单先申报放行，月度汇总填写出口货物报关单向海关申报，凭汇总的月度出口报关单办理退税结汇手续。海关根据企业管理类别实施分类通关。

（二）保税出口

保税出口又称特殊区域出口，按"整进、散出、汇总申报"的模式进行。整进是指整批出口货物填写备案清单或出口货物报关单向海关申报进入园区。散出是指个人网购后填写清单向海关申报并由电子商务企业提供税款担保，海关先凭清单分批分散出园区。汇总申报就是定期将清单汇总后，填写出口货物报关单向海关申报，个人网购商品涉及许可证管理的可免许可证。

（三）直购进口

直购进口指符合条件的电子商务平台与海关联网，境内消费者跨境网购后，电子订单、支付凭证、电子运单等由企业实时传输给海关，商品通过海关跨境电子商务专门监管场所入境，按照个人邮递物品征税。

（四）保税进口

电子商务企业提前集中采购，通过批量运输的方式将货物运至海关特殊监管区域备货，消费者下单后，商品可直接从监管区仓库报关报检后发货，后续环节与国内电子商务购物类似。

知识拓展

国网电商公司跨境电子商务平台助力海外防疫防护物资通关配送

近日,由日本东京电力公司等企业赠送国家电网公司的 5 万只医用口罩运抵天津滨海国际机场,在国网电商公司跨境电子商务业务团队的努力下,仅用 5 个小时便快速完成了清关手续。这 5 万只口罩也成为疫情发生以来国网电商公司跨境电子商务平台清关完成的第 20 批次海外防疫防护物资。

新冠肺炎疫情发生以来,国网电商公司在国网物资部、后勤部统筹指导下,发挥电子商务平台物资采购供应主渠道作用,多方寻源采购各类防疫防护物资,有效保障电力一线应急物资需求。

面对国内口罩、防护服等防疫应急物资紧缺局面,国网电商公司充分发挥跨境电子商务业务优势,利用广泛的海外采购渠道和资源,依托跨境电子商务平台商业情报、跨境交易、外贸综合服务等服务功能,全力推进商品寻源、合同签订、资金支付、外贸通关服务等工作,协同 45 家海外驻华使馆、17 家海外商协会,在德国、韩国、南非等国家和地区采购防疫防护物资;利用央企电子商务联盟协同机制,广泛发动海外朋友圈,联系海外供应商 150 余家,最大限度寻找货源,采购物资。

同时,为保障海外采购物资快速高效运输回国,国网电商公司在国网国际部支持下,协同国网国际公司及国家电网公司相关海外办事处,建立了海外物资采购转运渠道,并在上海、浙江、山东、安徽、天津、北京等地设立中转站,协调顺丰、EMS 等物流企业建立应急物资快速运输专线,确保海外应急物资直接从中转站通过运输专线发往一线,极大提高了物资周转效率。

截至目前,国网电商公司跨境电子商务平台已累计完成来自德国、韩国、阿根廷等国家和地区的 20 批次海外应急防护防疫物资的清关和运输工作,有力保障了疫情防控期间电力一线员工的防护物资需求。

资料来源:国网电商公司跨境电商平台助力海外防疫防护物资通关配送[EB/OL]. (2020-02-21). http://www.100ec.cn/detail--6545879.html.

第二节 跨境电子商务 B2C 通关

一、跨境电子商务 B2C 进口通关

(一)"9610"直邮模式

1. "9610"政策

"9610"是一个四位代码,前两位是按海关监管要求和计算机管理需要划分的分类代码,后两位为海关统计代码。"9610"的全称是"跨境贸易电子商务",简称"电子商务",

俗称"集货模式",也就是我们常说的 B2C 出口。

"9610"报关出口针对的是小体量,也就是俗称的集货模式,比如国际快递发货。"9610"报关采用"清单核放,汇总申报"的方式,由跨境电子商务企业将数据推送给税务、外汇管理部门,实现退税。

2. 出台"9610"政策的原因

对于采用邮寄、快递方式出口的卖家来说,若按一般贸易出口对单个包裹进行报关、清关,需要大量的人力、物力来完成,这必然不利于中小卖家的发展。为了方便这类卖家退税,国家出台了"9610"政策。"9610"政策是一种通关模式,诞生于 2014 年,当时海关总署增列了代码为"9610"的海关监管方式,专为销售对象为单个消费者的中小跨境电子商务企业服务。"9610"模式下,海关只需对跨境电子商务企业事先报送的出口商品清单进行审核,审核通过后就可办理实货放行手续,这不仅提高了企业通关效率,而且降低了通关成本。

3. "9610"出口报关的核心

(1) 清单核放:跨境电子商务出口企业将"三单信息"(商品信息、物流信息、支付信息)推送到"单一窗口",海关对"清单"进行审核并办理货物放行手续,通关效率更高,通关成本更低。

(2) 汇总申报:跨境电子商务出口企业定期汇总清单形成报关单向海关申报,海关为企业出具报关单退税证明,解决企业出口退税难题。

4. "9610"直邮模式的动作流程

1) 前期准备

凡是参与跨境电子商务零售出口业务的企业,包括跨境电子商务企业、物流企业等,如需办理报关业务,应当向所在地海关办理信息登记。前期准备的主要步骤有:企业备案→选择通关服务代理企业→平台销售形成订单→运抵前准备。

2) 通关申报

跨境电子商务零售出口商品申报前,跨境电子商务企业或其代理人、物流企业应当分别通过国际贸易"单一窗口"或跨境电子商务通关服务平台,向海关传输交易、收款、物流等电子信息,申报出口明细清单。通关申报的主要步骤有:口岸报检→EDI 申报→场站提货→口岸转关。

3) 入区通关

入区通关的主要步骤有:进卡口申报→园区报检→园区报关→场站理货→舱单核销。

4) 出区通关

出区通关的主要步骤有:关检协同查检→出区卡口核放→缴纳跨境电商综合税。

5) 汇总申报

跨境零售商品出口后,跨境电子商务企业或其代理人应当于每月 15 日前按规定汇总上月结关的进口申报清单并形成出口报关单,允许以"清单核放、汇总统计"的方式办理报关手续的,不再汇总。

5. "9610"直邮模式的注意事项

要通过"9610"直邮模式来退税,发货时应通过快递、专线的渠道。如果通过邮政代理，一般是没法退税的。

跨境卖家要在 21 天内，整理前 20 天出口的商品清单，把清单出具给海关。让海关出具相关证明，以便办理出口退税。

（二）"1210"保税备货模式

1. "1210"政策

为了促进跨境贸易电子商务进出口业务发展，方便企业通关，规范海关管理，便于进行海关统计，海关总署增列了海关监管方式代码"1210"。"1210"的全称为"保税跨境贸易电子商务"，简称"保税电商"。

"1210"政策适用于境内个人或电子商务企业在海关认可的电子商务平台进行跨境交易并通过海关特殊监管区域或保税监管场所进出口的电子商务零售进出境商品。

2. "1210"保税备货模式解读

"1210"保税备货模式，即跨境电子商务网站可以先将尚未销售的货物整批发至国内保税物流中心，再在网上进行零售，卖一件，清关一件，没卖掉的不能离开保税中心，但也无需报关，卖不掉的可直接退回国外。

3. "1210"保税备货模式流程

1）前期准备

（1）对外贸易经营者备案：登录商务部在线办事系统→提交备案登记材料→办理对外贸易相关手续。

（2）办理中国电子口岸企业 IC 卡。

（3）单一窗口注册备案：线上注册→线下提交材料→约谈。

（4）电子口岸注册。

（5）申请相关地域跨境进口统一版数字证书及传输 ID。

（6）选择通关服务代理企业。

2）入区准备

（1）商品备案、申请账册：将商品备案明细表发检疫部门审批→准备海关商品备案表→账册申请→账册申报→通知国外发货。

（2）货物运抵一线口岸。

（3）报检、报关预录入：电子报检录入→发送报检单→现场报检→报关单预录入。

（4）先进后报核放单录入。

（5）一线口岸转关。

3）入区通关

入区通关的步骤包括：车单关联→查验、核销、报关→场站理货、入库→先进后报核放单补录入。

4）出区通关

（1）申报清单数据：导入订单数据→查询交易数据→导入清单数据→查询待申报清单→清单申报。

（2）分送集报申请单变更。

（3）清单确认、归并申报：清单确认→清单归并申报→打印载货清单→制作车单关联表→海关凭载货清单查货出区。

（4）个人物品放行：机检查验→查询清单监管状态→车单关联。

（5）缴纳跨境电商综合税。

5）后期核销

后期核销的步骤包括：接收跨境核销通知→企业库存申报→跨境账册核销申报。

4. "1210"的适用范围

"'1210'用于进口时仅限经批准开展跨境贸易电子商务进口试点的海关特殊监管区域和保税物流中心（B型）。"海关特殊监管区域包括保税区、出口加工区、保税物流园区、跨境工业园区、保税港区和综合保税区。

5. "1210"保税备货模式出口的优势

（1）退货：商家通过"1210"保税备货模式出口的货物，可以退回保税区进行重新清理、维修、包装后再销售，国内仓储和人工相对便宜，可以节约成本。

（2）"买全球、卖全球"：商家从境外采购的货物，可以进入保税区存放，然后根据需要，将产品以包裹的方式清关后寄递给境内外的客户。这样，既减少了办理通关的麻烦，也节省了关税，减少了卖家资金的占用。

二、跨境电子商务B2C出口通关

（一）前期准备

1. 企业备案

根据海关总署2016年第26号公告，参与跨境电子商务零售进出口业务的企业应当事先向所在地海关提交以下材料。

（1）企业法人营业执照副本复印件。

（2）组织机构代码证副本复印件（以统一社会信用代码注册的企业不需要提供）。

（3）企业情况登记表，具体包括：企业组织机构代码或统一社会信用代码、中文名称、工商注册地址、营业执照注册号、法人代表（负责人）及其身份证件类型、身份证件号码、海关联系人及其移动电话、固定电话号码、跨境电子商务网站网址等。企业按照前款规定提交复印件的，应当同时向海关交验原件。如需向海关办理报关业务，应当按照海关对报关单位注册登记管理的相关规定办理注册登记。

2. 商品备案

商品备案的主要步骤包括：整理出口商品HS明细表→形成出口商品预归类表。

3. B2C平台成交

B2C平台成交的主要步骤包括：商品上架→支付后形成订单。

（二）清单申报

（1）货物运抵特殊监管区：商品打包交物流企业形成运单→货物运抵特殊监管区域形成主运单。

（2）"三单"数据申报。

（3）出境商品清单申报。

（三）查验放行

1. 关检查验

企业通过出入境快件检验检疫系统申报国检电子数据，由国家检疫部门布控，获得查验单号。货物抵达机场口岸海关监管库后，核实重量与件数，打印好提单，申请海关关员去监管库抽取查验件，目前抽查比例控制在1%左右。

目前国家检疫部门对出境跨境电子商品实行"集中申报、集中办理放行手续"的政策，以检疫监管为主，基于商品质量安全的风险程度，实施监督抽查。同时，加大第三方检验检疫鉴定结果的采信力度，对一般工业制成品以问题为导向，加强事后监管。查验完毕后如能赶上当次航班则随当次航班出运，如无法赶上则在提单上减去查验件的重量和件数后随下一航班出运。如有海关或国家检疫部门扣件，则需进一步跟进处理，目前口岸出口扣件主要针对侵犯知识产权货物及禁止或限制出境货物。

2. 海关放行

抽完查验件后海关在提单上盖进仓确认章放行，货物可以过安检进仓，仓库管理部门向跨境电商通关服务平台发送运抵报告。报关员到海关前台核销舱单，盖放行章，货站交接，航空公司申报装载舱单，货物装载出运。商品出境后，海关将放行信息反馈到跨境电商通关服务平台，平台将信息反馈给电商平台和物流企业。货物实际离境后，物流企业将货物实际离境信息通过通关服务平台报送海关，由海关核注离境货物对应的清单。海关将已经离境核注的信息发送到跨境电商通关服务平台。

（四）汇总申报

汇总申报的主要步骤为：归类合并→汇总申报→核销出境商品清单→办理退税。

第三节 跨境电子商务 B2B 通关

一、跨境电子商务B2B出口通关基本流程

（一）前期准备

1. 跨境贸易备案

目前跨境电子商务 B2B 出口暂按在"出口货物报关单"合同协议号字段中输入"DS合同号"予以特定标识，监管方式为"一般贸易（代码0110）"，通关手续仍按现行传统贸易项下的申报规则进行申报。但跨境电子商务企业、电子商务交易平台、电子商务服务企业都需要事先在"单一窗口"平台进行备案，并按海关要求进行现场约谈。

2. B2B 平台成交

B2B 平台成交的主要步骤为：商品在平台上展卖→线上成交后签订合同。

3. 数据申报

跨境电子商务 B2B 业务也需要将交易数据向"单一窗口"申报，但目前跨境电子商务 B2B 出口并不要求必须在 B2B 电子商务平台上在线支付。申报成功后，"单一窗口"的系统后台会自动将相关数据同时发送给海关、国家检疫部门，并将退税申报发送给国税部门，将收汇信息发送给外汇管理部门，实现全数据化申报。

（二）准备报关资料

1. 核实税号

核实税号的操作过程为：梳理商品知识→确定品目→确定子目。

2. 核实监管条件

可通过查询《进出口税则》来确定所出口货物的监管条件。

3. 核实报检单证

办理报检时需要提供的随附单证资料包括基本单据和特殊单据两类。基本单据包括合同、发票、装箱单、厂检单等，代理报检的还需要提供委托书。特殊单据视商品情况而不同，如小家电需提供型式试验报告和产品符合性声明。

4. 电子报检

在货物订舱完成以后，即可安排报检工作。在报检软件中点击"出境货物报检"，逐项输入报检单各栏目的内容。报检数据录入以后先暂存，然后仔细核对输入的内容是否有差错。数据核对完成后，即可发送选中的报检单完成电子申报。

5. 现场交单

在收到国家检疫部门的回执后，先在报检软件中打印纸质报检单，并准备好随附的材料，包括报检委托书、合同、发票、装箱单、厂检单等，将全部单据一同提交给国家检疫部门现场窗口，办理申报。在完成初审、施检、复审计费、收费之后，报检单位获得电子版出境货物换证凭条，然后到出口口岸国家检疫部门凭换证凭条编号申请出境货物通关单（如果是在产地报检则需要到口岸换取通关单，如果是在口岸报检则可以直接获得通关单）。

（三）出口报关

出口报关的主要步骤为：报关委托→核实申报单证→电子申报→现场交单→查验放行。

二、跨境电子商务 B2B 出口通关监管模式

（一）跨境电子商务 B2B 出口监管模式分类

1. "9710"监管模式（B2B 直接出口）

针对境内企业通过跨境电子商务平台与境外企业达成交易后，通过跨境物流将货物直接出口送达境外企业（以下简称"跨境电子商务 B2B 直接出口"）的情况，海关增列监管方式代码"9710"，主要适用于跨境电子商务 B2B 直接出口的货物。

2. "9810"监管模式（出口海外仓）

针对境内企业先将出口货物通过跨境物流送达海外仓，再通过跨境电子商务平台实现交

易后从海外仓送达境外购买者(以下简称"跨境电子商务出口海外仓")的情况,海关增列监管方式代码"9810",主要适用于跨境电子商务出口海外仓的货物。

(二)设立跨境电子商务 B2B 出口监管试点的原因

1．适应跨境电子商务 B2B 的发展

近年来,我国跨境电子商务迅猛发展,已成为外贸领域新的增长点。海关总署积极创新开展跨境电子商务"三单"比对、全程无纸化监管、出口退货创新举措等,积极支持跨境电子商务新业态健康、快速发展。

2．回应新业态发展诉求

在海关调研过程中,企业普遍反映目前跨境电子商务支持措施主要集中在零售进出口领域,希望增设跨境电子商务 B2B 出口专门监管方式代码,实行简化申报和便利通关措施。北京、杭州、宁波、广州、东莞等多地跨境电子商务综合试验区地方政府也希望海关增设跨境电子商务 B2B 监管方式代码并积极争取成为试点。

3．为出台相关支持措施提供支点

在跨境电子商务 B2B 改革中,增列监管方式代码将为商务、财政、税务、外汇等部门出台配套支持措施提供支点。

4．对接广交会、进博会等重大展会

受新型冠状病毒肺炎疫情影响,2020 年广交会于 6 月 15 日至 24 日首次在网上举办,并同步联合跨境电子商务综合试验区和跨境电子商务平台企业开展线上交易。通过广交会线上成交的货物可通过新的监管方式通关,享受新模式带来的通关便利。

5．完善海关统计

创新跨境电子商务 B2B 出口监管模式并增设相应的海关监管方式代码,有助于海关精准识别、准确统计跨境电子商务 B2B 出口数据。

(三)参与试点的跨境电子商务企业需要满足的条件

1．办理企业注册登记

跨境电子商务企业、跨境电子商务平台企业、物流企业等参与跨境电子商务 B2B 出口业务的境内企业,应当依据海关报关单位注册登记有关规定在海关办理注册登记,并在跨境电子商务企业类型中勾选相应的企业类型;已办理注册登记未勾选企业类型的,可在国际贸易"单一窗口"提交注册信息变更申请。

2．办理出口海外仓业务模式备案

开展跨境电子商务出口海外仓业务的境内企业,还应在海关办理出口海外仓业务模式备案。对这类企业有以下几点要求。

1)企业资质条件

开展跨境电子商务出口海外仓业务的境内企业应在海关办理注册登记,且企业信用等级为一般信用及以上。

2)备案资料要求

(1)登记表。相关企业须提交跨境电子商务出口海外仓企业备案登记表、跨境电子商务海外仓信息登记表。

（2）海外仓证明材料，主要包括海外仓所有权文件（自有海外仓）、海外仓租赁协议（租赁海外仓）、其他可证明海外仓使用的相关资料（如海外仓入库信息截图、海外仓货物境外线上销售相关信息）等。

（3）海关认为需要的其他资料。

上述资料应向企业主管地海关递交，如有变更，企业应及时向海关更新相关资料。

（四）通关过程中需注意的事项

（1）跨境电子商务企业或其委托的代理报关企业、境内跨境电子商务平台企业、物流企业应当通过国际贸易"单一窗口"或"互联网+海关"平台向海关提交申报数据，传输电子信息，并对数据真实性承担相应的法律责任。

（2）跨境电子商务B2B出口货物应当符合检验检疫的相关规定。

（3）海关实施查验时，跨境电子商务企业或其代理人、监管作业场所经营人应当按照有关规定配合海关查验。海关对跨境电子商务B2B出口货物可优先安排查验。

（4）跨境电子商务B2B出口货物既适用全国通关一体化模式，也可采用"跨境电商"模式进行转关。

（五）企业申报流程

企业申报跨境电子商务B2B出口监管试点的流程如图5-1所示。

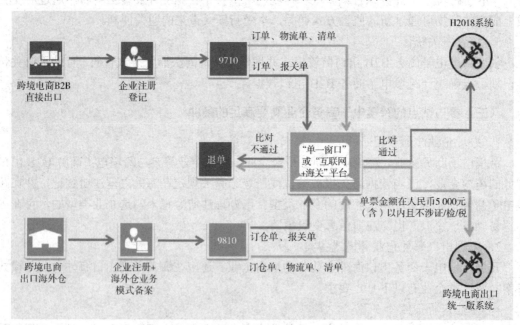

图5-1 企业申报跨境电子商务B2B出口监管试点的流程

（六）企业成为试点后可享受的通关便利

跨境电子商务B2B出口为企业登记、出口申报、物流管理、查验作业、货物放行、退货监管等全流程海关监管过程。这充分考虑了跨境电子商务新业态信息化程度高、平台交易数据留痕等特点，采用企业一次登记、一点对接、便利通关、简化申报、优先查验、允许转关、退货底账管理等有针对性的监管便利化措施。

（1）报关全程信息化：企业通过"单一窗口"或"互联网+海关"平台网上传输交易订单、海外仓订仓单等电子信息，且全部以标准报文格式自动导入，报关单和申报清单均采用无纸化方式，简化企业申报手续。

（2）新增便捷申报通道：对单票金额在人民币 5000 元（含）以内且不涉证、不涉检、不涉税的货物，可通过跨境电子商务出口统一版系统以申报清单的方式进行通关，申报要素比普通报关单少 57 项，清单无需汇总申报报关单，使中小微出口企业申报更便捷、通关成本更低。

（3）简化申报商品编码：跨境电子商务出口统一版系统申报清单不再汇总申报报关单，其中，不涉及出口退税的，可申请按照 6 位 HS 编码简化申报。

（4）物流和查验便利：跨境电子商务 B2B 出口货物可按照"跨境电子商务"类型办理转关；通过"H2018"通关管理系统通关的，同样适用全国通关一体化模式。企业可根据自身实际情况，选择时效更强、组合更优的方式运送货物，同时可享受优先安排查验的便利。

复习与思考

1. 名词解释

（1）通关

（2）"9610"直邮模式

（3）"1210"保税备货模式

（4）"9710"监管模式

（5）"9810"监管模式

2. 简答题

（1）通关的基本程序有哪些？

（2）跨境电子商务通关监管模式有哪些？

（3）跨境电子商务通关监管的要求有哪些？

（4）跨境电子商务 B2C 出口通关的基本流程是什么？

（5）跨境电子商务 B2B 出口通关的基本流程是什么？

第六章　跨境电子商务支付与结算

知识目标

- 了解跨境电子商务支付内涵。
- 理解跨境电子商务支付与结算类型。
- 了解跨境移动支付的分类。
- 理解跨境电子商务支付与结算的交易风险。

学习重点、难点

重点

- 了解跨境电子商务支付外汇管理。
- 理解第三方移动支付模式。
- 了解跨境移动第三方支付的优势。

难点

- 掌握跨境电子商务支付与结算的平台。
- 掌握控制跨境电子商务支付与结算风险。

案例导入

跨境支付平台 PingPong 或接手中民投核心互金资产

近日，天眼查信息显示，第三方支付机构航天支付的运营主体"浙江航天电子信息产业有限公司"被列入经营异常名录，原因是通过登记的住所或者经营场所无法联系，做出决定机关为浙江省市场监督管理局（见图6-1），列入日期为2019年12月19日。

经营异常 1			
列入异常			企业主说
序号	列入日期	作出决定机关	列入经营异常名录原因
1	2019-12-19	浙江省市场监督管理局	通过登记的住所或者经营场所无法联系

图6-1　"浙江航天电子信息产业有限公司"被列入经营异常名录

不仅是航天支付总公司，蓝鲸财经从国家企业信用信息公示系统获悉，浙江航天电子信息产业有限公司北京分公司也在11月28日，因通过登记的住所或者经营场所无法联系被北京市西城区市场监督管理局列为经营异常，至今仍未移出。

航天支付原是上市公司航天通信全资控股的子公司。央行官网显示，2012年6月27日，浙江航天获得浙江省内预付卡发行与受理、全国范围内互联网支付的支付业务许可证，并在2017年6月获批续展至2022年。

2015年，航天通信通过挂牌的方式将航天支付51%股权作价2.01亿转让给上海伊千网络信息技术有限公司（下称"伊千网络"），目前伊千网络为航天支付第一大股东，剩下航天支付49%的股权由航天通信持有。

工商信息显示，伊千网络的控股股东为中国民生投资股份有限公司（以下简称"中民投"），是中国领先的全球化大型投资集团，由全国工商联发起，59家行业领先企业联合设立，于2014年8月21日在上海成立，注册资本500亿。

事实上，从2017年年底开始，航天通信就一直在挂牌转让其持有的航天支付49%股权。

在彼时的公告中，航天通信表示，其继续转让航天支付49%的股权是由于航天支付持续亏损，第三方支付业务开展不及预期，原本希望推动的工业互联网支付业务短期内开展的可能性不大。

2018年1月，航天通信公告称与北京东方智旗电子商务有限公司（下称"东方智旗"）签订了产权交易合同，拟将航天支付49%股权作价2.33亿元转让给东方智旗。

东方智旗为北京掌上汇通科技发展有限公司（下称"掌上汇通"）全资控股的子公司。掌上汇通运营移动支付服务提供商PP钱包，在2012年1月获得来自华创资本的数百万天使轮融资，并在2014年1月获得来自险峰长青与IDG资本的1.5亿人民币A轮融资。宜信创始人兼CEO、华创资本创始人唐宁为掌上汇通第三大股东，持股11.98%，华创资本管理合伙人吴海燕在掌上汇通担任董事。

若东方智旗受让航天支付49%股权成功，则意味着PP钱包将获得第三方支付许可证。蓝鲸财经注意到，尽管股权转让尚未完成，掌上汇通联合创始人牟春燕已在航天支付北京分公司担任法定代表人。

但在2019年11月航天通信转让航天支付的进展公告（见图6-2）中，因持有航天支付51%股权的伊千网络拟变更控股股东，目前已向中国人民银行提出变更申请。央行正在对航天支付主要出资人变更进行审批，鉴于该等情形，东方智旗接手航天支付49%股权的时限将延期至2020年12月31日。

> 近日，公司再次收到东方智旗送达的关于请求审批时限延后的商议函，因持有浙江航天电子51%股权的上海伊千网络信息技术有限公司拟变更控股股东，目前已向中国人民银行提出变更申请。中国人民银行正对浙江航天电子主要出资人变更进行审批。鉴于该等情形，公司经研究同意将《产权交易合同》中约定的时限延期至2020年12月31日。

图6-2 航天通信转让航天支付的进展公告

从股权质押事项来看，航天通信公告中伊千网络拟变更的控股股东或为跨境支付平台PingPong。天眼查股权出质详情显示（见图6-3），目前伊千网络持有的51%航天支付股权被出质给杭州呼嘭智能技术有限公司，该公司运营跨境支付平台 PingPong，股权出质设立登记的日期为 2019 年 9 月 30 日，出质股权数额 5100 股，出质人为伊千网络，质权人为杭州呼嘭智能技术有限公司。

股权出质详情	
股权出质设立登记日期	2019-09-30
登记编号	20190231
状态	有效
出质股权数额	5100
出质人	上海伊千网络信息技术有限公司
出质人证件号码	非公示项
质权人	杭州呼嘭智能技术有限公司
质权人证件号码	非公示项
备注	所报材料真实合法，一切责任由当事人自负。

图 6-3　股权出质详情 1

事实上，出质给 PingPong 的不仅是伊千网络持有的航天支付 51%股权，早在 2019 年 2 月，伊千网络的全资控股股东中民未来控股集团有限公司也将设立伊千网络的 8 亿元股权出质给了 PingPong（见图 6-4）。

股权出质详情	
股权出质设立登记日期	2019-02-20
登记编号	1220190045
状态	有效
出质股权数额	80000
出质人	中民未来控股集团有限公司
出质人证件号码	非公示项
质权人	杭州呼嘭智能技术有限公司
质权人证件号码	非公示项
备注	所报材料真实合法，一切责任由当事人自负。

图 6-4　股权出质详情 2

值得关注的是，伊千网络持有河南中原消费金融股份有限公司（下称"中原消费金融"）35%股份，投资金额为 1.75 亿元，为中原消费金融第二大股东。10 月 11 日，伊千网络持有的中原消费金融 1.75 亿股也全部质押给了 PingPong。

若 PingPong 确为伊千网络新任控股股东，不仅将获得航天支付这张第三方支付牌照，还将入股中原消费金融获得消金牌照。

公开资料显示，PingPong 具有欧洲支付牌照，曾获得清华控股旗下沃富金信、杭州高投、广发证券等机构投资。

2019 年 7 月，多家跨境支付平台宣布调整业务，其中，PingPong 表示人行制定了新的跨境支付市场监管框架，平台将升级业务模式。此前有行业评论称，监管或要求未在国内取得跨境支付牌照的企业暂停业务或退出中国市场，PingPong 曾发布声明对"叫停"消息进行否认。PingPong 官网显示，产品除多币种跨境收款外，还包括报关退税、结汇、跨境收单等，跨境收单接受的海外支付方式包括国际信用卡及部分本地支付品牌，PingPong 在美国、中国香港、欧洲和日本成立子公司，境内资金由央行授予资质的国内第三方支付及跨境支付机构处理。

资料来源：跨境支付平台 PingPong 或接手中民投核心互金资产[EB/OL].（2019-12-26）.http://www.100ec.cn/detail--6540130.html.

第一节　跨境电子商务支付与结算概述

一、跨境电子商务支付与结算认知

（一）跨境电子商务支付内涵

跨境电子商务支付是指为两个或两个以上不同国家或地区的交易者提供清算的专业化服务。跨境电子商务支付是跨境电子商务交易活动必不可少的组成部分。跨境电子商务的支付模式是在传统电子商务支付模式下的改进，不仅打破了传统支付的交易模式，还推动了信息技术的全面发展。

在跨境电子商务发展的刺激下，跨境支付不断创新，不再局限于货到付款方式，银行转账、第三方支付等非现金支付方式得到推广。在跨境电子商务交易中，非现金支付愈发频繁，使用比重也逐渐增大，中国、韩国、德国、美国等跨境电子商务成熟市场的非现金支付比重过半。信用卡与借记卡普及率逐渐提升，在跨境支付中被广泛应用。电子钱包成为主流的跨境支付方式之一，在美国、英国、德国等成熟市场中已占有重要地位。

在墨西哥、俄罗斯、印度等跨境电子商务新兴市场，货到付款使用率最高，电子钱包、移动支付、第三方支付等其他新兴支付方式也不断涌现，例如，俄罗斯的 Yandex Dengi、Qiwi Wallet 与 Web Money 等；澳大利亚的 BPAY、POLi 等在线支付，以及 Eftpos 系统；巴西的 Boleto Bancario；阿根廷的 Pago Facil 和 Rapi pago。在跨境电子商务成熟市场中，第三方支付、移动支付、电子支付的方式种类更丰富，如德国的 ELV、Giropay，以及美国的 Secure Vault、Click and Buy、Affirm、Allied Wallet、Amazon Payments 等。

（二）跨境电子商务支付市场

许多发展中国家正在加快电子商务支付系统的建设，如墨西哥政府正在竭力改进支付系统，旨在推动网络零售商的便捷经营；澳大利亚推动 Eftpos 系统应用在电子商务中；印度银行机构纷纷开通网上银行业务，有的也在开通手机银行业务；以 Snapdeal 为首的印度电子商务企业也在增加多种支付服务；尼日利亚政府在首都拉各斯推动了"无现金交易"政策，实现了电子支付方式使用率的快速提升。此外，PayPal、支付宝、财付通、Amazon钱包、Pay Zipp、Stripe 等第三方支付机构已发力拓展跨境支付业务，Facebook、微信、QQ、Twitter 等社交平台也增加了金融支付功能。

目前，中国网民跨境转账汇款渠道主要包括第三方支付平台、商业银行和专业汇款公司。其中，使用过第三方支付平台和商业银行的用户比例较高，从经常使用角度来看，第三方支付平台更受青睐。相较于商业银行较高的费率和专业汇款公司有限的覆盖网点，第三方支付平台能同时满足用户对跨境汇款便捷性和低费率的需求，因此受到越来越多网民的青睐。

第三方支付机构跨境支付业务是在近几年快速发展起来的。当前，其业务范围逐渐扩大，流程逐渐优化。2007 年，国家外汇管理局正式批复支付宝公司成为国内首家开展境外收单业务的支付企业，为境内个人购买境外合作商户网站以外币计价的商品提供购汇服务。目前，支付宝的跨境服务已拓展到 34 个国家和地区，支持美元、英镑、欧元、瑞士法郎等十多种外币结算服务。2012 年，支付宝境外收单业务成交总量已达 24.6 亿元人民币，年均增长 24.2%。2014 年，个人跨境网购支出超过 15 亿美元，支付机构办理跨境电子商务外汇收支 17.2 亿美元，结售汇 18.3 亿美元。截至 2015 年 2 月，上海、北京、重庆、浙江、深圳 5 个试点地区共有支付宝、财付通等 22 家支付机构参与了试点业务。2015 年 2 月，支付机构通过试点业务跨境收付合计超过 25 亿美元，同比增长超过 2.5 倍。国家也出台了一系列促进跨境电子商务和跨境支付发展的政策措施。

二、跨境电子商务支付与结算类型

（一）商业银行

以中国跨境电子商务收汇支付为例，境外消费者通过浏览电子商务平台，挑选到自己中意的产品，下单并完成付款后，境内商家再通过国际快递发货。如果选择商业银行来完成线下支付，则需要境外消费者去银行柜台，通过传统的国际结算方式（如汇款、托收和信用证）来完成支付。托收方式基于商业信用，适用于交易金额大、信誉良好的老客户之间；信用证方式是传统的国际贸易活动结算方式，它基于银行信用，银行收费较高，手续烦琐，适用于传统大额货物进出口。上述两种方式极少使用。一般使用汇款方式，且使用电汇。消费者根据商家的要求去银行柜台购汇，填写电汇申请书，委托本地银行将订单金额汇给商家的指定账户，电汇对汇款金额和汇款人身份没有限制，与托收和信用证相比较，其操作更简单，结算速度快很多。

（二）专业汇款公司

跨境的资金转移还可通过专业汇款公司实现，如西联汇款（Western Union）、速汇金（Money Gram）等是全球比较大的国际汇款公司。

（三）第三方支付机构

第三方支付（Third Party Payment）是指具备实力和信誉保证的第三方企业和国内外各

大银行签约,为买方和卖方提供信用增强的支付模式。

1. 第三方支付的产生

传统支付方式是简单的、即时性直接付转。在当面现货交易中,钞票结算和票据结算可实现同步交换,但电汇及网上直转面临的情况通常都不是当面现货交易,若无信用保障或法律支持,会导致异步交换,容易引发风险。在现实的有形市场,异步交换可以附加信用保障或法律支持来进行,但在虚拟的无形市场,如电子商务环境下,支付问题曾一度成为电子商务发展的瓶颈之一。

为迎合同步交换的市场需求,第三方支付应运而生。第三方是买卖双方在缺乏信用保障或法律支持情况下资金支付的中间平台。在银行的直接支付环节中增加中介环节,在通过第三方支付平台进行交易时,买方选购商品,将款项不直接打给卖方而是付给中介,中介通知卖家发货;买方收到商品后,通知付款,中介将款项转至卖家账户。其运作实质是在收付款人之间设立中间过渡账户,使汇转款项实现可控性停顿,只有双方意见达成一致才能决定资金去向。第三方担当中介保管及监督的职能,并不承担什么风险,所以确切地说,第三方支付机构履行支付托管行为,通过支付托管实现支付保证。

2. 第三方支付的优点及风险

第三方支付有效保障了交易各方的利益,为交易的顺利进行提供了支持。从商家的角度看,第三方支付可以规避无法收到客户货款的风险,同时也能为客户提供多样化的支付工具,尤其是为无法与银行网关建立接口的中小企业提供了更便捷的支付平台。从客户的角度,可以规避无法收到货物的风险,并且在一定程度上能够监督货物质量,增强客户网上交易的信心。从银行的角度,可以通过第三方平台扩展其业务范畴,也节省了为大量中小企业提供网关接口的开发和维护费用。

在肯定第三方支付带来各种便利的同时,第三方支付可能带来的风险也不容忽视。通过第三方支付机构的支付流程,资金都会在第三方支付服务商处滞留,从而出现所谓的资金沉淀,资金沉淀的期限从短期的1~2天到长期的数月不等,如缺乏有效的流动性管理,则会导致资金安全和支付的风险。此外,第三方支付机构开立支付结算账户,先代收买家的款项,然后付款给卖家,这已经突破了诸多限制,它们可能为非法转移资金和套现提供便利,从而形成潜在的金融风险。

作为网络支付中坚力量的第三方支付企业,其业务范围已经从提供第三方支付服务延伸到资产管理、理财等领域,甚至有超越传统商业银行业务范畴的趋势。自2014年开始,中国人民银行进一步加大了对于互联网金融的监管力度。在当前支付革命性创新的时代大潮下,中国人民银行对于互联网金融的监管,有利于市场纠偏、平衡权益、降低风险累计,同时也是进一步强化第三方支付企业、完备自身风控和安全体系的有效措施。

知识拓展

中国银行范耀胜:跨境支付领域商业银行仍大有可为

2019年11月28日,中国银行支付清算部总经理范耀胜在第八届中国支付清算论坛上指出：当前我国正在实施更大范围、更广领域、更深层次的全面开放，支付产业在对外开放中一直扮演着重要的角色，对外开放为跨境支付市场带来广阔的发展空间。跨境支付业务门槛高，专业性强，未来仍是商业银行大有可为的领域之一。范耀胜表示，商业银行一直肩负支付清算行业压仓石的角色，其处理支付业务的规模、服务群体的数量占绝对优势。对于新时期商业银行支付清算业务发展方向，范耀胜提出了几点思考。

第一，商业银行应该承担责任，在守正创新、开放合作中走好新时期支付清算业务发展之路。商业银行应该从服务实体经济和防范化解金融风险的角度，用支付服务小微企业，坚持支付惠民。范耀胜强调认为，农村地区的支付需求日益增长，2014—2018年，农村网络零售额复合增长74%，就在"双十一"，三线和以下城市居民关注增幅超过70%，商业银行应积极承担社会责任，关注三农和偏远地区，尤其是极度贫困的地区，以及不便使用新兴支付方式的人群，通过拓展线上线下渠道、扩大服务覆盖面等方式，下沉到这些地区提供安全便捷高效的支付服务，打通支付的最后一公里。

第二，坚持创新发展。金融科技是金融产业更新换代的助推器。金融科技虽然没有改变支付的本质，但是确实在改变支付的业态，在跟上时代节奏方面发挥了作用。我们能够勇于开展颠覆性的创新和变革，以支付为基础，构建开放、繁荣的生态体系，对商业银行至关重要。如今数字化转型已经成为商业银行共同关注融入和推动的行业趋势，主要体现在智能化，借助大数据、机器学习、区块链等技术，深入分析客户行为，提升支付效率，实现安全便捷的统一。

第三，服务双向开放，助力互联互通。当前我国正在实施更大范围、更广领域、更深层次的全面开放，支付产业在对外开放中一直扮演着重要的角色，对外开放为跨境支付市场带来了广阔的发展空间。

第四，坚持合作共赢，推动共生发展。支付清算业务涉及经济活动的方方面面，涵盖交易、结算、清算等所有环节，包括政府、银行、第三方支付机构、外包服务商等多方主体，开放合作是支付行业发展的典型特征，各类机构在产业链的分工上竞合发展，推动支付产业演进发展。

范耀胜表示，未来商业银行应继续发挥全能作用，加强合作，积极打造开放发展的生态模式。支付清算市场潜力很大，商业银行在账户体系、支付系统、风险控制和资金增值服务方面具备优势，新兴机构在小额、便捷、惠民方面有特长，各方在很多领域存在合作空间。

资料来源：中国银行范耀胜：跨境支付领域商业银行仍大有可为[EB/OL].（2019-12-06）. http://www.100ec.cn/detail--6537304.html.

三、跨境电子商务支付外汇管理

（一）跨境电子商务支付现状

1. 完善跨境电子支付模式，推动跨境电子支付业务发展

为了适应不断发展的跨境电子商务行业，中国必须加快推动跨境电子支付模式的完善与发展。在现有的支付模式中，信用卡线上支付作为常用的支付模式，其使用群体庞大，

很多跨境电子商务平台都支持信用卡支付，如 Visa、Mastercard 等，还有些消费者也会选择网银线上支付，这种模式的可信度也是极高的。中国政府除了需要支持国内现有第三方支付平台提供的跨境支付业务，例如支付宝、快钱等，更要支持中国电子商务平台与国际第三方支付平台（如 PayPal）的协作，努力与国际跨境服务接轨，通过与国际的交流使跨境电子支付模式更加完善。要实现跨境电子支付的发展，政府的支持与改进是必不可少的，消费者需要官方引领或推荐更加安全、便捷的支付模式。

2．推进信息安全和支付技术的发展，保障跨境电子支付的信息安全

为了保障跨境电子支付的信息安全，应该不断推进信息安全和支付技术的发展，除了加大对病毒和黑客的防范力度外，还应借助区块链技术实现去中心化支付，防止信息篡改，并通过支付标记化消除信息泄露等安全隐患。

1) 加强跨境电子支付区块链建设

区块链是一种新兴的支付手段，具有去中心化的特点，主要表现为点对点的交互方式，它不仅解决了跨境电子支付因时间滞后问题带来的汇率波动风险，还保证了信息的真实性，虚假的信息在这里无法通过。区块链的去中心化，就是由自己掌控记账和数据，这极大地减少了数据篡改、证伪等问题，保证了跨境支付的安全。区块链是利用数字加密技术来选择结算加密的数字货币，例如比特币、瑞波币等。比特币每隔十分钟就可以产生一个区块，按时间顺序排列形成了一个完整的区块链，这个区块链运用了不可逆的哈希算法加密，加大了篡改的成本与难度，因此很难有人会来破坏。区块链通过自己的系统建立了一套独立算法，可以代替传统的高成本 SWIFT 技术，从而使跨境收单业务能更快速、更低成本地完成结算。此外，区块链钱包建立了一套属于自己的算法，用于迅速匹配到提供最优惠换汇价格的做市商，由做市商接受买家的货币向卖家支付相应的货币，通过对两方债权债务的清算来完成跨境支付。可见，区块链技术的应用能够大大提高跨境电子支付的安全性。

2) 通过支付标记化防止信息泄露

支付标记化技术是一种全环节的卡号替换机制，仅可以在它限定的场景中使用，从而降低了信息泄露的风险，减少了交易欺诈。它通过标记银行卡的卡号来完成各项交易，不仅防止了卡号泄露带来的风险，更阻止了持卡人身份信息的泄露，保证了支付安全。人们通过支付标记来代替主账号的个人信息，该支付标记可在可限定的情况下单独使用，不需要让太多人知道，以此来减少相应的支付风险。在支付标记的场景中，被返回的留存卡号信息的个人，所有后续的电子商务交易都会使用标记和标记有效期（而不是主账号和主账号的有效期）字段来处理。相较于银行卡验证功能支付标记化的灵活性更高，它综合了设备信息、支付信息验证，还根据风险等级进行评估，大大减少了交易过程中的诈骗事件。跨境电子支付实施支付标记的优势就是防止信息的泄露，从源头上控制支付问题，确保了交易账户的安全。

3．建立健全法律法规和监管制度，为跨境电子支付发展提供有力保障

目前，中国需要尽快完善跨境电子支付的法律法规和监管制度，根据国外跨境电子支付的经验，并结合中国国情和跨境电子支付的发展状况，为跨境电子支付行业制定统一标准。例如匿名性是网络优势之一，但同样会带来很多的危害，应该出台相关法律法规，实现跨境电子支付的实名制认证。跨境电子支付的发展不仅取决于国家和各级政府，更需要

各行各业和全体国民的自制和监督,这样才能为跨境电子支付的发展提供有力的社会环境保障和支持。

随着中国进出口贸易在全球市场份额的提升和跨境电子商务的快速发展,跨境电子支付市场将获得极好的发展机遇。中国应该加大力度解决跨境支付现存的问题,努力发展跨境电子支付技术和信息安全技术,把握时代的机遇,促进跨境电子商务健康、可持续发展。

(二)跨境电子商务支付外汇管理现状

电子商务这种以交易双方为主体,以电子支付和结算为主要手段的商务模式促进了支付产业的快速发展。跨境电子商务的发展带来的是网上跨境支付业务的蓬勃发展,以及跨境支付市场的巨大需求。同时,跨境电子商务的资金转移又不可避免地会涉及支付机构跨境支付的外汇管理。国家外汇管理部门通过认真规范跨境支付业务行为来保持其持续健康发展。

国务院办公厅下发的《关于实施支持跨境电子商务零售出口有关政策的意见》明确提出:"鼓励银行机构和支付机构为跨境电子商务提供支付服务。支付机构办理电子商务外汇资金或人民币资金跨境支付业务,应分别向国家外汇管理局和中国人民银行申请并按照支付机构有关管理政策执行。完善跨境电子支付、清算、结算服务体系,切实加强对银行机构和支付机构跨境支付业务的监管力度。"

此外,跨境电子商务支付的虚拟化和电子化在一定程度上会带来交易欺诈、资金非法流动和洗钱等风险;第三方支付机构的资金沉淀也存在一定的资金安全隐患和支付风险。因此,要保证和促进跨境电子商务的健康发展,就需要在创新金融服务的同时完善对第三方支付机构的相应金融监管措施,以防范金融风险。

跨境电子商务推动了跨境电子支付市场发展,进而加速了第三方支付的发展。第三方支付在跨境电子商务中越来越重要的地位也促使相关部门在监管过程中不断完善与创新。

外汇管理,广义上是指一国政府授权国家的货币金融当局或其他机构,对外汇的收支、买卖、借贷、转移及国与国之间结算、外汇汇率和外汇市场等实行的控制和管制行为;狭义上是指对本国货币与外国货币的兑换实行一定的限制。

《中华人民共和国外汇管理条例》是中国外汇管理的基本行政法规,主要规定了外汇管理的基本原则与制度。

中国外汇管理体制属于部分型外汇管制:对经常项目实行可兑换;对资本项目实行一定的管制;对金融机构的外汇业务实行监管;禁止外币境内计价结算流通;保税区实行有区别的外汇管理;等等。这种外汇管理体系基本适应中国当前市场经济的发展要求,也符合国际惯例。

为积极支持跨境电子商务发展,防范互联网渠道外汇支付风险,国家外汇管理局在总结前期经验的基础上,于2015年1月20日发布了《支付机构跨境外汇支付业务试点指导意见》,在全国范围内开展支付机构跨境外汇支付业务试点。

由于跨境电子商务及跨境电子支付尚属新兴事物,涉及参与方众多,相关的法规和政策也在逐步完善中。跨境电子商务中外汇管理还包括以下几个重点方面。

1. 市场准入及第三方支付企业的资质

跨境支付的线上支付方式能够突破时空限制,将其业务触角延伸至全世界,并把世界范围的企业和个人都变成其业务的潜在客户。当跨境支付的平台功能做大，经济金融信息及资金链等日益在平台聚集时，任何的资金短缺、经营违规、系统故障、信息泄露都会引发客户外汇资金风险及业务风险。因此，跨境支付的市场准入规范作为行业门槛尤其重要。

第三方支付企业有必要参照商业银行办理结售汇业务的准入标准建立规范的开展跨境业务的准入机制，从外汇业务经营资格、业务范围、监督等方面建立准入标准，防止不具备条件的支付机构办理跨境支付及相应的结售汇代理业务。

2013年3月，国家外汇管理局下发《支付机构跨境电子商务外汇支付业务试点指导意见》，决定在上海、北京、重庆、浙江、深圳等地开展试点，允许参加试点的支付机构集中为电子商务客户办理跨境收付汇和结售汇业务。

跨境支付牌照是国家外汇管理局发放给支付机构，允许其进行跨境电子商务外汇支付业务的许可证。

2．第三方支付企业的外汇监管

第三方支付企业在跨境电子商务外汇管理中是个非常特殊的主体，对其外汇监管需要注意两个问题：第三方支付企业在跨境的外汇收支管理中，承担了部分外汇政策的执行和管理职责，它与银行类似，既是外汇管理政策的执行者，又是外汇管理政策的监督者；第三方支付企业主要为收付款人提供货币资金支付清算服务，属于支付清算组织的一种，与传统的金融机构又有区别。因此，对第三方支付企业经办的跨境外汇收支业务进行管理时，需要从外汇管理的政策法规及管理制度等方面进行规范。

3．交易真实性

相比于传统的一般进出口贸易，跨境电子商务的交易真实性更难把握。这主要有两方面因素：常规项目下跨境交易的电子化及部分交易产品的虚拟化；第三方支付平台代理交易方办理购汇、结汇业务，银行对境内外交易双方的情况并不了解，交易的真实性及资金支付的合法性都难以进行相关审核。

跨境交易真实性及资金支付合法性的审核难题，为资本项目混入经常项目办理网上跨境收支提供了途径，导致非法资金流出流入，更有甚者出现通过制造虚假交易洗钱等犯罪活动。

4．跨部门协调

对跨境电子商务交易的管理，涉及外汇、银行、工商、税务、海关、质检、商务等多个监管部门，需要各部门协调配合。外汇管理部门在管理跨境电子商务支付时更应该主动与各部门沟通，相互配合才能实现有效管理。

外汇管理部门应对具有跨境支付牌照的企业实施有效的外汇管理，第三方支付企业只有获得准入资质后才能办理跨境支付交易，否则，外汇管理部门应及时通报给有关部门并进行处理。外汇管理部门要督促将跨境电子商务支付中的大额、可疑信息及时报送中国人民银行反洗钱管理部门，并主动加强与反洗钱部门的协调配合，以防止不法分子利用跨境支付交易从事洗钱活动。

外汇管理部门要加强与海关相关信息的沟通，加强物流与资金流的匹配管理，对发现的"低报高出""高报低出"及"低报高付"等涉及走私、骗税、非法逃汇套汇和非法资金流入等问题，及时移交相关部门进行处理。对一定金额以上的服务贸易类的交易等跨境交易业务，外汇管理部门要求银行除审核合同（协议）或发票（支付通知书）外，还要审核税务部门出具的完税凭证，定期将境内机构和个人通过第三方支付平台支付虚拟产品和服务贸易的数据通报给税务部门，协助加强税收征管，防止限额以下服务贸易逃税以及拆分付汇，逃避税收监管。

第二节　跨境电子商务支付与结算平台

一、信用卡收款

国际信用卡收款通常指的是国际信用卡在线支付，目前国际信用卡收款是支付网关对支付网关模式（类似于网银支付）。信用卡消费是当今国际流行的一种消费方式，尤其在欧美，信用体系非常完善，人们习惯用信用卡刷卡进行提前消费，基本是人手一张卡。购物时用信用卡在线付钱早已成为主流。

（一）支付流程

信用卡支付的风险来自于"先用钱，后还款"，其支付流程如下。
（1）买家从自己的信用卡上发出支付指令给发卡银行。
（2）银行先行垫钱支付给卖家银行。
（3）银行通知持卡人免息期满的还款日期和金额。

虽然卖家已经完成交易，但只有当买家做出如下行动时货款才有100%的保证：买家在还款日到期之前还款，交易顺利完成，卖家收货款成功；买家先还部分，一般大于银行规定的最小还款额，其余作为向银行的贷款，并确认同意支付利息，以后再逐步偿还本息，最终买家得到融资便利，银行得到利息收入，卖家及时得到货款。

（二）优点

（1）客户群巨大，国际Visa、万事达卡用户量超过20亿人次，特别是欧美地区，使用率很高，符合境外买家的提前消费习惯，使支付更方便。
（2）扩大潜在客户：信用卡支付是只要买家持有信用卡就能完成付款。信用卡持有人相较在支付公司注册的人数要多得多。在欧美几乎人手一张信用卡，信用卡是所有人都接受也愿意使用的一种消费模式。
（3）减少拒付：由于属于银行对银行模式，买家拒付需要到发卡行操作。同时发卡行也会对该笔拒付进行核查，看看是否属于恶意拒付（如果是恶意拒付，银行就会在持卡人的信用记录上有所记录，这会给买家以后的生活、学习和工作带来很大的不便，所以持卡人一般不会随意拒付）。账号对账号模式的拒付对持卡人的信用记录没有任何影响，所以信用卡支付的拒付率相对于账号对账号模式的拒付率要小。根据国际卡组织统计，使用信用卡消费的拒付概率不超过5‰。
（4）不会冻结账号：信用卡支付，如果有笔交易存在交易争议，则会冻结该笔交易的金额，不影响整个账户。信用卡通道注重买家和卖家双方的利益，会根据货品的发货情况及买家的态度来进行处理，不会关闭通道造成商户资金冻结，因此对拒付的处理无疑更加公平。

（5）买家付款过程简单方便：在买家页面选定相应的物品后直接进入信用卡验证页面，从而减少付款步骤，方便买家付款。付款快捷，仅需 3～5 秒钟。

（三）缺点

（1）需要开户费和年服务费，门槛有点高。

（2）仍可能拒付。国际信用卡本身有 180 天的拒付期（个别信用卡甚至 180 天后还可以拒付）。所谓拒付，是指信用卡持卡人本人主动要求把钱要回去的行为，拒付的原因为客人没有收到货，货不对板，货物质量问题，黑卡、盗卡、商务卡交易，诈骗分子。

（四）适用范围

一般用于外贸中的 1000 美元以下的小额收款，比较适合网店零售，主要商品有鞋帽、服饰品、生活用品、电子产品、保健品、虚拟游戏等。

二、PayPal

PayPal 是美国 eBay 公司的全资子公司，总部在美国加利福尼亚州。PayPal 与许多电子商务网站合作，成为跨境电子商务平台的线上支付方式之一。PayPal 是账户模式，需要交易双方都注册有 PayPal 账号，买家必须在 PayPal 账户上绑定信用卡账号，用信用卡充值到 PayPal 账户中才可以进行付款。PayPal 交易不经过银行网关，如果买家拒付，在线操作即可，对其信用没有任何影响。

PayPal 是目前全球使用最为广泛的网上交易工具。它能帮助我们进行便捷的外贸收款、提现与交易跟踪；从事安全的国际（地区间）采购与消费；快捷支付接收包括美元、加元、欧元、英镑、澳元和日元等 25 种国际主要流通货币。用 PayPal 支付方式转账时，需要支付一定数额的手续费。

（一）支付流程

通过 PayPal 支付一笔金额给商家或者收款人时，可以分为以下几个步骤。

（1）付款人首先要有一个电子邮件地址，登录邮件地址开设 PayPal 账户，通过验证成为其用户，并提供信用卡或者相关银行资料，增加账户金额，将一定数额的款项从其开户时登记的账户（例如信用卡）转移至 PayPal 账户下。

（2）在进行付款时，付款人先进入 PayPal 账户，指定特定的汇出金额，并提供收款人的电子邮件账号给 PayPal。

（3）接着 PayPal 向收款人发出电子邮件，通知其有等待领取或转账的款项。

（4）如果收款人也是 PayPal 用户，在决定接受款项后，付款人所指定的款项即汇入收款人的 PayPal 账户。

（5）如果收款人没有 PayPal 账户，收款人要根据 PayPal 电子邮件内容指示链接进入网页，注册取得一个 PayPal 账户。收款人可以选择将取得的款项转换成支票寄到指定的处所，转入其个人的信用卡账户或者转入另一个银行账户。

（二）PayPal 限制

关于 PayPal 账户使用遇到的问题，最常见的就是账户的限制，关于 PayPal 账户的限制主要类型及应对措施如下。

（1）新账户 21 天低限。PayPal 对新账户的限制很频繁，这是 PayPal 对新账户在进行审核。不需要提交任何资料，PayPal 会在审核结束后自动解除限制，遇到这种情况，只须耐心等待即可。

（2）临时审查限制。账户在多次收款之后的某一天突然被限，出现这种情况，PayPal 需要了解卖家的经营模式和产品信息，卖家需要做出积极的回应，提供相应的资料让 PayPal 了解卖家所经营的产品，常见的解除限制资料包括信用卡证明、地址证明、供应商信息、发票等。

（3）风险审查类的限制。这种类型的限制，是由账户风险的审核引发的。账户的风险包括两方面，如果是来自买家的风险，买家账户风险过高，PayPal 会自动退款，交易无法进行；如果来自卖家，那就要从几个方面找原因，是否投诉率过高，是否短期内收款过多。

（4）高限。高风险、高限的账户不能收款、不能付款、产品违规、投诉率高都会导致高限的产生。另外，账户出现限制后，如没有及时回应，限制会自动升级到高限，直至被封。所以若账户出现限制情况，要第一时间在账户中做出积极回应，按要求提交资料。

（三）PayPal 冻结

PayPal 账户冻结，是指账户的某笔交易被临时冻结，账户使用者不能对这笔交易进行退款提现等操作。一个账户从注册到收款然后到提现，PayPal 公司从来没有从用户手里得到过任何资料，所以每个账户从开通到提现的过程中肯定要被冻结一次，然后要求账户使用者递交身份证明、地址等资料来证明使用者是真实存在并且遵纪守法的公民。出现以下几种情况也会被冻结。

（1）收款后马上提现，比如账户收了 1000 美元，收款后马上提现 900 美元；或卖家收了款，货还没发就提现，难免引起怀疑从而导致账户被冻结。

（2）提现金额过高。例如收款 100 美元，发货后，卖家需要资金周转，把 1000 美元全部提现，这种情况比较危险。PayPal 上一般提现金额在 80% 以内是比较安全的，留 20% 是为了防止买家退单，也是为了让 PayPal 放心。

（3）被客户投诉过多、退单过多。一般投诉率超过 3%，退单率超过 1% 就会被 PayPal 公司终止合作了。

（4）所售产品有知识产权问题。境外非常重视知识产权的保护，如果出现仿牌或者假货，PayPal 将禁止其交易，一旦国际品牌商向 PayPal 投诉，后果非常严重，卖家将难以再使用 PayPal 进行支付。

（四）费用

收款方费用——每笔收取 0.3 美元银行系统占用费；交易时收 2.9%～3.9% 手续费；跨

境交易，每笔收取 0.5%的跨境费；每笔提现收取 35 美元。

（五）优点

无开户费用。PayPal 作为大多数国家或地区人群的交易方式，在国际上知名度较高，拥有不可忽视的用户群。

（六）缺点

不支持仿牌收款。偏向保护买家利益，相对于卖家来讲比较没有保障。交易费用主要由卖家提供。提款等后续限制和费用较多，而且账户容易被冻结——如果有一笔交易存在争议，而买家和卖家不能达成一致意见，支付公司则会冻结卖家的整个账户，用来保护买家的利益不受损失。

（七）适用范围

适合跨境电子商务零售行业几十到几百美元的小额交易。

三、Payoneer

Payoneer 成立于 2005 年，总部设在美国纽约，是万事达卡组织授权的具有发卡资格的机构，主要业务是帮助其合作伙伴，将资金下发到全球，其同时也为全球客户提供美国银行/欧洲银行收款账户，用于接收欧美电子商务平台和企业的贸易款项，为支付人群提供简单、安全、快捷的转款服务。

Payoneer 的合作伙伴涉及的领域众多并已将服务遍布全球。不管需要支付的对象是偏远区域的雇员、自由职业者、联盟成员还是其他人群，都可以通过收款人申请获得 Payoneer 预付万事达卡并为其提供安全、便利和灵活的收款方式。Payoneer 预付万事达卡可在全球任何接受万事达卡的刷卡机（POS 机）刷卡、在线购物或者在自动取款机取出当地货币。

（一）收费标准

（1）转账到全球各个国家和地区的当地银行账户，收取 2%的手续费。

（2）使用 Payoneer 万事达卡内的资金，使用自动柜员机取款时每笔取现手续费为 3.15 美元，在中国用自动柜员机直接取人民币时，还有不高于 3%的汇率损失，每天最多 2500 美元；POS 机消费不收取费用。

（3）超市商场消费每天最多 2500 美元，不收手续费。

（4）合作联盟不同，以上费用会有所不同。

（5）Payoneer 万事达预付卡的年费为 2995 美元，每年收一次。

（6）美国银行账户转账收取金额的 1%为手续费，每笔进账都收。

（二）优点

（1）便捷。凭中国身份证即可完成 Payoneer 账户在线注册，并可自动绑定美国银行账户和欧洲银行账户。

（2）合规。像欧美企业一样接收欧美公司的付款，并通过 Payoneer 和中国支付公司的合作完成线上的外汇申报和结汇，可避开每年 5 万美元的个人结汇额度限制。

（3）安全。对于欧美客户的入账，在提供一定文件的基础上为卖家审核并提供全额担保服务。

（三）缺点

（1）Payoneer 账户之间不能互转资金，无法通过银行卡或信用卡充值，无法从 PayPal 收款。

（2）手续费较高。

（四）适用人群

单笔资金额度小但是客户群分布广的跨境电子商务网站或卖家。

四、阿里巴巴

Secure Payment（原 Escrow 服务）是阿里巴巴国际站针对国际贸易提供交易资金安全保障的服务。它联合第三方支付平台 Alipay 提供在线交易资金支付的安全保障，同时保护买卖双方从事在线交易，并解决交易中的资金纠纷问题。为了买卖双方更清晰地了解及认知线上交易中资金安全保障的流程、支付方式及纠纷退款问题处理方法等，阿里巴巴国际站对原 Escrow 服务系统进行了升级优化，Escrow 服务将名称更换为 Secure Payment。

（一）Secure Payment 流程

Secure Payment 相当于国际支付宝服务，为在线交易提供资金安全保障，在交易双方的快递订单/在线批发订单中，提供资金安全的担保服务。其业务流程如图 6-5 所示。

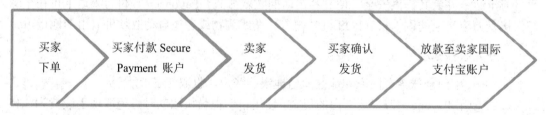

图 6-5　Secure Payment 业务流程

（1）买家通过阿里巴巴国际站下单。

（2）买家通过阿里巴巴 Secure Payment 账户付款。

（3）买家付款后，平台会通知卖家发货，卖家在看到买家的付款信息后可在 EMS、DHL、UPS、FedEx、TNT、SF（顺丰速运）、邮政航空包裹 7 种运输方式中选择一种发货。

（4）买家在阿里巴巴国际站确认收货。

（5）买家收到货物或者买家收货超时，平台会放款给卖家。

（二）费用

仅开通阿里巴巴国际站平台的 Secure Payment 服务不需要支付额外费用，但使用该服务过程中会产生交易手续费和提现手续费。

（1）交易手续费5%，须包含在产品价格中，可根据交易手续费平衡交易产品价格。

（2）提现费用：美元提现每次需支付15美元手续费，银行收取；人民币提现无手续费。

（三）优点

（1）快速交易：支持起草快递订单或批发在线交易，买家线上下单，通过阿里巴巴后台可实时查看订单进展。

（2）多种支付方式：支持信用卡、西联、银行汇款多种支付方式，方便买家支付。

（3）安全收款：买家支付货款成功后会通知卖家发货，买家确认收货或者物流妥投且超时后，会放款至卖家国际支付宝账户，卖家不用担心收不到钱的情况。

（四）缺点

Secure Payment是针对国际贸易提供交易资金安全保障的服务，暂不能像支付宝一样直接付款或收款。

（五）适用范围

为降低国际支付宝用户在交易过程中产生的交易风险，目前支持单笔订单金额在10 000美元（产品总价加上运费的总额）以下的交易。

五、电汇

电汇（Telegraphic Transfer）是汇款人将一定款项交存汇款银行，汇款银行通过电报或电传指示目的地的分行或代理行（汇入行）向收款人支付一定金额的一种汇款方式。跨境电汇是汇款人通过所在地的银行将所汇款以电报、电传的形式划转境内各指定外汇银行，同时由境内银行通知收款人就近存取款项。相对于信用证、托收等方式而言，电汇适用范围广，手续简便易行，中间程序少，灵活方便，因而目前是一种应用极为广泛的结算方式。

（一）费用

一般来说，电汇的费用分两部分，一部分与电汇金额有关，即1%的手续费，另一部分与汇款的金额无关，而与笔数有关，即每汇一笔就要收取一次电信费。具体费用根据银行的实际费率计算，不同的银行收费标准差距较大，在选择汇款银行时要做好比较。汇款手续费一般都有最高限额，超出最高限额，以最高限额为限。

（二）优点

电汇没有金额起点的限制，不管款项多少均可使用；汇兑结算手续简便易行，单位或个人均可办理；收款迅速，快速到账；可先付款后发货，保证商家利益不受损失。

（三）缺点

需要去银行柜台办理业务，受限于银行网点分布；先付款后发货，买方容易产生不信任感；买卖双方都要支付手续费，相对于一些线上支付工具而言，费用较高，相对于第三方在线支付方式，电汇手续较为繁杂；在实际业务中，一般采用前 T/T，买方承担的风险较大。

（四）适用范围

电汇是传统 B2B 付款常用模式，适用于跨境电子商务较大金额的交易付款。

六、西联汇款

西联汇款是西联国际汇款公司（Western Union）的简称，是世界上领先的特快汇款公司。西联汇款拥有全球最大最先进的电子汇兑金融网络，代理网点遍布全球近 200 个国家和地区。中国建设银行、中国农业银行、中国光大银行、中国邮政储蓄银行、浦发银行等多家银行是西联汇款中国合作伙伴。

（一）费用

收款人不需要支付任何费用，汇款人需要按照一定的比例支付汇款金额的手续费，如有其他额外要求，则加收附加服务费。中国西联汇款手续费明细如表 6-1 所示。

表 6-1 西联国际汇款资费

汇款金额	手续费
50 000 美元及以下	15.00 美元
500.01～1000.00 美元	20.00 美元
1000.01～2000.00 美元	25.00 美元
2000.04～5000.00 美元	30.00 美元
5000.01～10 000.00 美元	40.00 美元
超过 10 000.00 美元	每增加 500 美元或其零数，加收 20.00 美元

（二）优点

汇出金额等于汇入金额，无中间行扣费；西联全球安全电子系统确保每笔汇款的安全，并有操作密码和自选密码供核实，可使汇款安全地交付到指定的收款人账户；西联汇款手续简单，利用全球最先进的电子技术和独特的全球电子金融网络，收款人可在几分钟内如数收到汇款；手续费由买家承担，卖家无须支付任何手续费；西联国际汇款公司在国外的代理网点遍布全球各地，代理点包括银行、邮局、外币兑换点、火车站和机场等代理网点，方便交易双方进行汇款和收款。

（三）缺点

汇款手续费按笔收取，小额收款手续费高；买家因信任没有建立而难以在第一次交易时在发货前打款，容易因此而放弃交易；买家和卖家需要去西联线下柜台操作；属于传统型的交易模式，不能很好地适应跨境电子商务的发展趋势。

（四）适用范围

1 万美元以下的中等额度支付。

七、速汇金

速汇金国际汇款是国际速汇金公司 Money Gram 推出的国际汇款方式,是通过其全球网络办理的一种境外快速汇款业务,为个人客户提供快捷简单、安全可靠、方便的国际汇款服务。速汇金汇款公司在全球 194 个国家和地区拥有总数超过 275 000 个代理网点,是一家与西联相似的汇款机构。境内目前有中国银行、中国工商银行、交通银行、中信银行代理了速汇金收付款服务。

(一)费用

速汇金汇入汇款业务无收费,卖家无须支付手续费;速汇金汇出汇款业务费用包括佣金和手续费两个部分,佣金收费标准按办理汇款业务时国际速汇金公司速汇金系统自动生成的金额为准扣收;手续费根据速汇金公司提供的费率(见表 6-2)执行。

表 6-2 速汇金国际汇款资费

汇款金额	手续费
0.01~400.00 美元	10.00 美元
400.01~500.00 美元	12.00 美元
500.01~2000.00 美元	15.00 美元
2000.01~5000.00 美元	23.00 美元
5000.01~10 000.00 美元	30.00 美元

(二)优点

汇款速度快,在速汇金代理网点(包括汇出网点和解付网点)正常营业的情况下,速汇金汇款在汇出后十几分钟即可到达收款人账户;速汇金的收费采用的是超额收费标准,汇款金额不高时,费用相对较低;无其他附加费用和不可知费用,无中间行费,无电报费;手续简单,无须填写复杂的汇款路径,收款人无须预先开立银行账户即可实现资金划转。

(三)缺点

速汇金仅在工作日提供服务,节假日不提供相应的服务,而且办理速度慢;汇款人及收款人均必须为个人;必须为境外汇款,不提供境内汇款业务;客户如持现钞账户汇款,还需交纳一定的现钞变汇的手续费;速汇金合作伙伴银行对速汇金业务不提供 VIP 服务;买家和卖家需要去线下柜台操作,不能很好地适应跨境电子商务的发展趋势。

(四)适用范围

适用于境外留学、旅游、考察、工作人员,亦适用于年汇款金额不超过 50 000 美元的中等交易付款。

八、香港离岸账户

离岸账户,也叫 OSA 账户,在金融学上指存款人在其居住国家(地区)以外开设的银行账户。相反，位于存款人所居住国家（地区）的银行则称为在岸银行或境内银行。境外机构按规定在依法取得离岸银行业务经营资格的境内银行离岸业务部开立的账户，属于境外账户，如内地的公司在香港开立的账户，即香港离岸账户。卖家通过在香港开设离岸银行账户，接收境外买家的汇款，再从香港账户汇到内地账户。离岸账户只针对公司开户，个人开户是不支持的。离岸账户相较于境内外汇账户（NRA 账户）受外汇管制更少些，从资金的安全性角度来看，离岸账户要安全些，受国家外汇管理局监管没那么严格。

（一）费用

主要包括香港离岸账户开户费用和后续维护费用。不同银行开户费用略有不同，亲临香港办理费用约为 1150 港元；内地视频开户费用为 1750～3150 港元；如不方便可以选择委托代理。后续维护费用包括：年审费用（不包括雇员申报等费用），香港公司满 18 个月报税费用，汇款的费用及资金量不到会员每月最低标准时的账户管理费。

（二）优点

资金调拨自由，离岸账户等同于在境外开设的银行账户，可以从离岸账户上自由调拨资金，不受内地外汇管制；存款利率、品种不受境内监管限制，特别是大额存款，可根据客户需要，在利率、期限等方面量身定做，灵活方便；中国政府对离岸账户存取款之利息免征存款利息税；加快境内外资金周转，降低资金综合成本，提高资金使用效率；利用离岸账户来收款，使企业在税务方面可以合理安排，对公司以后的发展具有极大的好处；接收电汇无额度限制，不同货币之间可自由兑换。

（三）缺点

开设离岸账户的起点储蓄金额一般较高，至少 1 万港元激活资金；若低于规定的资金量，每月需要缴纳一定的账户管理费；香港银行账户的钱还需要转到内地账户，较为麻烦；离岸账户常被犯罪分子用来洗钱，名声不佳；离岸公司的税务情况受到比较严格的监管；部分客户选择地下钱庄的方式，有资金风险和法律风险。

（四）适用范围

传统外贸及跨境电子商务都适用，适合于已有一定交易规模的卖家。

九、Cashrun Cashpay

Cashrun Cashpay 中文是铠世宝，旨在通过其诈骗防范和全球支付方案服务，保护电子商务企业免受不确定风险，利用先进的支付平台，给商户们扩展全球互联网市场支付渠道，扩充业务。铠世宝的产品分别为现金盾和现金付。现金盾主要是一个全面的风险控制/反欺诈的系统，通过对大量订单进行快速、有效的审核，有效识别欺诈性订单并做出合适的反应，并根据欺诈方式的改变，不断改善风险评估标准，以应对互联网世界的纷繁复杂。现金付使得商家能够接受全球通用的 PayPal、Yellow Pay、Moneybookers 等支付渠道的交易，能在 3 日之内把款项偿还给商家，促进商户资金流动，从而扩展全球业务，增加销售额度。

相对于境内现有的支付宝、财付通、网上银行或信用卡支付，现金付无疑是更高效、更安全的支付渠道。

铠世宝成立于 2007 年，目标是帮助网业商户设立支付管道和防止诈骗行为。铠世宝刚开始在瑞士的圣加仑营业，为了进入亚洲市场，2008 年在新加坡建立了分公司，计划开发与扩大亚洲其他业务。德国的分公司在 2009 年设立，主要目的是扩充和提高在欧洲的业务与服务水平。2010 年在中国上海成立分公司，为广大网上商户提供防欺诈、抗风险的"安保"服务。通过一系列发展和创新，铠世宝不断地改进解决方案，以应付不断变化的诈骗行为。铠世宝通过在全球的合作伙伴来开发为网业商户提供风险控制服务的业务，在境外有一定的知名度。

（一）费用

现金付的费率一般为 2%~3%，费用由收款方支付，是所有支付工具中最低的。

（二）优点

（1）安全性高，有专门的风险控制防欺诈系统。

（2）可选择提现币种，商户从此不再受指定的外汇限制。现金付让商户可以选择用首选的支付货币来接收款项，降低外汇风险。

（3）快速偿还商户的款项，普通的支付服务可能需要一个星期的时间来偿还款项给商户，现金付能在 3 日之内把款项偿还给商家，促进商户资金流动。

（4）无隐藏费用，所有收费都会预先讲解给商户而且会清楚地记载在协议里，不会有其余的隐藏费用。

（5）本土化的支付，商户能拓展支付渠道，增加全球范围的业务。

（三）缺点

刚进入境内市场，知名度不高。

十、Moneybookers

Moneybookers 是一家极具竞争力的网络电子银行，它诞生于 2002 年 4 月，是英国伦敦 Gatcombe Park 风险投资公司的子公司之一。Moneybookers 以邮件地址作为账户，所以申请的时候要选安全的邮箱地址。Moneybookers 注册完后就可以收发钱，这一点对于没有信用卡的用户来说非常方便。当然账户需要激活，但这个激活只是用来提升账户流量的，以及从 Moneybookers 取钱到国家（地区）内银行。Moneybookers 账户里有钱的话，可以取现到国家（地区）内银行，每次转账到国家（地区）内会收 1.8 欧元的费用。

（一）费用

即时到账，付款方支付 1%手续费（最高 0.5 欧元），收款方免手续费，提现收取 1.8 欧元费用。

（二）优点

（1）安全，以电子邮箱为支付标识，不需要暴露信用卡等个人信息。
（2）只需要电子邮箱地址就可以转账。
（3）可以通过网络实时进行收付费。

（三）缺点

（1）不允许多账户，一个客户只能注册一个账户。
（2）目前不支持未成年人注册，须年满 18 周岁才可以。

十一、其他支付平台

（一）Paysafecard

Paysafecard 是欧洲比较流行的预付卡支付方式，它不仅可以在欧洲 37 个国家使用，在澳大利亚及北美洲、南美洲等地区都可以买到。Paysafecard 在全球范围内有 45 万个销售网点，用户可以在超过 4000 家在线商店使用 Paysafecard 支付，主要行业有游戏、社区交友、电子产品、音乐，当然还有一般电子商务。它可以说是全球范围的一种支付方式了。国内很多销售到欧美市场的游戏币交易网站也已经支持 Paysafecard 支付，如 Offer gamers、IGXE、iGValut。

Paysafecard 的支付特点：实时交易；不能拒付；交易费用贵，对于商家而言交易费用一般在 15%左右，这也可以算是预付卡支付的一个惯例；无保证金或者循环保证金，而 PayPal 或信用卡一般都会有一定的交易保证金，以及 10%的循环保证金，这对商家的资金周转造成很大的压力；支付过程简单、快捷、安全，消费者不需填写任何银行账号和个人信息，有效提升支付体验，保障交易安全。

（二）WebMoney

WebMoney，简称 WM，是由成立于 1998 年的 WebMoney Transfer Technology 公司开发的一种在线电子商务支付系统。使用前需要先开通一个 WM 的 ID，此 ID 里面可设有多种货币的钱包，包括 WMR 俄罗斯卢布、WMZ 美元、WME 欧元、WMU 乌克兰格里夫纳、WMB 白俄罗斯卢布、WMG 存放在认证存储区的黄金仓储单及 WMV 预付费的越南盾。WebMoney 是俄罗斯主流的电子支付方式，俄罗斯各大银行均可自主充值取款。

1. 优点

使用人数较多，适用范围广。其支付系统可以在包括中国在内的全球 70 个国家使用，许多国际性网站使用其向用户收款和付款；可支持多货币支付；等等。此外，WebMoney 没有单笔或每日付款金额的限制。

2. 缺点

商户申请 WebMoney 账户的周期较长，通常要多于一个月才可申请下来。

（三）CashU

CashU 是一个在中东和北非集中网上支付的服务提供商。CashU 总公司位于阿联酋迪拜，它服务于全球和区域在线商人，可以定制迎合当地文化与阿拉伯在线购买习惯和趋势的一整套完整的支付方案。

CashU 自 2002 年起隶属于阿拉伯门户网站 Maktoob（雅虎于 2009 年完成对 Maktoob 的收购），主要用于支付在线游戏、VoIP 技术、电信、IT 服务和外汇交易的费用。CashU 允许用户使用任何货币进行支付，但该账户将始终以美元显示资金。CashU 是中东和南非地区运用最广泛的电子支付方式之一。

（四）LiqPAY

LiqPAY 是一个小额支付系统。该系统对最低金额和支付交易的数量没有限制并立即执行。进行付款时，LiqPAY 使用客户的移动电话号码作为标识。一次性付款不超过 2500 美元，可以在一天内尽可能多地交易。账户存款币种是美元，如果存另一种货币，将根据 LiqPAY 内部汇率折算。

（五）Qiwi Wallet

Qiwi Wallet 是俄罗斯 mail.mu 旗下的支付服务提供商，也是俄罗斯最大的第三方支付工具，其服务类似于中国的支付宝。俄罗斯买家可以对 Qiwi Wallet 进行充值，再到对应的商户网站购买产品。

Qiwi Wallet 是俄罗斯人非常信任的支付方式，支持美元、俄罗斯卢布、欧元、哈萨克斯坦坚戈 4 种货币的付款。商户初次申请 Qiwi 收款账户需要至少 7～10 个工作日。

1. 优点

拥有较完善的风险保障机制，不同于 PayPal 或者信用卡有 180 天的"风险观察期"，Qiwi Wallet 不存在拒付风险。卖家收到客户的 Qiwi Wallet 款项后，不需要进行订单审核和风险控制就可以直接安排发货了。

2. 缺点

收款金额有限制，每笔交易额不能超过 15 000 俄罗斯卢布，每日交易额不能超过 2 万美元。同时，其初始收款手续费率稍高，一般在 4% 左右。

（六）NETeller

NETeller（在线支付或电子钱包）是在线支付解决方案的领头羊。免费开通，全世界数以百万计的会员选择 NETeller 的网上转账服务。

NETeller 电子钱包是一个免费的在线支付工具，能够用于电子账户存款和在互联网网站购买不同的商品。这个系统允许快速提取资金到客户账户，从而提升了任何金融操作的速度。NETeller 确保客户个人资料的绝对安全并保障他们的资金安全。

（七）ClickandBuy

ClickandBuy 是独立的第三方支付公司，允许通过互联网进行付款和资金转移。1999 年在德国科隆成立，之后在英国建立业务点，2010 年 3 月 25 日，德国电信收购 ClickandBuy 的国际有限公司。现有客户超过 13 万名，包括苹果 iTunes 商店、美国在线、MSN、Napster 公司、橙、PARSHIP、BWIN、McAfee（迈克菲）等，目前可在众多网店使用。

ClickandBuy 是德国电信针对 PayPal 研发的版本。ClickandBuy 和 PayPal 这两款在线支付系统的原理一样，网友只需要注册账户，就可以通过自己的支付账户在网店购物，不需要在网店提交自己的账户信息。ClickandBuy 客户可以通过 ClickandBuy 向交易账户注入资金，可以自由选择任何一种适合自己的汇款方式。ClickandBuy 的汇款确认后，在 3~4 个工作日内会入金到客户的账户中。每次交易金额最低 100 美元，每天最高交易金额 1 万美元。

1．优点

（1）绝大多数情况下是免费服务。

（2）很多网店接受使用，在国际范围内可以使用。

（3）购物者的权益能受到保护。

（4）账户资金过夜就有利息，有正有负。

（5）账户资金随着汇率波动有价差，同样有正收益和负收益。

2．缺点

（1）注册麻烦，需要特别认证。

（2）必须有维萨或万事达卡，并开通国际支付功能。

（3）提现周期时间长。

（4）有可能受到病毒邮件的攻击。

（5）每次购物都会留下信息痕迹。

（八）Onecard（中东）

2004 年 Onecard 在沙特阿拉伯成立，它是中东和北非地区非常流行的一种支付方式，用户可以通过预付卡、本地银行、Fawry、UAExchange、UKash、信用卡及 Masary 等方式完成支付。由于很多人没有信用卡或者银行账户，而且本地的信用卡在国外都无法使用，目前 Onecard 支付主要用于购买 VoIP（网络电话）、游戏充值、下载服务及网购等。

Onecard 在沙特阿拉伯、埃及、科威特、利比亚都比较受欢迎，甚至在加拿大都有用户，目前，OffGamers、网龙游戏已经支持 Onecard 支付方式。

1．特点

（1）实时交易，和 PayPal 或信用卡一样。

（2）不能拒付。

（3）无保证金或循环保证金，可缓解商家的资金周转压力。

（4）交易费用较高，Onecard 收取商家的费用大概在交易金额的 6%~7%。

2．适用范围

有中东客户的电子商务以及游戏公司。

（九）Yandex.Money（俄罗斯）

Yandex.Money 是俄罗斯 Yandex 旗下的电子支付工具。买家注册后，即可通过俄罗斯所有地区的支付终端、电子货币、预付卡和银行转账（银行卡）等方式向钱包内充值。Yandex.Money 可以让用户轻松安全地完成互联网商品支付、给他人转账或收款。为加强交易保护，

Yandex. Money 允许使用一次性密码、保护码、PIN 码等多种安全措施,并将相关的操作信息通过电子邮件或手机短信发送。

1．特点

(1) 充值方便,实时到账。

(2) 可通过支付终端、电子货币、预付卡和银行转账(银行卡)等方式向钱包内充值,实时到账。

(3) 无拒付风险,不能拒付。

(4) 支持多币种交易,目前支持欧元、美元、卢布三种货币进行支付,且每笔交易不能超过 10 000 美元。

2．适用范围

独联体国家均可使用,包括俄罗斯、亚美尼亚、阿塞拜疆、白俄罗斯、哈萨克斯坦、吉尔吉斯斯坦、摩尔多瓦、乌兹别克斯坦、塔吉克斯坦等。

(十) iDeal(荷兰)

iDeal 成立于 2005 年,是一种在线实时银行转账的支付方式,几乎支持所有荷兰本地银行,目前在荷兰占据 50%以上的市场份额。当地有 80%在线电子商务都支持 iDeal,在荷兰当地最流行的支付方式就是 iDeal。

iDeal 支付份额已经占据绝对优势,而且还呈现递增趋势,目前敦煌网已经支持 iDeal 支付方式。

1．特点

(1) 实时交易,和 PayPal 或信用卡一样。

(2) 不能拒付(当然商家可以选择是否开通买家保护,如果没有开通则不会拒付)。

(3) 交易费用低。

(4) 无保证金或循环保证金,缓解商家的资金周转压力。

2．适用范围

有荷兰客户的电子商务网站。

(十一) Boleto(巴西)

巴西是金砖国家之一,也是拉美发展得比较好的国家。除了信用卡,当地人习惯使用 Boleto 支付。Boleto,全称是 Boleto bancário,是受巴西中央银行监管的一种官方支付方式,每年大约有 20 亿笔交易,其中 30%的交易来自在线交易。由于巴西人倾向于使用现金交易,且其申请可用于跨境交易的信用卡很困难,另外,Boleto 通常是公司及政府部门唯一支持的支付方式,可以说,Boleto 是跨境电子商务打通巴西支付的不二之选。如速卖通、兰亭集势都支持 Boleto 支付。

Boleto 是一种现金支付,卖家需要在线打印一份发票,发票中有收款人、付款人信息及付款金额等。付款人可以打印发票后去银行或者邮局网点,以及一些药店、超级市场等完成付款,另外也可以通过网上银行完成付款。

1．特点

（1）非实时交易，买家一般可在 3～5 天内完成支付，具体取决于发票上的到期日期。

（2）不能拒付。

（3）交易有限额，每个巴西人每月累计支付不超过 3000 美元（如果要突破此限额需要申请）。

（4）交易费用低，一般低于 4%。

（5）无保证金或循环保证金，缓解商家的资金周转压力。

2．适用范围

有巴西客户的电子商务网站。

（十二）Sofortbanking（欧洲）

Sofortbanking，又被称作 Sofortüberweisung，是欧洲一种在线银行转账支付方式，支持德国、奥地利、比利时、荷兰、瑞士、波兰、英国及意大利等国家的银行转账支付。目前已经有超过 3 万商家集成了 Sofortbanking 支付，覆盖电子商务、航空及各种在线服务类行业，如 DELL、Skype、Facebook、KLM Royal Dutch airlines、Emirates 等都支持 Sofortbanking 支付。Sofortbanking 在德国、奥地利、比利时等国家很流行，另外中国航空从 2012 年开始也支持 Sofortbanking 支付。

商家可以通过接入 Sofortbanking 的方式直接联系开通账户，但前提是需要有一个欧洲银行账户才能结算；通过 Payssion 一站式接入全球多个国家（地区）的本地支付方式，包括 Sofortbanking，商家无须拥有欧洲银行账户。

特点：实时交易，这和 PayPal 或者信用卡是一样的；不能拒付（当然商家可以选择是否开通买家保护，如果没有开通则不会拒付）；交易费用低，Sofortbanking 的费用不超过 3%；无保证金或循环保证金，缓解商家的资金周转压力。

（十三）MOLPay（东南亚）

2005 年年底，MOLPay 在马来西亚成立，是马来西亚第一家第三方支付服务公司，起初命名为 NBePay，被 MOL Accessportal sdn.Bhd.收购后改名为 MOLPay。MOLPay 支付几乎涵盖了东南亚的大部分地区。通过 MOLPay 可以接入以下支付通道：马来西亚为信用卡（Visa&万事达卡）及网上银行支付；新加坡为 eNETS、Singpost SAM；印度尼西亚为信用卡、ATM Transfer（VA）；菲律宾为 Dragonpay；越南为 NganLuong；澳大利亚为 POLi Payments；中国为支付宝、银联、财付通。

1．支付流程

（1）整个支付流程和使用支付宝付款的流程很相似。

（2）用户创建订单后选择 MOLPay 作为支付方式。

（3）页面跳转到 MOLPay 支付页面，用户选择具体的支付方式，如信用卡或银行转账。

（4）完成支付。

2．特点

（1）实时交易，和 PayPal 或者信用卡一样。

(2）非信用卡交易不能拒付。

(3）交易费用低。

(4）无保证金或者循环保证金，缓解商家的资金周转压力。

（十四）World First

World First 俗称 WF 账户，是一家注册于英国的顶级国际汇款公司，在英国、美国、澳大利亚、新加坡、中国香港都有办公室，提供 24 小时中文电话服务。以个人或公司身份均可申请，提现时 WF 会自行打款到卖家绑定的法人、私人账户或者对公银行卡里。

World First 总部设立于金融高度发达的澳大利亚新南威尔士州，于 2008 年正式加入英国金融服务局（FSA），成为其会员。它为全球客户提供最便捷的期货、贵金属和外汇等品种的交易服务，是目前世界上首屈一指的衍生品交易平台。World First（中国香港）有限公司于 2005 年 1 月成立，旨在统一管理和协调 World First 在亚洲区域的业务活动，属 World First 澳大利亚总公司直属机构。它在中国从事金融投资推广，中文服务支持，并对 World First 在中国及亚洲其他区域进行宏观管理及广泛的业务支持，推动 World First 在中国市场的不断发展。

1．费用

（1）无年费，没有提款额度限制。

① 美元账户：一次性转款 1000 美元以下每笔 30 美元，1000 美元以上免手续费。

② 英镑账户：一次性转款 500 英镑以下每笔 10 英镑，500 英镑以上免手续费。

③ 欧元账户：一次性转款 500 欧元以下每笔 10 欧元，500 欧元以上免手续费。

④ 加元账户：一次性转款 1000 加元以下每笔 30 加元，1000 加元以上免手续费。

（2）汇损：每次转款汇损在 1%～2.5%，转款金额越大越优惠。

2．特点

（1）提供 24 小时中文电话服务。

（2）费用较低，最高费用为 2.5%，提现越多越便宜，无注册手续费、无年费、无入账费用。

（3）具有竞争力的汇率，实时返佣，固定点差。

（4）支持美元、欧元、英镑、加元 4 个币种。

（5）更快的付款速度，欧元、英镑和美元在当日内付款，加元在一天后付款。

知识拓展

阿里跨境支付升级：资金跨境时间从 5 天缩至 1 秒

从《电商报》获悉，由环球银行金融电信协会（SWIFT）主办的 SIBOS 会议于 2019 年 9 月 23 日在伦敦启幕，活动以"在超级互联的世界里快速发展"为主题展开交流。阿里巴巴跨境供应链负责人王添天受邀出席，并于 2019 年 9 月 26 日与前华为财务副总裁 DavidBlair、花旗银行支付和贸易解决方案全球主管 Ebru Pakcan 同台，挖掘跨境支付发展潜力。

会上，阿里国际站宣布与 SWIFT 签约合作全球支付创新服务 SWIFT GPI。阿里巴巴跨境供应链通过与 SWIFT 及银行合作开发新产品，实现了支付资金全链路数字化，提高了跨境汇款的确定性：一方面，商家可以实时掌握买家支付动态、银行处理时效、扣费等信息；另一方面，则可以实时地向买家推荐最优惠的汇款路径，同时为商家提供到账时效及费用预测。

此外，传统的跨境线下大额美金支付都通过银行来完成，平均 TT 转账时间为 3～5 个工作日，转账成本为 30～50 美金，还有高额的汇损。阿里巴巴跨境供应链通过搭建本地 TT 网络，成功地将资金跨境时间缩短至 1 秒，汇款费用下降到 1 美元，同时避免了汇损的发生。

公开资料显示，SIBOS 始于 1978 年的银行业务研讨会，现已发展成为全球金融界在支付、证券、现金管理和贸易领域进行辩论和合作的首要商业论坛。

SIBOS 每年都会召集约 8000 名来自金融机构、市场基础设施、跨国公司和技术合作伙伴的商业领袖、决策者和专题专家齐聚盛会，讨论商业战略，建立网络，共同塑造金融业未来。

资料来源：阿里跨境支付升级：资金跨境时间从 5 天缩至 1 秒[EB/OL].（2019-09-30）. http://www.100ec.cn/detail--6529143.html.

第三节　跨境移动支付

一、跨境移动支付的分类

（一）跨境移动支付概念

移动支付也称为手机支付，是指交易双方为了某种货物或者服务，以移动终端设备为载体，通过移动通信网络实现的商业交易，就是允许用户使用其移动终端（通常是手机）对所消费的商品或服务进行账务支付的一种服务方式。单位或个人通过移动设备、互联网或者近距离传感直接或间接向银行等金融机构发送支付指令，产生货币支付与资金转移行为，从而实现移动支付功能。移动支付所使用的移动终端可以是手机、平板电脑、移动 PC 等。移动支付将终端设备、互联网、应用提供商及金融机构相融合，为用户提供货币支付、缴费等金融业务。所谓的跨境移动支付，是指用于跨境交易活动的移动支付方式，可以视为移动支付的一个分类。

移动支付业务是由移动运营商、MASP（移动应用服务提供商）和金融机构共同推出的、构建在移动运营支撑系统上的一个移动数据增值业务。移动支付系统为每个移动用户建立一个与其手机号码关联的支付账户，其功能相当于电子钱包，为移动用户提供了一个通过手机进行交易支付和身份认证的途径。用户通过拨打电话、发送短信或者使用 WAP（无线应用通信协议）接入移动支付系统，移动支付系统将此次交易的要求传送给 MASP，由 MASP 确定此次交易的金额，并通过移动支付系统通知用户。在用户确认后，付费方式可通过多种途径实现，如直接转入银行或者实时在专用预付账户上借记，这些都将由移动支付系统（或与用户和 MASP 开户银行的主机系统协作）来完成。

（二）跨境移动支付的特性

跨境移动支付属于电子支付方式的一种，因而具有电子支付的特征，但因其与移动通信技术、无线射频技术、互联网技术相互融合，又具有自己的特征。

1. 移动性

移动设备一般在用户身边，其使用时间远高于 PC，可随身携带，消除了距离和地域的限制。用户只要申请了移动支付功能，便可随时随地完成整个支付与结算过程。移动支付的交易时间成本低，减少了往返银行的交通时间和支付处理时间，可随时随地获取所需要的服务、应用、信息和娱乐。

2. 安全性

移动支付作为电子商务最为重要的支付环节，直接涉及用户和运营商的资金安全，所以，支付安全是移动支付的核心问题之一。移动设备用户对隐私性的要求远高于 PC 用户。不同于互联网公开、透明、开放的特点，移动设备用户显然不需要让他人知道或共享自己设备上的信息，移动设备的隐私性保障了支付的安全。移动支付采用的高安全级别的智能卡芯片，和目前的银行磁条卡相比，具有更高的安全性。

3. 方便性

用户不受时间地点的限制，可方便地通过手机使用移动互联网，随时随地查询账户余额、交易记录，实时转账，修改密码，等等，及时获取信息，管理自己的移动支付账户。用户还可以通过手机客户端对离线钱包进行空中充值，减少了去营业厅或者充值点充值的麻烦。这充分体现了移动支付方便时尚的特点。

4. 定制化

基于先进的移动通信技术和简易的手机操作界面，用户可定制自己的消费方式和个性化服务，选择支付宝、微信、银联、易付宝、外币、NFC（近距离无线通信技术）刷卡等方式，账户交易更加简单方便，可以融合多种金融资源。

5. 集成性

以手机为载体，通过与终端读写器近距离识别进行的信息交互，运营商可以将移动通信卡、公交卡、地铁卡、银行卡等各类信息整合到以手机为平台的载体中进行集成管理，并搭建与之配套的网络体系，从而为用户提供十分方便的支付及身份认证渠道。

（三）跨境移动电子商务的支付模式

跨境移动电子商务的支付模式有 4 种，分别是银行卡支付模式、第三方支付模式、网银支付模式和直接借记模式。

从支付金额大小划分，可分为大额支付（也称宏支付）、小额支付与微支付。大额支付所涉及的交易现金较多，安全性要求也较高，当前只有银行等金融机构才具备进行大额移动支付的运作资格与经验。小额支付目前已在各类电子支付业务中得到广泛应用，是整个移动支付业务初期阶段的主要表现形式。

从支付方式来说，跨境移动支付可以分成远程支付和近场支付。远程支付是指用户不在交易现场，而是通过移动互联网、短信、USSD 等信息通道进行支付信息的传递来支付。近场支付是指通过在手机或其他手机功能部件上集成相应的支付模块，现场进行电子交易信息的传递。近距离移动支付的主要模式有 RFID、蓝牙、红外、NFC 等。

跨境线上移动支付与跨境线下移动支付是可以统一起来的，二者的区别是用户与支付平台进行通信的方式不同。跨境线上支付通过移动互联网来完成支付，跨境线下支付通过 NFC 非接触通信方式来完成支付。

跨境线上移动支付属于第三方支付。非金融机构的第三方支付公司在跨境移动电子商务中成为信用中介，这类移动支付平台通过和国内外各大银行签约，具备很好的实力和信用保障，是在银行的监管下保证交易双方利益的独立机构，它们在消费者与银行之间建立起一个某种形式的数据交换和信息确认的支付流程。

跨境移动支付是一个跨行业的业务，是以特定数据为电子货币进行支付的新型业务。随着技术的发展，第三方移动支付已经成为跨境移动电子商务支付的一种重要方式。

跨境移动电子商务可以与银行转账、信用卡、第三方支付等多种支付方式并存，其中在商家对商家的 B2B 模式下，支付方式主要是信用卡、银行转账，而在商家对客户的 B2C 模式下，跨境移动电子商务系统中使用最广泛的是第三方跨境移动支付。第三方跨境移动支付工具应用广泛。

（四）跨境电子商务移动支付

1. iPayment MobilePay

此支付系统是由 Flagship Merchant Services 和 ROAMpay 开发的，可以接纳各种支付卡，同时可以记载现金交易记录。这款 App 可以通过顾客地址框帮助用户建立顾客资料数据库，用户可以按月使用这一服务。App 和读卡机是免费的，服务价格为每月 79.5 美元。

2. Square

Square 是一种简易的信用卡支付系统。Square 提供免费的 App，并为苹果手机和苹果平板电脑用户提供免费的信用卡读卡机。此外，Square 提供一系列工具，帮助用户跟踪销售额、税金等数据，同时也可以显示顾客购买数据，从而知悉哪些顾客买得最多。Square 不提供按月支付的服务，费用算是比较高的，每刷一次的费用为交易额的 2.75%，每次手动输入的交易费用为交易额的 3.5%再加 0.15 美元。但是如果使用移动支付的频率不那么高，Square 算是一个不错的选择。

 知识拓展

Square 跨境支付企业转型，搭建生态服务系统

Square 日前宣布，其在线商店 Square Online Store 已在英国上线，主要为中小企业提供全渠道和在线业务的解决方案，并提供独立站建站工具。这也是该公司自 2018 年收购 Weebly 以来，首次在该市场的全面整合。之后，Square Online Store 还将在加拿大、澳大利亚等国家上线。

2018 年 4 月，Square 宣布以 3.65 亿美元收购网站搭建服务公司 Weebly。这也意味着小型企业可以使用 Weebly 和 Square 搭建企业网站和在线电子商务平台，而 Square 也可借

此扩展海外市场和其业务范围。亿邦动力了解到，Square 是一家美国移动支付公司，主要为消费者或商家提供收付款服务，并在不断快速扩展其业务范围。

2014 年 11 月，Square 与 Snapchat 合作推出一项帮助用户相互之间进行资金转账的服务。

2016 年，Square 开始将其信贷扩展到经营原有支付处理系统之外的企业。在 2018 年 7 月，其宣布与 eBay 达成伙伴关系，也由此 Square 获得了向 eBay 数以百万计卖家提供商业贷款服务的巨大机会。Square 上季度发布的财报显示，其订阅和基于服务的营收是其业务亮点，这一部分的收入为 1.94 亿美元，同比增长 144%，且 Square 订阅和基于服务的全年营收达到 5.92 亿美元，同比增长 134%。

据了解，Square Online Store 上线后，企业可以先从 Square 提供的免费入门计划开始体验。Square 可提供访问集成工具，如 Instagram 画廊、运输、店内提货和其他项目服务。

此外，Square Online Store 也可用于帮卖家建立订餐网站。在这种网站上，消费者可以根据商店的不同位置定制取件时间及提前支付在线订单。

除此之外，Square 还可以帮助卖家建立各种类型的电子商务网站，且其功能设置也非常广泛。Square 的很多集成服务可以帮用户管理餐厅、咖啡馆、小型艺术家展台、弹出式零售商店，甚至是全面的实体零售业务。

在 Square Online Store 上，商家还可以销售各类实物或数字商品、活动门票等。除了 Square 禁止商家销售清单上的物品外，卖家几乎可以销售任何允许销售的物品。不仅如此，Square 还支持商家产品价位的变化，卖家可以在其产品管理页面上，创建修改器来修改产品信息或进行库存管理。

"至关重要的是，卖家能够通过任何渠道与他们的买家联系，无论是会面、在线沟通还是使用一些应用程序等。"Square 电子商务负责人 David Rusenko 在其公告中表示。据知情人士证实，该服务已在加拿大和澳大利亚上线。不久前，Square 还在美国推出了改良版的 Square Online Store 和 Square for Retail。

目前，Square 一直在不断扩展，并将其大部分精力都集中在了构建电子商务功能集成业务上，并致力于创建一个电子商务服务生态系统，让企业通过一次登录即可管理运营其几乎所有的在线销售业务。亿邦动力了解到，如今由做支付转型做搭建电子商务生态服务系统的企业不在少数，也似乎是大势所趋。

例如，中国的连连支付，在 2018 年发布了其跨境电子商务服务在线交易平台 Lian Lian Link，其欲在原有的支付系统上，汇集卖家和服务商，搭建跨境服务生态系统；再比如 PingPong，也在最近推出了商业操作系统 SellerOS，除了帮卖家做收付款外，还帮卖家解决其在市场竞争中遇到的难题。

资料来源：Square 跨境支付企业转型，搭建生态服务系统[EB/OL].（2019-05-05）. http://www.100ec.cn/detail--6507069.html.

3. PayPal Here

PayPal Here 接受多种多样的支付方式，包括信用卡、PayPal、支票和发票等。通过 PayPal Here 可以清晰地罗列出销售额，也可以计算税金，提供折扣，管理支付邮件通知单，等等。PayPal Here 可以兼容 iOS 和安卓系统。App 和读卡机是免费的，每刷卡一次交易费用为交易金额的 2.75%；每次手动收入，交易费用为交易额的 3.5%再加 0.15 美元。

4．Google Wallet

Google Wallet 即谷歌钱包，是一种虚拟钱包，可以帮助商家创造更具吸引力的购物体验。无论商家运营的是网店还是实体店，都可以使用谷歌钱包。谷歌钱包通过销售终端的 NFC 读卡机，帮助实体店商家让顾客使用手机进行支付。谷歌钱包还可以帮商家展示优惠商品。如果使用谷歌钱包的 Instant Buy 功能，顾客可以在商家的移动网站上快速地完成结算，费用为免费。

5．Intuit GoPayment

Intuit CoPayment 是 Intuit 公司开发的 App，接受信用卡、支票等支付工具。这款 App 可与 QuickBook 和 Intuit 公司的其他销售终端产品同步使用。兼容安卓系统和 iOS 系统，读卡机免费，服务费用为每月 12.95 美元，刷一次收取交易金额 1.75%的手续费。

6．LevelUp

LevelUp 是一种使用 QR 代码的移动支付系统。使用时，将扫描仪 LevelUp 与 POS 相连，使用独立的扫描仪也可以操作。此外，通过 LevelUp Merchant App，可以使用智能手机的摄像头读取 QR 代码，输入交易金额并完成支付。LevelUp 还提供了一系列的工具帮助用户利用顾客数据资源。费用为交易金额的 2%，扫描仪 50 美元，平板电脑 200 美元。

7．ISIS

ISIS 可以帮助实体店通过近场通信终端从顾客的手机中收取相关货款，以非接触的传输方式简化顾客支付的程序。通过 ISIS 移动钱包支付的，ISIS 不收取任何费用。

8．Boku

Boku 使用方便。在 Boku 的帮助下，顾客以手机号码为媒介，直接从手机账单中扣除他们购买商品的金额，而无须提供信用卡号码、银行账号等信息，也无须注册。

9．PayAnywhere

通过读卡机，PayAnywhere 可以在智能手机和平板电脑上使用。根据所处的具体位置，可以自动计算税费，提示折扣商品信息、商品图片、库存信息及其他数据。PayAnywhere 系统有英语和西班牙语两个版本。它的 App 和信用卡读卡机是免费的，与安卓系统和 iOS 系统兼容。费用为每次交易金额的 3.49%。

10．mPowa

通过 mPowa，顾客可以使用信用卡、借记卡和支票进行支付。mPowa 即将推出 PowaPIN 芯片和 PIN 读卡机，从而与 Europay、万事达卡和 Visa 等支付卡标准接轨。mPowa 支付系统为商家向全球扩张业务提供了良好的解决方案。费用为每次交易金额的 2.95%。

11．MCX

MCX 是由一大群零售公司创建并发展的一个移动 App。MCX 致力于提供一种可定制的个性化平台服务。MCX 的团队成员包括一系列的零售商，如便利店、药店、食杂店、快餐厅、特色商品零售店和旅游行业的商家。

二、第三方跨境移动支付模式

根据跨境移动支付模式，第三方跨境移动支付主要分为以下两种。

（一）支付网关模式

第三方支付行业主要采用服务于交易的支付网关模式，支付公司只提供资金支付的中转服务，属于被动响应的服务方式。在线支付实际只是银行卡网关支付。

网关型第三方支付平台没有内部交易功能，只是银行网关代理的第三方支付平台。所谓的支付网关是连接银行内部的金融专用网络与互联网公用网络的一组服务器，其主要作用是完成两者之间的通信、协议转换和对数据进行加密、解密，以保护银行内部数据安全。在这种模式下，支付平台只作为支付通道将客户发出的支付指令传递给银行，银行完成转账后再将信息传递给支付平台，支付平台将此信息通知商户并与商户进行账户结算。网上消费者的付款直接进入支付平台的银行账户，然后由支付平台与商户的银行进行结算，中间没有经过虚拟账户，而是由银行完成转账。在支付过程中，交易双方不能看到对方银行卡号码等支付信息，商品品种、规格等交易信息也不能让交易双方以外的人获取。

（二）信用中介模式

真正推动中国第三方支付市场发展的模式是信用中介模式。该模式成为第三方支付市场的绝对领先者。在这种支付模式下，付款者和收款人首先必须在第三方支付平台开立虚拟账户，付款人需要将实体资金转移到支付平台的支付账户中。

所谓第三方移动支付，就是一些和国内外各大银行签约并具备一定实力和信誉保障的第三方独立机构提供的跨境交易移动支付平台。在通过第三方移动支付平台进行的交易中，买方选购商品后，使用第三方移动支付平台提供的账户进行移动支付，并由第三方平台通知卖家货款到账，要求发货。买方收到货物，检验商品并进行确认后，就可以通知第三方移动支付平台付款给卖家，第三方再将款项转至卖家账户上。

信用中介模式的价值在于促使交易。信用中介的模式能够通过第三方介入的模式有效解决在线交易中的信任问题，促使交易成功，而信用中介模式的第三方在线支付方式也迅速成为主流跨境第三方移动支付平台，是跨境移动电子商务中买卖双方资金支付的"中间平台"。买方将货款付给买卖双方之外的第三方，第三方提供安全交易服务，其运作实质是在收付款人之间设立中间过渡账户，使汇转款项处于保障性控制状态，只有买卖双方意见达成一致才能决定资金去向。第三方移动支付平台担当中介保管及监督的职能，并不承担什么风险。所以确切地说，这是一种支付托管行为，通过支付托管实现支付保证。

第三方移动支付平台为网上交易双方提供担保，第三方移动支付平台托管账户会积累大量的资金沉淀，因此对于第三方移动支付平台提供二次担保和监管就显得尤其重要。

三、跨境移动第三方支付的优势

跨境移动第三方支付的优势有如下几点：第一，跨境移动第三方支付平台采用了与众多商业银行合作的方式，可同时提供多种银行卡的网关接口，从而大大方便了网上交易的进行。第二，跨境移动第三方支付平台作为中介方可以为商家及银行节约运营成本。第三，跨境移动第三方支付平台能够提供增值服务，为交易双方的交易进行详细记录。交易双方可通过第三方服务系统实时查询交易，并能通过信用评级等约束机制对交易双方的行为进行一定的评价约束。第四，跨境移动在第三方支付模式中，买方选购商品后，使用第三方平台提供的账户进行货款支付，并由第三方通知卖家货款到账，要求发货；买方收到货物，检验商品并进行确认后，就可以通知第三方付款给卖家，第三方再将款项转至卖家账户上。第五，跨境移动第三方支付平台将多种银行卡支付方式整合到一个界面上，充当了电子商务交易各方与银行的通道接口。

引入跨境移动第三方支付之后，商家和消费者只需在跨境移动第三方支付系统注册，通过跨境移动第三方支付系统进行中转，由跨境移动第三方支付系统和各银行签署协议进行账务的划转。

跨境移动第三方支付系统还可以完成货币兑换工作。货币兑换指的是支付机构通过银行为小额电子商务（货物贸易或服务贸易）交易双方提供跨境互联网支付所涉及的外汇资金集中收付及相关结售汇服务。例如，一个境内客户在境外网站购物，涉及的跨境支付今后可由第三方支付直接处理，而目前第三方支付机构大多是和银行合作或者和境外第三方支付机构合作，通过共享账号的形式，曲线实现跨境支付。

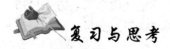

复习与思考

1. 名词解释

   （1）跨境电子商务

   （2）国际信用卡收款

   （3）移动支付

   （4）第三方支付

2. 简答

   （1）跨境移动支付的特性是什么？

   （2）跨境移动电子商务的支付模式有哪些？

   （3）跨境电子商务支付与结算的交易风险有哪些？

   （4）西联汇款的优点是什么？

   （5）阿里巴巴 Secure Payment 的优点是什么？

第七章　跨境电子商务与数据分析

知识目标

- 了解数据分析的定义。
- 了解电子商务数据分析的重要性。
- 认识电子商务网站运营数据分析的内容。
- 了解数据化选品的概念与分类。

学习重点、难点

重点

- 电子商务数据分析的方法与流程。
- 运营分析维度。
- 数据分析引流。
- 店铺整体数据分析。

难点

- 了解电子商务数据分析的架构。
- 能够撰写网站运营分析报告。
- 能够分析无线端数据。
- 掌握数据优化与提高点击率、转化率的技能。

案例导入

敦煌网王树彤：大数据等技术的突破加速了全球供应链融合

2020年2月17日消息，据获悉，APEC工商咨询理事会（ABAC）2020年第一次会议近日在澳大利亚举行。APEC中国代表、敦煌网创始人兼CEO王树彤在财经工作组会议上发表演讲时指出，目前人工智能、大数据和区块链这些技术突破加速了全球供应链各方的融合，大数据已经成为风险管理、信用评级和贷款发放决策的基础。

王树彤表示，中小企业的授权经营数据也由此可以作为信用评价依据，使得金融机构可以便利地扩大对中小微企业的金融服务。

在演讲中，王树彤还提到，敦煌网与中国建设银行合作推出的"电商贷"，就是中国第一个在跨境出口电子商务领域运用大数据精准帮扶小微企业走出去的信贷产品。

据《电商报》了解，"电商贷"于2019年12月推出，主要针对跨境电子商务小微企业，额度达 200 万元，无抵押，随借随还，利率比市场上普通贷款低 75%以上。

值得关注的是，为帮助中小企业在疫情期间缓解现金流压力，敦煌网本月早些时候宣布，自 2 月 5 日起，疫情期间申请"电商贷"授信的企业，利率从原本全国最低的 5%降至 4.5%，并将在企业申请支用后 1 秒放款。

资料来源：敦煌网王树彤：大数据等技术的突破加速了全球供应链融合[EB/OL]．（2020-02-20）．http://www.100ec.cn/detail--6545694.html．

第一节　数据分析概述

一、认知数据分析

（一）数据分析的定义

数据分析是指用适当的统计分析方法对收集来的大量第一手资料进行分析，以求最大化地开发数据资料的功能，发挥数据的作用，提取有用的信息并形成结论，从而对数据加以详细研究和概括总结的过程。例如，速卖通的卖家通过数据分析，能将整个店铺的运营建立在科学分析的基础之上，将各种指标定性、定量地分析出来，从而为决策者提供最准确的参考依据。

（二）数据分析常用公式和名词解释

- UV：Unique Visitor，网站独立访客，即访问网站的一台电脑客户端为一个访客。
- PV：Page View，即页面浏览量或点击量，用户每次刷新即被计算一次。
- 平均访问深度（PV/UV）：数值越大，买家访问停留页面的时间越长，购买意向越大。
- 店铺成交转化率：指成交用户数占所有访客数的百分比，即店铺成交转化率=成交用户数总访客数。
- 单品转化率：等于单品下单用户数/访客数。
- PV 点击率：即浏览量（点击量）占曝光量（流量）的百分比。

二、数据分析的意义和作用

（一）数据分析的意义

数据分析的意义在于：发现问题并且找到问题的根源，最终通过切实可行的办法解决存在的问题。基于以往的数据分析，总结发展趋势，为网络营销决策提供支持。事实上，全球各大行业巨头都表示进驻"开放数据"蓝海。以沃尔玛为例，该公司已经拥有两千多万亿字节数据，相当于两百多个美国国会图书馆的藏书总量。这其中很大一部分是客户信息和消费记录。通过数据分析，企业可以掌握客户的消费习惯，优化现金和库存，并扩大销量。数据已经成为各行各业商业决策的重要基础。

（二）数据分析的作用

数据分析的作用包括分享线上活动成效，考核相关人员绩效（KPI），监控推广的投入产出（ROD），发现客服、营销等方面的问题，预测市场未来趋势，帮助改进网站用户体验设计（UED）。数据分析贯穿于产品的整个生命周期，包括从市场调研到售后服务的各个过程，都需要适当运用数据分析，以提升有效性。例如，世界工厂网就设有排名榜的数据分析，通过分析用户在世界工厂网的搜索习惯及搜索记录，免费提供了产品排行榜、求购排行榜和企业排行榜。从各方对待一个事物的态度与投资动向，我们能很轻易地了解到这一事物的重要程度。从以上的事例可以看出，数据分析对于各行各业都非常重要，尤其对于电子商务行业来说。

第二节 跨境电子商务数据分析的指标体系

一、电子商务数据分析的重要性

（一）电子商务数据分析的原因

电子商务企业除了关注产品的整体数据外，更需要关注各种数据所反映的问题，而进行数据分析则是一项战略性的投资。这里的数据代表着很多含义，包括电子商务行业的整体数据、网站运营数据、用户数据、各种转化率数据、广告投放数据等，而最终反映的数据或许只有企业账户里的数字，但如果没有前面这些数据，企业账户里的数据可能会越来越少或者会增长越来越慢，以至于失去这个账户。

很多电子商务企业不进行数据分析，其原因有以下 5 个方面：缺乏对数据重要性的认识；企业投入预算不足；数据分析人才缺失；企业还没有到达产生这个需求的阶段；数据量不多，不足以分析；等等。

（二）电子商务数据分析的指标

电子商务数据分析的主要指标包括网站运营指标、经营环境指标、营销活动指标、客户价值指标和销售业绩指标。

1. 网站运营指标

网站运营指标主要用来衡量网站的整体运营状况，又可以细分为网站流量指标、商品类目指标和供应链指标。

1）网站流量指标

网站流量指标主要从网站优化、网站易用性、网站流量质量及顾客购买行为等方面进行考虑。网站流量指标还可细分为数量指标、质量指标和转换指标。其中，网页浏览量（PV）独立访客数（UV）、使用不同地址访问网站的用户数量、新访客数和新访客比率等都属于流量数量指标；跳出率、页面/站点平均在线时长、PV/UV 等属于流量质量指标；针对具体的目标，涉及的转换次数和转换率则属于流量转换指标，如用户下单次数、加入购物车次数、成功支付次数及相对应的转化率等。

2）商品类目指标

商品类目指标主要用来衡量网站商品正常运营水平，如商品类目结构占比，各类产品的销售额占比，各类产品的销售SKU（Stock Keeping Unit，最小存货单位）集中度，以及相应的库存周转率等。不同的产品类目占比又可细分为商品大类目占比情况及具体商品不同大小、颜色、型号等各个类别的占比情况等。

3）供应链指标

供应链指标主要用来衡量电子商务网站商品库存及商品发送的水平，考核从顾客下单到收货的时长、仓储成本、仓储生产时长、配送时长、每单配送成本等，如仓储中的分仓库压单占比、系统报缺率（与前面的商品类目指标有极大的关联）、实物报缺率和限时上架完成率等，物品发送中的分时段下单出库率、未送达占比及相关退货比率、COD（Cash on Delivery，货到付款）比率等。

2．经营环境指标

电子商务网站经营环境指标又分为外部竞争环境指标和内部购物环境指标。外部竞争环境指标包括网站的市场占有率、市场扩大率和网站排名等，这类指标通常采用第三方调研公司的报告数据。网站内部购物环境指标包括功能性指标和运营指标（这部分内容与流量指标一致），常用的功能性指标包括商品类目多样性、支付配送方式多样性、网站正常运营情况和链接速度等。

3．营销活动指标

营销活动指标通常包括活动效果（收益和影响力）、活动成本及活动黏合度（通常以用户关注度、活动用户数及客单价等来衡量）三个方面。通常将营销活动指标区分为日常市场运营活动指标、广告投放指标及对外合作指标。其中市场运营活动指标和广告投放指标主要考虑新增访客数、订单数量、下单转化率、每次访问成本、每次转换收入及投资回报率等指标，而对外合作指标则根据具体的合作对象而定，如某电子商务网站与返利网合作，首先应考虑合作回报率的问题。

4．客户价值指标

客户也可称为消费者。其价值通常由历史价值（过去的消费）、潜在价值（主要从用户行为方面考虑，RFM模型为主要衡量依据）、附加值（主要从用户忠诚度、口碑推广等方面考虑）三个方面组成。客户价值指标则分为总体客户指标和新、老客户价值指标两种，该指标主要从客户的贡献和获取成本两方面来衡量，如访客人数、访客获取成本及从访问到下单的转化率等。

5．销售业绩指标

销售业绩指标直接与企业的财务收入挂钩，因为其他数据指标的细化操作都可以根据销售业绩指标来进行，所以在所有数据分析指标体系中起着非常重要的作用。电子商务领域里的销售业绩指标主要分为网站销售业绩指标和订单销售业绩指标两种，其中，网站销售业绩指标重点在于网站订单的转化率方面，而订单销售指标重点则在具体的毛利率、订单有效率、重复购买率和退换货率方面。当然，除此之外还有很多指标，如总销售额、品牌类目销售额、总订单、有效订单等。

知识拓展

如何做好电子商务的数据分析

要做好电子商务的数据分析,需要注意以下九个方面的问题。
(1)拥有一个好的数据分析与统计系统。
(2)持续关注数据的变化。
(3)专人负责数据汇总和解读。
(4)制定主要考核电子商务网站的运营指标。
(5)定期做周度、月度、季度、年度或者某一个特别事件的专项数据分析。
(6)采用一些图表来增强数据的可读性。
(7)对数据做一些交叉分析来观察某一个特定问题。
(8)关注行业数据变化。
(9)了解中国整体网民对电子商务偏好度、用户属性和变化情况。

二、电子商务数据分析流程

(一)关键数据

电子商务网站涉及的数据非常广泛,以 B2C 网站为例,数据分析的流程为:收集数据→量化分析→提出方案→优化改进,如图 7-1 所示。

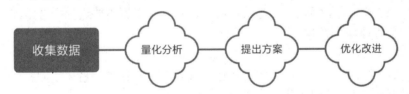

图 7-1 数据分析的流程

每个 B2C 电子商务网站的定位和客户不同,运营的情况也千差万别,考察用户访问、内容浏览和商业行为的关键数据,就能够判断网站运营的基本状况。

- 独立用户访问量:就是常说到的 UV,即有多少台计算机在 24 小时内访问网站(UV 和 P 并不等同)。
- 积极访问者比率:如果你的网站针对正确的目标受众并且网站使用方便,你可以看到这个指标应该是不断上升的。
- 忠实访问者比率:每个长时间访问者的平均访问页数,这是一个重要的指标,它结合了页数和时间。
- 客户转化率:指在一个统计周期内,完成转化行为的次数占推广信息总点击次数的比率。客户转化率是网站最终能否盈利的核心,提升网站转化率是网站综合运营实力的结果。

- 客单价：每一个顾客平均购买商品的金额，即平均交易金额。
- 客户满意度：客户期望值与客户体验的匹配程度。换言之，就是客户通过对一种产品可感知的效果与其期望值相比较后得出的指数。
- 用户回访率：衡量网站内容对访问者的吸引程度和网站的实用性，网站是否有令人感兴趣的内容使访问者再次访问。
- 投资回报率：用来衡量营销费用的投资回报，把钱分配给有最高回报率的营销方式。

（二）收集数据

在做网站数据分析之前，首先需要收集和获取数据，尽量获得完整、真实、准确的数据，做好数据的预处理工作，以便于量化分析工作的开展。

1. 网站后台的数据

（1）网站用户数据（注册时间、用户性别、所属地域、来访次数、停留时间等）。

（2）订单数据（下单时间、订单数量、商品品类、订单金额、订购频次等）。

（3）反馈数据（客户评价、退货换货、客户投诉等）。

2. 搜索引擎的数据

（1）网站在各个搜索引擎的收录量（site）。

（2）网站在搜索引擎的更新频率。

（3）关键词在搜索引擎的竞价排名情况。

（4）网站取得的搜索引擎信任的权重（谷歌有 PR 值、搜狗有 SR）等。

3. 网站统计工具的数据

网站统计工具很多，基本都会提供访客来自哪些地域、访客来自哪些网站、访客来自哪些搜索词、访客浏览了哪些页面等数据信息，并且会根据需要进行广告跟踪。

4. 调查问卷收集的数据

调查问卷是最常用的一种数据收集方法，以问题的形式收集用户的需求信息。设计问卷是询问调查的关键。问卷要能将问题传达给被问者并且让被问者乐于回答，因此，问卷设计时应当遵循一定的原则和程序，运用一定的技巧。

在网络时代，调查问卷与传统的形式相比，在设计、收集、统计上都发生了相应的改进，通常称为网络问卷调查或网络调查法。

（三）量化分析

分析不只是对数据的简单统计描述，而是在数据中发现问题的本质，然后针对确定的主题进行归纳和总结。常用的分析方法有以下几种。

（1）趋势分析：将实际达到的结果与不同时期报表中同类指标的历史数据进行比较，从而确定变化趋势和变化规律的一种分析方法。具体的分析方法包括定比和环比两种。定比是以某一时期为基数，其他各期均与该期的基数进行比较；而环比是分别以上一时期为基数，下一时期与上一时期的基数进行比较。

（2）对比分析：把两个相互联系的指标数据进行比较，从数量上展示和说明研究对象规模的大小、水平的高低、速度的快慢，以及各种关系是否协调。在对比分析中，选择合适的对比标准是十分关键的步骤，选择合适，才能做出客观的评价，反之可能得出错误的结论。

（3）关联分析：如果两个或多个事物之间存在一定的关联，那么其中一个事物就能够通过其他事物进行预测；它的目的是挖掘隐藏在数据间的相互关系。

（4）因果分析：是为了确定某一现象变化原因的分析，主要解决"为什么"的问题；就是在研究对象的先行情况中，把作为它的原因的现象与其他非原因的现象区别开来，或者是在研究对象的后行情况中，把作为它的结果的现象与其他现象区别开来。

（四）提出方案

将数据量化分析的结果进行汇总、诊断，并提出最后的解决方案。

（1）评估描述：对评估情况进行客观描述，用数据支持自己的观点。

（2）编制统计图表：运用柱状图和条形图对基本情况进行更清晰的描述，运用散点图和折线图表现数据间的因果关系。

（3）提出观点：根据现实情况的数据分析，提出自己的观点，预判网站的发展趋势，给出具体建议性的改进措施。

（4）演示文档：基于以上三点进行归纳总结，列出条目，制作一份详细的演示文档，能够给部门领导演示和讲解。

（五）优化改进

根据改进措施的实施，及时了解运营数据相应的变化，不断优化和改进，不仅要治标更要治本，使同类的问题不再出现；持续监控和反馈，不断寻找能从根本上解决问题的最优方案。

数据分析是一项长期工作，同时也是一个循序渐进的过程，需要网络运营人员实时监测网站运行情况，及时发现问题、分析问题并解决问题，这样才能使电子商务网站健康、持续地发展。

数据分析的8种方法

三、电子商务数据分析的架构

（一）企业数据相关的架构及职能

1．一般职能

（1）营销：核心是品牌、流量，包含 SEM（搜索引擎营销）、AD（广告营销）、联盟、新媒体、EDM（电子邮件营销）、SEO（搜索引擎优化）等。

（2）运营：核心是日常（网站）运维管理，包括网站、商品、资源位、内部活动管理，甚至包括会员、采销、物流等。

（3）采购：核心是商品采购，一般以品类划分。

（4）销售：核心是商品销售，一般以品类划分，有时与采购合并。

（5）物流：核心是物流配送，主要是商品进、销。

（6）仓储：核心是商品库存管理，仓储通常与物流合并成进销存体系。

（7）客服：核心是客户服务和维系，包括客户维系、咨询、服务、关怀。

2. 系统运维

(1) 核心：维护数据系统，保证数据系统正常运行。

(2) 维护流量系统，保证系统正确部署、实施和收集数据。

(3) 提供系统部署方案，配合技术方案进行实施和测试。

(4) 提供系统后台和数据报表配置，制订日常发送计划。

(5) 系统部署和配置，保证数据正确输出。

3. 数据架构

(1) 核心：数据系统架构规划，数据标准和规范化。

(2) 大数据体系规划，支撑大数据集成、建模、挖掘和产品体系。

(3) 负责构建公司元数据管理系统和数据质量管理体系。

(4) 模型的定义和数据标准的定义（词、术语、主题域、接口等）。

(5) 重大数据项目评估和审核。

4. 数据管理

(1) 核心：数据的存储维护，保证数据的安全性、可用性。

(2) 数据仓库维护和管理，包括安装、配置、迁移、升级、备份。

(3) 数据库性能优化、应急处理，建立数据管理体系和工作机制。

(4) 数据仓库开发，构建数据集市和数据底层架构。

(5) 数据校验、数据权限管理、日常数据输出。

5. 数据产品

(1) 核心：数据产品开发和应用支持。

(2) 梳理数据产品需求，优化报表和规划新报表及数据产品。

(3) 根据产品需求，协调开发资源，保障项目按时上线。

(4) 协助数据分析和挖掘部门，进行数据模型产品化输出。

(5) 在大数据基础上商业智能实现逻辑规划，辅助技术开发和测试。

6. 数据分析

(1) 核心：业务方向数据分析支持。

(2) 业务活动效果评估，如渠道画像、会员活跃度。

(3) 业务活动异常分析支持，如异常订单、恶意流量、恶意点击。

(4) 业务效果标杆管理与预警机制，如流量预测、库存预测。

(5) 业务内在价值挖掘与提炼，如渠道订单归因、用户生命周期。

(6) 业务活动规则支持与辅助决策，如营销活动人群规则、广告定向。

7. 数据挖掘

(1) 核心：面向产品的挖掘规则及部分业务支持。

(2) 负责商业智能实施中的数据挖掘模块算法研究、模型建立和优化。

(3) 负责数据挖掘模型建立与维护，如关联模型、决策规则模型。

(4) 负责个性化推荐模块算法研究及推荐效果优化。

(5) 负责大数据下传统机器学习算法的并行化实现及应用，提出改进方法及思路。

8．市场战略

（1）核心：提高对行业和竞争对手的认知，增加对公司战略的支持。

（2）根据公司战略方向，制定中长期发展规划。

（3）根据公司规划，协助各中心制定战略研究规划并进行课题跟踪。

（4）搜集行业信息，捕捉行业发展新机会，为高层提供战略建议。

（5）建立竞争对手档案库，全面把控竞争对手动态；把握用户脉搏，掌控用户新需求、新想法、新途径等信息。

（二）企业数据业务工作流程

1．数据采集

（1）企业内部数据采集来源于各个业务生产系统，包括客户关系管理（CRM）数据、CC（呼叫中心）数据、财务数据、仓储数据、门店数据、销售数据、办公自动化数据、物流数据、网站数据。

（2）企业外部数据由企业外部产生，企业通过合作、购买、采集等形式获得。企业外部数据通常包括竞争数据、营销数据、物流数据、行业数据等。

2．数据存储

（1）数据存储层是在数据源的基础上，通过数据仓库技术（ETL）进行数据整合，形成供上层计算或业务使用的数据仓库及数据集市。

（2）数据仓库面向业务决策或上层数据应用，是一个面向主题的、集成的、相对稳定的、反映历史数据变化的数据集合。

3．数据计算

（1）数据挖掘按照不同的实现结果方向可分为回归模型、聚类模型、关联模型、时间序列、分类模型和机器学习等。

（2）数据计算按照计算结果输出的时间性可分为实时计算和离线计算，部分企业还会在实时计算和离线计算之间加入临时计算。

（3）数据计算模块对于大多数中小企业来说没有必要单独拆分，原因是在较小的数据体量和应用需求下，完全可以通过数据实时计算获得结果。数据计算模块只对大中型企业或具备海量数据处理需求的企业存在意义。

4．数据管理

（1）数据管理层是介于数据和应用之间的介质和桥梁，通常上层自动应用或产品化的所需数据直接由数据计算层调用。对大多数企业而言，数据管理层的功能定位是用户和数据管理。

（2）数据管理层通过数据管理平台 DMP（Data Manage Platform）实现，但现在大多数的 DMP 产品仍集中应用在底层数据整合和抽取等工作上，尚未上升到数据管理层面。

5．数据应用

（1）辅助决策应用是目前数据发挥价值的主流方式，包括自动化营销、站内个性化推荐、数据产品化报表等。

（2）数据驱动需要借助技术手段实现，通常是建立在数据事件触发或数据结果触发基础上的自动化运行机制。常见的数据驱动项目包括 RTB（实时竞价）、个性化 EDM（电子邮件营销)、站内个性化推荐、个性化着陆页、网站智能运营、基于用户事件或时间的维系触发等。

第三节 跨境电子商务网站数据分析的指标体系

一、电子商务网站运营数据分析

(一)内容界定

网站运营是以网站为业务运营载体的部门统称,通常包含网站运营、活动运营用户体验、产品设计、在线销售等部门。网站运营分析内容界定如图7-2所示。

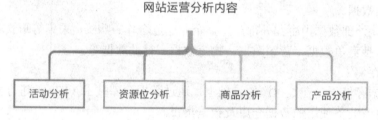

图7-2 网站运营分析内容界定

(二)活动分析

从电子商务角度来看,促销活动已经成为各电子商务销售的主要方式之一。

从用户角度来看,大多数用户已经习惯于无活动不销售。

电子商务活动的类型如下:商家店庆;行业巨头店庆(如京东、天猫);传统节假日("五一"、妇女节)。电子商务活动如图7-3所示。

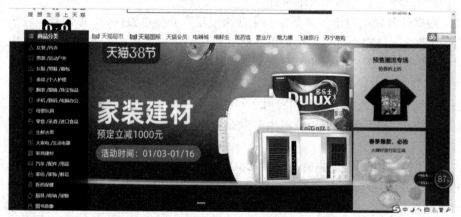

图7-3 电子商务活动图

(三)资源位分析

资源位即网站上用来达成一定目标的位置或资源形式,如焦点图、文字链、活动区、推荐位、商品位、广告区。

(四)商品分析

商品分析是围绕商品查找、浏览、购买的整个流程所进行的分析,如图 7-4 所示。

图 7-4 商品分析流程

查找的内容如下:更多的资源位;更好的位置;更长的时间。
浏览的内容如下:更低的折扣;更好的广告语;紧迫的时间感;更好的存在感。
购买的内容如下:尽量少的流程;合理的功能设计;良好的购物逻辑;丰富的支付选择;良好的页面体验。

(五)产品分析

产品分析也称为用户体验分析,实际上包含产品和功能设计分析及用户体验分析两部分。
产品分析一般包含三类,具体如下。
(1)点:产品功能分析。
(2)线:产品流程分析。
(3)面:产品整站分析。

二、运营分析维度

(一)运营分析维度图示

运营分析维度图示如图 7-5 所示。

图 7-5 运营分析维度图示

（二）运营分析维度详解

1．目标端

网站运营通常具有明确的、可衡量的目标，衡量角度涵盖流量、用户、转化，具体如下。

（1）流量：站内流量分布、流程行为的衡量。

（2）用户：用户登录、注册、特殊事件（如预定、下载、试驾、投保等）的衡量。

（3）转化：通常是电子商务转化，即销售达成的衡量。

2．运营端

网站运营分析主要应关注以下两方面。

（1）宏观层面，关注整体资源分配、流程完善和资源整合。宏观层面分为如下两个维度。

① 网站运营环节与公司其他环节的横向分析，即关注不同部门间的协作、整合关系。

② 网站运营自身流程的纵向分析，即不同运营事件之间的关联影响及流程优化。

（2）微观层面，关注运营本身的要素、细节和过程。

① 资源类型：广告位、商品位、活动位、资讯位等站内资源，还可能包括会员通道、资源互换、联合运营等站外资源。

② 资源排期：所有资源位的排期，起始时间、跨越时间长度；尤其是重要节假日的排期，如春节、"十一"等国家法定节假日，周年庆等企业节日，"6·18""双十一"等电子商务节日，等等。

③ 运营内容：每种资源位上架的内容、类型等要素。

④ 促销卖点：运营内容上可能引起用户关注的要素，如降价、折扣等；促销手法，如关联销售、打包促销和组合销售等。

⑤ 资源位效果：不同资源位有不同的引流效果，重点关注大型流量页面及资源位，如首页、焦点图、横幅等。

⑥ 资源位布局：同一页面中多个资源位之间的相互影响关系，焦点图、顶部导航资源的利用率分析。

⑦ 资源位组合：不同资源位置和内容之间的相互关系，重点是优势资源+劣势内容、劣势资源+优势内容的组合分析。

3．用户端

用户端的分析维度同样包括用户属性和用户行为，在此重点介绍用户行为分析的特殊维度。

1）用户群体细分

不同的用户具有明显的行为区别，运营分析中会强调用户群体细分。除了基于人口属性、事件和行为的划分外，还需要把时间和序列因素纳入群体分析过程中。

2）用户喜好特征

（1）单元素行为——点击热力图、页面事件、表单、媒体播放等，通过对关键元素点击统计获得用户的喜好特征。

（2）单页面行为——来源渠道及促销卖点、进入页面、退出页面、浏览最多的页面。通过这些页面的浏览量、停留时间等数据，可以发现用户是否具有明显的目标或兴趣

（3）多页面行为——行为流路径、页面关联模型。通过路径和关联发现用户是否具有明显的路径特征，如果用户频繁访问两个类似的商品，说明用户可能在做商品对比。

（4）多访次行为——用户生命周期内的行为。将上述用户行为的定义区间扩大，不仅看单个访问内的行为，还将多个访问做关联特征分析。

4．网站端

网站端除了关注着陆页设计、关键表单设计和站内流程外，还会关注网站本身对活动的影响。

（1）高并发下的网站支持。在高并发的情况下，网站服务器可能无法正常访问，甚至会出现宕机的情况，这会直接导致某些关键行为，如登录、注册、提交订单等无法完成。

（2）活动促销功能设计问题。网站运营过程中为实现运营目标，通常需要 IT 部门设计新功能以满足特殊活动需求，如抽奖、转盘等特殊道具及大型站内游戏等。针对这些环节，需要做如下分析：活动游戏参与度分析；活动任务难度分析；活动道具分析。

5．竞争端

竞争对手的网站运营同样会对企业内部运营产生重大影响。

（1）从宏观角度来看，需要分析竞争对手的运营策略、定价策略、排期策略、营销策略等，以便制订有针对性的实施方案。

（2）从微观角度来看，竞争对手的网站上存在的显性因素，如产品价格、库存、销量、活动时间、参与商品、促销策略等，很可能成为我们可以利用的突破点。

6．其他因素

（1）新资源扶持：某企业的核心竞争优势是 3C 商品，为了支持图书和音像业务的发展，网站导航中将"图书、音像、数字商品"品类调整到第一的位置。

（2）测试性投入：主打大家电品类的企业，测试性地投入资源建立超市类业务。

三、网站运营数据分析体系

（一）用户分析

会员分析：新会员注册、新会员购物比率、会员总数、所有会员购物比率。

概括性分析会员购物状态，重点在于本周新增了多少会员，新增会员购物比率是否高于总体水平。如果你的注册会员购物比率很高，那引导新会员注册不失为提高销售额的好方法。会员复购率一般分为：1 次购物比例、2 次购物比例、3 次购物比例、4 次购物比例、5 次购物比例、6 次购物比例。

转化率体现的是 B2C 的购物流程、用户体验是否良好，也可以称为外功。复购率则体现 B2C 整体的竞争力，绝对是内功，这包括知名度、口碑、客户服务、包装发货单等每个细节。好的 B2C 复购率能做到 90%，没有复购率的 B2C 绝对没有任何前途，所以这也能够理解为什么很多 B2C 愿意花大钱去投门户广告，为的就是获取用户的第一次购买，从而获得长期的重复购买，但某些 B2C 购物体验做得不好，花大钱砸广告，这纯属烧钱行为。

运营的核心工作，一方面是做外功，提高转化率，获取消费者的第一次购买行为，另一方面是做内功，提高复购率。所以 B2C 是一门综合学科，做好每门功课不容易，也正是

依靠每个细节,才奠定了 B2C 发展的基石。

(二)流量来源分析

流量来源分析通常用 Google Analytics,统计的数据比较详细。流量来源分析具有以下几点重要意义。

(1)监控各渠道转化率。这是运营的核心工作,针对不同的渠道做有效的营销,IP 代表着力度,转化率代表着效果。

(2)发掘有效媒体。转化率的数据让我们很清晰地了解到哪种渠道转化效果好,那么依此类推,同样的营销方式,用在同类的渠道上,效果也差不到哪儿去,商务拓展(BD)广告就可以去开发同类的合作渠道,复制成功经验。流量分析是为运营和推广部门提供方向的,除了转化率外,浏览页数、在线时间也是评估渠道价值的指标。

(三)内容分析

内容分析主要有两项指标:退出率和热点内容。

(1)退出率是一个好医生,很适合给 B2C 检查身体,哪里的退出率高,基本上就能说明哪里会出现问题。要重点关注登录、注册、购物车、用户中心,这些是最基础的,也是最关键的。一般主要列出 TOP20 退出率页面,然后运营部会重点讨论原因,依次进行改进。

(2)热点内容是用来指导运营工作的,消费者最关注什么,什么产品、分类、品牌点击最高,这些数据在新的运营工作中可用作重点引导,推荐消费者最关注的品牌,促销消费者最关注的商品,等等。

(四)商品销售分析

这部分是内部数据,根据每周、每月的销售详情,了解经营状况,做出未来销售趋势的判断。

四、撰写网站运营分析报告

(一)业务经营分析报告

业务经营分析报告由标题、前言、主体和结尾四部分组成。

1. 标题

业务经营分析报告的标题应当高度概括分析报告的主要内容、对象及作者的基本观点,以影响读者,指导读者正确理解分析报告。业务经营分析报告的标题有单标题和双标题两种。

单标题多将分析的对象、内容及时间写在标题上,如《××公司××××年度完成经济计划情况分析》。有的直接在标题中揭示问题,提出建议,展望未来。双标题的正题往往标出业务经营分析报告的主旨,点出作者的基本观点;副题则说明分析的对象、内容及时间范围等。

2. 前言

前言即分析报告的开头,其写法多种多样,应视具体情况灵活掌握。有的在开头部分简要说明调查分析的时间、地点、对象、内容、范围及方式方法等；有的交代写作目的，说明选题的重要意义，以利于读者了解作者的写作动机，引导读者把握分析报告的重心，正确理解分析报告的基本含义；有的简要介绍分析报告的主要内容；有的点出作者的基本观点；有的介绍分析对象的基本情况；有的提出问题，引起注意……

业务经营分析报告开头的写法很多，运用起来应当灵活，有时单独采用一种，有时几种综合运用。

3．主体

主体是业务经营分析报告的主要部分。在此部分，需要围绕选题提出问题，分析问题，解决问题，并且要有情况，有数据，有观点，有分析。

主体部分的结构安排有纵式结构和横式结构两种。

纵式结构按照事物发生、发展的时间顺序或人们认识发展的规律，层层递进，依次安排布局，适用于事理明了、内容单一的专项分析报告。横式结构则根据分析内容的性质，划分成几个方面或问题，循着某一逻辑关系并列安排布局，适用于综合性分析报告。例如，《××省××××年度财务分析报告》的主体部分，根据分析内容的性质，分成"×××年财务收支基本情况""资金来源与运用分析""成本费用分析""利润分析""问题与建议"五个部分。每一部分又分解为若干个小部分，如把利润分析部分分成"存款规模对利润的影响""存贷款利差对利润的影响""贷款收息率对利润的影响"三个小部分，从多个角度分析其财务综合状况。

4．结尾

结尾是分析报告的结束部分，其主要作用是总结全文、点明主题、得出结论、揭示问题、提出建议、展望未来、鼓舞斗志、加深认识等，但若在前言或主体部分已得出结论、提出建议、展望未来、点明主题，也就无须再画蛇添足，可灵活掌握运用。

（二）网站运营分析报告

网站运营分析报告的内容包括如下几点。

（1）数据整理。

（2）分不同维度进行数据分析：自己和自己比；产品内部横向对比；市面上产品的纵向对比；用户体验层面的比较。

（3）给出优化建议。

（4）列出下阶段的工作计划。

（三）网站改版分析报告

1．建设网站前的市场分析

（1）相关行业的市场是怎样的，市场有什么样的特点，是否能够在互联网上开展公司业务。

（2）市场主要竞争者分析，竞争对手上网情况及其网站规划功能和作用。

（3）公司自身条件分析、公司概况、市场优势，可以利用网站提升哪些竞争力，建设网站的能力（费用、技术、人力等）。

2. 建设网站的目的及功能定位

（1）为什么要建设网站，是为了宣传产品、开展电子商务业务，还是建设行业性网站？是企业的需要还是市场开拓的延伸？

（2）整合公司资源，确定网站功能。根据公司的需要和计划确定网站的功能，如产品宣传型、网上营销型、客户服务型、电子商务型、行业门户型等。

（3）根据网站功能，确定网站应达到的目的和作用。

（4）企业内部网（Intranet）的建设情况和网站的可扩展性。

3. 网站技术解决方案

根据网站的功能确定网站技术解决方案。

（1）采用自建服务器，还是租用虚拟主机？

（2）选择操作系统，分析投入成本、功能、开发、稳定性和安全性等。

（3）采用系统性的解决方案（如 IBM、HP 等公司提供的企业上网方案、电子商务解决方案），还是自己开发？

（4）网站安全性措施，防黑、防病毒方案。

（5）相关程序开发，如网页程序 ASP、ASPNET、JSP、PHP、CGI、数据库程序等。

4. 网站内容规划

（1）根据网站的目的和功能规划网站内容，一般企业网站应包括：公司简介、产品介绍、服务内容、价格信息、联系方式、网上订单等基本内容。

（2）电子商务类网站要提供会员注册、详细的商品服务信息、信息搜索查询、订单确认、付款、个人信息保密措施、相关帮助等。

（3）如果网站栏目比较多，则可考虑采用网站编程专人负责相关内容。注意：网站内容是网站吸引浏览者最重要的因素，无内容或不实用的信息不会吸引匆匆浏览的访客。可事先对人们希望阅读的信息进行调查，并在网站发布后调查人们对网站内容的满意度，以及时调整网站内容。

5. 网页设计

（1）网页美术设计一般要与企业整体形象一致，要符合企业视觉形象识别（CI）规范。要注意网页色彩、图片的应用及版面规划，保持网页的整体一致性。

（2）在新技术的采用上要考虑主要目标访问群体的分布地域、年龄阶层、网络速度、阅读习惯等。

（3）制订网页改版计划，如每半年到一年时间进行一次较大规模改版等。

6. 网站维护

（1）服务器及相关软硬件的维护，对可能出现的问题进行评估，制定响应时间。

（2）数据库维护，有效地利用数据是网站维护的重要内容，因此数据库的维护应受到重视。

（3）内容的更新、调整等。

（4）制定相关网站维护的规定，将网站维护制度化、规范化。

7. 网站测试

网站发布前要进行细致周密的测试，以保证正常浏览和使用。主要测试内容如下。

（1）服务器的稳定性、安全性。
（2）程序及数据库测试。
（3）网页兼容性测试，如浏览器、显示器。
（4）根据需要进行的其他测试。

8．网站发布与推广
（1）网站测试后进行发布的公关、广告活动。
（2）搜索引擎登记等。

9．网站建设日程表
各项规划任务的开始、完成时间、负责人等。

10．费用明细
各项事宜所需费用清单。

以上为网站规划书中应该体现的主要内容，根据不同的需求和建站目的，内容也会相应增加或减少。在建设网站之初，一定要进行详尽的策划，只有这样才能达到预期的建站目的。

（四）单品分析报告

对于任何一份分析报告来说，开篇的点题和背景介绍都很重要。单品分析报告主要包括如下几个部分。

1．行业概述
（1）介绍互联网的背景（发展情况及发展趋势）。
（2）介绍产品对应市场情况（市场规模、用户群体、产品组成及竞争情况、有何新趋势）。

2．产品概述
（1）产品的战略定位与目标。
（2）产品的发展历程（针对已有的产品）。
（3）产品的发展规划。

3．用户需求分析
用户需求收集与总结（出现了哪些需求，哪些还未被满足或未被较好地满足，便于后面提出优化方案）。

4．产品功能分析
功能列表、主要业务流程介绍，便于后面对比优缺点。
行业背景和产品都介绍之后，就该通过SWOT搭建产品分析的核心框架了。

5．产品优势分析
（1）用户体验方面。
（2）功能设计方面（包括横向和纵向，即功能是否全面，流程是否完善、简便）。
（3）资源、性能方面。

6．产品劣势分析
（1）用户体验方面。

（2）功能设计方面（包括横向和纵向，即功能是否全面，流程是否完善、简便）。

（3）资源、性能方面。

7. 行业竞争分析

从用户体验、功能设计、资源、性能 3 个方面对行业内同类产品进行横向比较，最后结题并总结。

8. 产品发展建议

通过优劣势及竞争对手分析，自然而然导出机会分析，如：哪些优势需要巩固和发扬，如何规划；哪些劣势需要弥补和完善，如何规划；哪些行业机会、新需求可以满足，如何规划。

第四节 主要跨境电子商务平台数据分析的要点

一、数据化选品

选品是数据化运营的基础，其可以分为站内选品和站外选品两类。

（一）站内选品

首先来看站内选品。这时我们要用到速卖通平台提供的非常好的工具——数据纵横。在数据纵横中，广义上的选品可以使用"行业情报"和"选品专家"两个工具，先选择行业再选择产品。如果是狭义上的选品，就是指从现有的在售产品中选择热销的产品，可以使用的工具为"商品分析"。总之，数据纵横是一个非常好的工具，卖家一定要通过仔细地分析数据纵横中所提供的数据来选品。

其次，站内选品还包括选择平台上热销的款式。我们可以从普通搜索页面中搜索我们想要查询的关键词，找到标题右侧有箭头的产品，单击箭头会看到平台热销产品和平台中销量上升速度较快的产品。

另外，站内选品还包括平台活动中所有人选择的产品，这些产品一般都是平台小二根据买家需求所选拔出来的产品。我们在为店铺选品时可以参考这些产品。

在直通车中也有一个选品工具，这个工具也非常好，它可以帮助卖家选择 4 个不同维度的产品，分别是"热销款""热搜款""潜力款""不限条件"。卖家还可以根据 C2C 电子商务数据根据自己的需求选择不同的筛选条件。

（二）站外选品

进行站外选品时，首先要参考其他跨境电子商务平台中的热销产品。其次可以使用谷歌的"全球商机洞察"工具来分析不同国家买家的需求，还可以利用一些第三方网站来分析其他跨境电子商务平台的热销款。最后我们还可以经常浏览一些国外的知名流行类网站来查看潮流趋势。

二、数据分析引流

（一）流量为王

"流量为王"是所有网店运营的核心，通过数据化选品以后，接下来我们需要做的就是为产品或者店铺引流。

（二）流量分类

流量整体上分为类目流量和普通搜索流量两类。

1. 类目流量

类目流量也就是从左侧类目栏通过层层筛选最后到达产品展示页的流量。普通搜索流量是在首页搜索栏中填写关键词搜索后展示的页面的流量。这两个流量来源都非常关键。

从语言角度来划分，还有小语种流量。在后台的产品编辑页面，我们可以看到 5 种不同的编辑页面，也就是前台所展示的不同语言的速卖通站点。我们可以通过数据分析工具找出相应的小语种词来优化小语种页面，从而最大化地获取小语种流量。我们还可以通过直通车的数据分析来选择匹配度最高的关键词进行推广，从而为产品精准引流。

从流量的落地页面来看，流量还可以分为店内流量和站内其他流量两类。店内流量相对比较简单，也就是通过店铺内的搜索栏搜索本店产品的流量，而站内其他流量包括的范围比较广泛，但是其核心就是店铺产品与产品之间页面的跳转，也可以称之为流量的共享，主要工作就是关联营销及店铺装修等环节。

2. 普通搜索流量

普通搜索流量，主要通过从站外获取关键词优化所推广的产品，以及通过站外的推广手段，例如电子邮件营销（EDM）、社会性网络服务营销（SNS）来为店铺引流。

知识拓展

阿里巴巴投入 24.4 亿元拟与数据港合作建设数据中心

2019 年 12 月 2 日，上海数据港股份有限公司（数据港：603881.SH）发布公告称，公司收到阿里巴巴（中国）有限公司采购部（以下简称"阿里巴巴"）的《数据中心需求意向函》（以下简称"需求意向函"）。随着阿里巴巴集团业务的高速发展，阿里巴巴拟与公司在未来一定时间合作建设数据中心。

公告称，此次需求意向函涉及数据中心项目自开工之日起 18 个月内交付，上述意向项目全部完成并投入运营后，公司在运营期限内，通过向阿里巴巴收取数据中心服务费获取收入。上述意向项目完成并投入运营后，在运营期限内，预计数据中心服务费（不含电力服务费）总金额约为人民币 24.4 亿元。

根据需求意向函，此次阿里巴巴意向将与上海数据港在国内合作建设 HB41、HB33、GH13、JN13 数据中心，上述数据中心项目均为 2018 年 5 月项目需求意向函约定基础上新增的需求量。

公告称，由于需求意向函涉及项目尚未建成交付使用，故不会对公司 2019 年业绩产生显著影响，后期随着各项目的交付使用对业绩的影响才能逐渐显现。由于此次各项目验收交付时间存在差异，因此后期产生的收入及利润将根据项目交付时间及进展情况在 10 年运营服务期内分期确认。

资料来源：阿里巴巴投入 24.4 亿元拟与数据港合作建设数据中心[EB/OL]．（2019-12-03）．http://www.100ec.cn/detail--6536763.html．

三、数据优化与点击率、转化率

（一）数据优化与点击率

1. 点击率的基础

点击率按照曝光方式可以分为搜索点击率、直通车点击率、平台活动点击率、站外广告点击率等。下面主要介绍搜索点击率和直通车点击率。

搜索点击率即商品在自然搜索或者类目搜索中曝光后被点击的比率。可以在店铺后台的商品分析页面中查看到。

此外，我们还可以在商品分析页面中查看商品在无线端的搜索点击率。

除了可以直接从后台查看宏观的数据外，还可以通过导出的商品数据算出各个国家的点击率。

因为可以查看到商品的搜索曝光量和搜索点击率，所以可以算出商品的搜索点击量（包括自然搜索点击量和类目搜索点击量），即

$$搜索点击量=搜索曝光量×搜索点击率$$

但是，商品分析中的浏览量并不是搜索点击量，它还包含很多其他来源的浏览量。

直通车点击率指商品通过直通车展示曝光后被点击的比率。跟搜索点击率不同的是，直通车统计的点击量是指直通车推广中产生扣费的点击。可以在直通车后台中查看全店所有推广计划的点击率、单个推广计划的点击率，以及单个推广关键词的点击率。

点击率是非常重要的影响直通车质量评分的因素，提高点击率会提高直通车的质量评分，进而也可以降低平均点击的扣费。总之，直通车点击率对于直通车推广是非常重要的。

2. 影响点击率的因素

影响点击率的主要因素有商品的主图、标题、价格，卖家旺旺是否在线，曝光环境，等等。

影响直通车点击率的主要因素有商品的主图（原主图及创意主图）、标题（原标题及创意标题）、价格、推广关键词及展示位的竞争情况等。

主图：客户并不是经过长时间思考后决定点击哪个商品的，而是很快地做出决定，这个决定是根据人的目光落在哪里而进行的。好的主图能在众多的商品中吸引客户的眼球，不仅能展示商品的外形，还能传达商品的卖点，透露商品促销信息甚至品牌文化。特别是时尚类商品，客户大多会通过商品主图判断商品的款式是否是自己需要的。

标题：对于目标比较明确的客户，他们习惯通过标题去判断商品的特点或者属性是否

符合自己的需要，然后再决定是否点击。特别对于偏标准类的商品，图片都比较类似，这时候标题就显得尤为重要。在直通车推广中也一样，一个有特色、有创意的标题能大大增加推广商品的点击率。

价格：价格是买家决定是否点击的硬性因素。很多"开"过直通车的卖家应该都有过这样的经历：有时候店铺的折扣活动忘记设置或者没有及时跟上，商品使用原价在推广着，你会发现此时商品的点击率大大低于有折扣的时候。很多买家一看商品的价格不在自己的接受范围内，便不会去点击。当然，有时候影响点击率的不是价格本身，而是在客户眼中此刻商品的价格是相对优惠的。

（二）数据优化与转化率

1. 转化率的基础知识

转化率可以分为单品转化率和店铺转化率。

单品转化率可以从店铺后台的商品分析页面中查看。

我们除了可以看到全店的成交转化率外，还可以通过店铺后台导出的数据查看 PC 端和无线端及不同国家的流量和下单转化率。

店铺转化率可以从店铺后台的商铺经营情况页面的商铺经营网站成交金额（GMV）看板中查看。

2. 影响单品转化率的因素

影响单品转化率的因素很多，可以归纳为流量、商品本身及客服跟进这 3 个方面。

（1）流量方面：其中，宏观角度的影响因素为不同流量来源的占比，例如，PC 端/无线端流量的占比、不同国家流量的占比、搜索流量/活动流量的占比。微观角度的影响因素为流量的精准度。

（2）商品本身方面：其中包括价格、物流方案、销量、评价、产品描述、售后服务等因素。

（3）客服跟进方面：客服的服务会影响客户的咨询率、下单率和付款率，进而会影响单品的转化率。

除此之外，品牌影响力、老客户黏度、关联营销等也会影响转化率，这些因素会在后文中具体阐述。

四、店铺整体数据分析

（一）全球消费时间

速卖通作为全球性平台，使用的是太平洋时间（GMT-8），我们需要了解一下流量分布时间。

速卖通时间（GMT-8）AM1:00= Beijing(GMT+8) AM3:00。

速卖通时间（GMT-8）AM11:00= Moscow(GMT+4) PM11:00。

速卖通时间（GMT-8）AM1:00= Rio de Janeiro(GMT-3) AM6:00。

全球消费时间可以参考时区网站：http:24timezone.com/。

（二）店铺概况分析

1. 流量及转化概况

通过数据查询和分析了解店铺运营状况是卖家运用的主要方法，特别是了解流量和转化数据能够帮助卖家及时应对市场的变化。

2. 店铺交易概况

在店铺交易概况中最应该关注的数据是支付成功订单数。

（三）店铺流量来源分析

要进行店铺流量来源分析，可以查看店铺内流量构成，分析不同渠道的流量占比和走势，从而帮助卖家了解及优化店铺流量来源，提升店铺流量。

1. "站内其他"和"活动"流量来源

店铺流量来源有很多，这里主要分析"站内其他"和"活动"两大流量来源。

"站内其他"流量不能简单地理解为关联促销带来的流量，其包含了俄语站点和葡萄牙语（简称"葡语"）站点（二级域名）的站内搜索、类目浏览、店铺首页访问。

关联促销流量来源在"站内其他 URL"TOP10 来源排名中都没有出现，因为流量来源过于分散。活动是店铺流量来源的大户，其分为需要报名的活动和系统自动推荐的活动，还有一些各类目频道推荐的活动。

2. 各流量来源渠道对店铺的贡献

通常来讲，搜索及类目流量占店铺所有流量的 60%以上才是健康的。由于现在没有区分各小语种分站的搜索和类目流量，所以大部分卖家看到来自"站内其他"流量的比例都很高，这是正常的，除了假发行业。通常活动和直通车带来的新访客占比最高，是店铺引流的利器。从访问深度和跳失率来看，自然搜索和类目浏览的访客更为优质。

（四）装修效果分析

要想进行装修效果分析，可以查看在最近 30 天内，哪些天做过店铺装修，以及装修后店铺的流量、访问深度、访问时长及跳失率的变化，以此来衡量店铺装修效果。装修效果分析指标说明如下。

（1）平均访问深度：该来源带来的访客每次入店后在店铺内的平均访问页面数，即人均访问页面数。一段时间访问深度=每天访问深度日均值，即每天访问深度平均值。

（2）平均访问时间：访问时间为用户在一次访问内访问店铺页面的时长，平均访问时间即所有用户每次访问时访问时长的平均值。

（3）跳失率：只访问了该店铺的一个页面就离开的次数占总入店次数的比例。一段时间跳失是每天跳失率日均值，即每天跳失率平均值。

（4）购买率：在访问该页面的访客中当天下单的访客访问该页面的总访客数。

（5）是否装修。

（五）自有商品分析

自有商品分析指标说明如下。

（1）曝光量：指搜索曝光量，即商品在搜索或者类目浏览下的曝光次数。

（2）浏览量：指该商品被买家浏览的次数。

（3）搜索点击率：指商品在搜索或者类目曝光后被点击的比例，即等于浏览量÷曝光量。

（4）访客数：指访问该商品的买家总数。

（5）成交订单数：指该商品在选定时间范围内支付成功的订单数与因风控关闭的订单数的差值。

（6）成交买家数：指在选定时间范围内成功购买该商品的买家数。

（7）成交金额：指该商品在选定时间范围内产生的交易额。

（8）询盘次数：指买家通过该商品点击旺旺与站内信的次数。

（9）成交转化率：指成功购买该商品买家数占访问买家总数的比值，等于成交买家数/访客数。

（10）平均停留时长：指买家访问该产品所有详情页面的平均停留时间。

（11）添加购物车次数：指该商品被买家添加到购物车的次数。

（12）添加收藏次数：指该商品被买家收藏的次数。

（13）No-Pay 比率：指该商品在选定时间范围内未成功支付的订单数与创建成功的订单数的比值。

五、无线端数据分析

从 2014 年开始，店铺里来自无线端的订单越来越多，而且无线端的买家群体增长速度很快，这是因为随着手机智能化及 Wi-Fi 信号的覆盖率增加，年轻的海外买家们更加喜欢相对简单的移动端购物，对店铺运营来说，无线端的数据分析也越来越重要。

无线端的优化和 PC 端稍微有所区别，受屏幕大小的限制，无线端更突出的是主图的重要性及详情页的适配性。只有做好了无线端的数据分析，才能够更好地服务买家，从而提高店铺的点击率和转化率。

作为付费流量最大的入口，直通车的数据分析也是非常关键的。我们可以通过简单的方法来分析直通车推广的投入产出比。只有投入产出比提高了，直通车推广的效果才能达到最好。

总结一下，店铺的数据化运营阶段包括"选品""引流""优化点击率和转化率""整体店铺的数据分析"四个阶段。

（一）明确流量来源

无线端的流量主要来源于平台活动、类目浏览、自然搜索、PC 端转化和站外流量。根据目前的经验，不论是从浏览量来看还是从转化率来看，参加平台活动都是效果最好的，所以，平时的无线端抢购活动和各个阶段的大型促销活动我们都应该积极参与。

1. 平台活动

无线端的平台活动主要有两类，一类是常规的平台活动，即卖家可以在后台的营销活动平台页面里选择报名参与速卖通的"无线抢购"活动,这个活动在无线端前台展现的区域是 FLASH DEALS;一类是平台大促。

2. 类目浏览

类目浏览是一个很容易被忽略的流量来源阵地,因为我们平时往往过于强调自然搜索和平台活动,反而把这一部分流量给忽略了,其实这部分流量是相当可观的。我们可以在日常的工作中留意无线端类目浏览的排序规则,看一看怎样才能让自己的产品更好地往前面排。

3. 自然搜索

无线端自然搜索排序和 PC 端自然搜索排序的规则不尽相同,甚至在某些类目下还会出现比较大的差异。这是因为无线端搜索排序倾向于向无线端转化,对店铺的服务等级、产品的质量优化有较高要求,同时还要参考是否做自主营销活动或者参加平台活动。

4. PC 端流量转化

PC 端的转化主要是指一个产品如果同时做了 PC 端和无线端的限时限量折扣活动时,根据现行规则,无线端的折后价比 PC 端的折后价要低,从而能吸引部分买家通过扫描二维码转到无线端下单。

5. 站外流量

站外流量主要由两个部分组成,一个是买家通过无线客户端自带的分享功能将产品分享给好友;另一个是产品二维码的应用,已经有部分卖家把无线端店铺或者店里热销产品的网址生成二维码打印到纸上放到包裹里供买家扫描。需要注意的是,不建议把二维码贴到包裹上或者直接印到气泡信封上,一方面将二维码贴到包裹上或者印到气泡信封上很容易被磨损;另一方面在外包装上印上二维码这种明显的商业广告可能会引起目的国海关不必要的误会,影响通关。

(二)相关数据分析

俗话说,没有转化的流量比没有流量更可怕。明确了无线端流量来源之后,就要查看流量进来之后的表现。可以复制转化率高的产品的经验,把转化率低的产品尽量往转化率高的方向优化,从而达到最大化利用流量的目的。

在数据纵横中可以从以下几个地方查看无线端数据。

(1)数据纵横——商铺概况——商铺经营情况——商铺经营 GMV 看板之 APPs 部分。

(2)数据纵横——商铺概况——商铺经营情况——平台分布及趋势看板之 APPs 和 PC 端 GMV 占比。

(3)数据纵横——商铺概况——商铺核心指标分析——APPs 相关指标。

(4)数据纵横——商铺概况——商铺访客全球分布之 APPs 数据。

(5)数据纵横——商铺流量来源——活动 URL 详情(如果有)和站内 URL 详情。

(6)数据纵横——商品分析具体商品展开数据分析——APPs 部分。

第七章 跨境电子商务与数据分析

复习与思考

1. 名词解释

（1）数据分析

（2）UV

（3）店铺成交转化率

（4）热点内容

（5）选品

2. 简答题

（1）数据分析的意义和作用是什么？

（2）电子商务数据分析的指标是什么？

（3）数据分析的流程是什么？

（4）企业数据业务工作流程是什么？

（5）单品分析报告主要包括哪几部分内容？

第八章　跨境电子商务客户服务

知识目标

- 了解跨境电子商务客户服务的理念。
- 了解售前沟通与服务的内容。
- 了解电子商务客户纠纷的特点。

学习重点、难点

重点

- 跨境电子商务客户服务流程。
- 售中沟通与服务。
- 处理客户纠纷的原则。

难点

- 掌握跨境电子商务客户关系管理的内容。
- 掌握售后沟通与服务的内容。
- 有效地处理客户纠纷。

案例导入

日本亚马逊网站增 7×12 全中文客户服务

语言不通一直是挡在海淘一族面前的一座大山。日本亚马逊网站为降低中国用户的购物门槛，近日推出了 7×12 全中文客户服务。

日本亚马逊方面表示，日亚的 7×12 全中文客户服务具体工作时间为上午 8 点到晚上 8 点，全年无休。客户可以在网站的帮助中心及亚马逊 App 中，用电子邮件、客服电话或在线聊天的形式与客服人员用中文进行沟通。此外，亚马逊客服还开通了微信、微博等社交媒体渠道。

事实上，这已经不是日本亚马逊第一次推出降低中国用户购物门槛的措施了。此前，日本亚马逊就已经支持光碟、书籍和动漫手办等商品直邮中国，2015 年 8 月，又增加了母婴用品和保温杯等热门商品。

此外，日本亚马逊还开通了中文版商店，网站部分内容得到了中文化，让海淘一族中普遍存在的语言关在一定程度上得到了解决。

据亿邦动力网了解，由于空间距离近，物流时间短，中国消费者的日淘热情较高。资生堂、奥尔滨等美妆产品,电饭煲、保温杯、马桶盖等日用品,以及数码产品都是中国用户日淘的主要对象。

资料来源:日本亚马逊网站增 7×12 全中文客户服务[EB/OL].(2016-01-08). http://www.100ec.cn/detail--6304649.html.

第一节　跨境电子商务客户服务概述

一、跨境电子商务客户服务理念

(一) 客服理念

以客户为中心、以需求为导向的服务营销观念与传统的营销观念相比,最大的区别在于营销的基本要素从原来的 4P 变为 4C,即:企业的重点不是讨论生产什么产品,而是研究客户有什么需求;不是讨论产品定什么价格,而是关注客户的购买成本;不是讨论开展什么促销活动,而是想办法加强与客户的交流;不是讨论怎样建立分销渠道,而是考虑客户购买的便利性。传统的营销是通过销售来获利,而服务营销是通过客户满意来获利。

企业的根本目标是盈利,越来越多的企业都认为,企业真正的盈利模式应该是不断地去为客户创造价值,所以全世界优秀的企业都号称自己是服务型企业。服务的浪潮在 21 世纪再次在全世界兴起,企业的竞争越来越多地进入到服务领域。

(二) 客服分类

1. 基本分类

客服可以分为人工客服和电子客服,其中又可细分为文字客服、视频客服和语音客服三类。文字客服是指主要以打字聊天的形式进行的客户服务,视频客服是指主要以语音视频的形式进行的客户服务,语音客服是指主要以移动电话的形式进行的客户服务。

基于腾讯微信的迅猛发展,微信客服作为一种全新的客户服务方式,出现在客服市场上。微信客服依托于微信精湛的技术条件,综合了文字客服、视频客服和语音客服的全部功能,具有无可比拟的优势,因此备受市场好评。

2. 商业分类

客户服务在商业实践中一般会分为三类,即售前服务、售中服务、售后服务。售前服务是指企业在销售产品之前为顾客提供的一系列活动,如市场调查、产品设计、提供使用说明书、提供咨询服务等。售中服务则是指在产品交易过程中销售者向购买者提供的服务,如接待服务、商品包装服务等。售后服务是指凡与所销售产品有连带关系的服务。

(三) 客户服务内容

客户服务包含的内容非常广泛,基本的客户服务内容主要有以下几项。

(1) 提供技术支持:当客户对我们的产品在技术问题上面产生疑问的时候,客服人员要迅速地对他们所提出的疑问给予解答。

(2) 提供客户咨询：当顾客准备购买产品时，客户服务人员需要向其提供有关信息和咨询。

(3) 受理客户订单：当顾客购买产品时，也就是下订单，客服人员需要迅速受理。

(4) 受理客户投诉：当顾客产生不满进行投诉时，客服人员需要做的也是迅速受理。其实客户服务的内容并非只限于接受订单、送货、处理抱怨及维修等服务。任何提高客户满意程度的因素，都属于客户服务的范畴。可能你对顾客的一个会心的微笑，客户都会感觉满意，那么你的微笑也是客户服务的范畴。

（四）客户服务的重要性

随着竞争的日趋激烈，任何一个企业都必须依赖客户，把客户视为企业生产和发展的重要资源，为客户尽可能地提供周到而满意的服务逐渐成为企业竞争的焦点。在这种形式下，企业提高自身的服务质量，增强自身的服务品牌已刻不容缓，许多企业也为此投入了极大的成本。通过提供优质的服务，企业可以赢得客户的信赖和支持，确保留住每个现有的客户，并不断开拓潜在客户，带来源源不断的效益。

(1) 有利于塑造公司形象。对于一个电子商务公司而言，客户看到的商品都是图片和文字描述，既看不到商家本人，也看不到产品本身，无法了解各种实际情况，因此往往会产生距离感和怀疑感。这个时候，客服就显得尤为重要了。客户通过与客服的交流，可以逐步地了解商家的服务和态度，让公司在客户心目中逐步树立起良好形象。

(2) 有利于提高成交率。通过客服良好的引导与服务，客户可以更加顺利地完成订单。

(3) 有助于提高客户回头率。当买家在客服的良好服务下完成了一次交易后，买家不仅了解了卖家的服务态度，也对卖家的商品、物流等有了切身的体会。当买家需要再次购买同样商品的时候，就会倾向于选择他所熟悉和了解的卖家，从而提高了客户再次购买概率。

(4) 提供更好的用户体验。电子商务客服有个很重要的角色就是可以成为用户在网上购物过程中的保险丝，当用户线上购物出现疑惑和问题的时候，客服的存在能够提供给用户更好的整体体验。

（五）客户服务策略

(1) 有效使用 FAQ（Frequently Asked Questions）。FAQ 即常见问题解答，在公司网站中从客户的角度设置问题，提供答案，形成完整的知识库。同时还应提供检索功能，能够按照关键字快速查找所需内容。

(2) 有效使用网络社区。网络社区包括论坛、讨论组等形式，客户可以自由发表对产品的评论，与使用该产品的其他客户交流产品的使用和维护方法。营造网上社区，不但可以让现有客户自由参与，还可以吸引更多潜在客户参与。

(3) 有效使用电子邮件。电子邮件是最低成本的沟通方式，通过客户登记注册，企业可以建立电子邮件列表，定期向客户发布企业最新信息，加强与客户的联系。

(4) 有效使用在线表单。在线表单是网站事先设计好的调查表格，通过在线表单可以调查顾客需求，还可以征求顾客意见。

(5) 有效使用网上客户服务中心。在企业营销站点，开设客户服务中心栏目，可详细介绍企业服务理念、组织机构。通过顾客登记、服务热线、产品咨询、在线报修等,为客户提供系统、全面的服务。

(6) 有效开展网络个性化服务。个性化服务(Customized Service)也叫定制服务,就是按照顾客的个性要求提供的有针对性的服务。个性化服务包括三个方面:服务时空的个性化,在顾客希望的时间和希望的地点提供服务;服务方式的个性化,能根据顾客个人爱好或特色来进行服务;服务内容个性化,不再是千篇一律,千人一面,而是各取所需,各得其所。利用网络实施个性化服务符合一对一的现代营销理念,代表未来营销发展的潮流。电子商务简化了流通环节,突破了时间和空间的局限,大大提高了商业运作效率。有效利用互联网信息平台,做好顾客服务工作有很大的潜力。

知识拓展

在"洋码头"上购物,被假客服骗 20 万

市民张女士反映,她 2018 年 7 月份在"洋码头"海淘了一双高跟鞋。谁知在一周内接到一个自称是商家的电话,直接报出了她的订单及个人信息,称其商品属于假冒商品,要给她退款赔偿并发来链接。按照"商家"的要求操作后,张女士被骗 20 余万元。她向洋码头客服投诉,得到已在协助警方调查的回复。北京晨报记者搜索发现,从 2018 年年初开始,此类情况屡屡出现。对此,工信部发布通告称洋码头存在用户个人信息泄露补救措施不到位等情况,要求其整改。针对工信部对网络数据和用户个人信息安全管理调查一事,洋码头回应称,经安全团队校验,样本数据显示绝大部分来自于其他平台泄露的账户密码,由此遭到"撞库",已采取措施。

1. 接到"假客服"电话

市民张女士告诉记者,7 月份她在洋码头购买了一双高跟鞋。"我早已经收到了鞋,觉得质量还不错。"可事后她接到自称"洋码头"电子商务平台的客服电话,对方说:"您此前通过平台购买的高跟鞋,被大量消费者投诉是假冒商品,经过公司鉴定,确定为假货。很抱歉,我们可以给您退款、退货。"电话中客服的态度十分诚恳,张女士有些相信。"可是当时我也有所怀疑,高跟鞋是 7 月买的,她怎么现在才联系我?"张女士将信将疑,要求对方提供可靠的凭证。

谁知,对方很快准确地说出了她所有的购物信息。"订单号、姓名、电话、支付方式,甚至还有我的收货地址,一点儿不差。客服还和我说,如果不相信可以不申请退款,对他们来说也没有损失。"张女士说,她想既然是对方给自己钱,那就没有必要担心了。"我就答应他们可以配合他们,领回赔偿。"

2. 被忽悠按指示借钱转款

张女士说,随后,客服要求添加张女士的支付宝好友,要通过支付宝给她转账退款。张女士扫了对方提供的二维码。添加好友后,很快自称客服的人发给她一个网页链接"快速售后理赔退款通道",称需要她填写单号信息。她点击网页后按照对方要求,输入信息后却被告知申请次数过多,无法发送验证码。

此后，客服让她跳过验证，直接输入 3800 元理赔款。她输入后，显示领取，需要验证码。张女士将手机上收到的验证码输入后，网页显示验证码错误，要再次发送。就这样，她多次将收到的验证码输入，钱一次次地被转走。但此时，张女士还没有醒悟。

对方又以"系统操作超时"，导致之前退款不成功为由，让她通过微信"转账到银行卡"功能进行更大笔的转账交易。张女士又通过借款及继续操作，导致一共损失了 20 余万元。当她醒悟了之后，再找到"客服"却发现自己已经被拉黑。张女士投诉到"洋码头"却被告知"报警后，洋码头会协助警方工作"。

"太过分了，他们泄露了我的个人信息导致我被骗，难道没有责任？"张女士气愤地说。

3. 工信部曾要求整改

记者发现，此前工信部发布通告称：近期，针对"部分应用随意调取手机摄像头权限、用户订单信息泄露引发诈骗案件、用户信息过度收集和滥用"等网络数据和用户个人信息安全突出情况，工信部开展调查，问询了携程、腾讯、洋码头、爱奇艺、探探、北京弹幕网络科技有限公司等，认定上海洋码头网络技术有限公司存在用户个人信息安全管理制度不完善、用户个人信息泄露补救措施不到位等问题，对该企业相关负责人进行了约谈，责令企业限期整改，并提交整改报告。

随后，针对工信部对网络数据和用户个人信息安全管理调查一事，洋码头团队回应称，经安全团队校验，样本数据显示，绝大部分来自于其他平台泄露的账户密码，由此遭到"撞库"。对此，洋码头深感抱歉，已第一时间进行安全提示和密码修改提醒，并采取临时保护措施。

资料来源：在"洋码头"上购物，被假客服骗 20 万[EB/OL]．（2018-10-24）．http://www.100ec.cn/detail--6477177.html．

二、跨境电子商务客户关系管理

（一）客户关系管理的含义

客户关系管理（Customer Relationship Management，CRM），是指企业利用相应的信息技术及互联网技术来协调企业与顾客间在销售、营销和服务上的交互，从而提升其管理方式，向客户提供创新式个性化的客户交互和服务的过程。其最终目标是吸引新客户、保留老客户，以将已有客户转为忠实客户。

在网络经济时代，随着电子商务的快速发展，电子商务时代的客户关系管理理念也得到了越来越多企业的重视。所谓电子商务时代的客户关系管理 ECRM（Electric Customer Relationship Management），就是在原有的客户关系管理理论的基础上，借助于各种先进的网络技术和通信技术，通过为企业与客户之间的互动提供便利的渠道，方便企业与客户的相互沟通与了解，从而改善他们之间的关系，用关系（Relationship）导向取代交易（Transaction）导向。企业经营活动的重点在于整个交易过程中双方关系的建立、维护与提升，营销目标则是使客户和企业都能在交易的过程中获得自身利益的最大满足。在实现客户利益与满意度最大化的同时，良好的客户关系为企业建立起抵御竞争对手的竞争壁垒并形成企业的持久竞争优势。

企业也可通过客户资料数据库、呼叫中心、企业网站等便捷的资料搜集与分析工具，对顾客资料与交易记录进行分析，针对客户的不同需求开展有针对性的关系营销，推动双方关系向更好的方向发展。在激烈的市场竞争中，实施有效的客户关系管理对于提高客户忠诚度、挖掘客户潜在价值及降低销售和管理成本等方面具有重要意义。

（二）客户关系管理的目的

在电子商务时代，用户对于网络沟通的需求日益增加。企业的市场和销售的业绩往往与网络沟通能力的好坏直接相连，但目前大多数的网络行销平台都是被动地等待客户的访问及咨询，缺乏主动为客户提供个性化服务的框架。客户关系管理对开展电子商务起着举足轻重的作用，它是电子商务获利的真正来源。

（1）增强客户关怀，保留老客户。客户是企业最宝贵的财富，保持企业的基层客户是企业生存的基本条件，重视和维护高层客户是企业发展的动力。借助客户关系管理系统，通过对客户信息资源的整合，捕捉、跟踪、利用所有客户的信息，在企业内部实现资源共享，从而使企业更好地进行销售、服务、维护和管理，为客户提供更加快速、周到、用心的服务。只有企业始终将客户放在第一位，将客户关怀贯穿于整个营销过程之中，才能够留住老客户。

（2）吸引新客户，扩大市场占有率。企业新增1%的客户，竞争对手就减少1%的客户。客户关系管理要求企业从"以产品为中心"的业务模式向"以客户为中心"的关系模式转变。在这一思想的指导下进行市场定位、细分，准确把握客户需求，并领先客户需求，才能够吸引更多的新客户，不断开拓新的市场，并通过提供个性化、人性化的服务来提升客户满意度和忠诚度。

（3）提高客户满意度，培育忠诚客户。在市场经济起主导作用的时代，产品同质化倾向越来越严重，使得商品品质不再是客户消费选择的唯一标准，客户越来越注重企业能否提供和满足其个性化的需求。因而，企业要在激烈的市场竞争中求得生存和发展，就必须将客户视为企业至关重要的资源，提高客户满意度。培育忠诚客户是企业的唯一选择。

第二节　跨境电子商务客户服务沟通

一、售前沟通与服务

（一）售前服务的含义和方式

1. 售前服务的含义

售前服务是指在产品销售前，即产品相关信息的获取、产品选择和产品试用等过程中所提供的服务，既有企业主动提供的，也有潜在客户要求的。售前服务的关键是树立良好的第一印象，目的是尽可能地将商品信息迅速准确和有效地传递给顾客，沟通双方的感情。同时也要了解客户潜在的或尚未满足的需求，并在企业能力范围内尽量通过改变产品特色去满足这种需求。

从服务的角度来说，售前服务是一种以交流信息、沟通感情、改善态度为中心的工作，必须全面、仔细、准确和实际。售前服务是所有企业赢得客户良好印象的最初活动，企业的工作人员必须重视。

2. 售前服务的方式

1）提供咨询服务

无论何种商品，客户在购买前都会存在或多或少的疑虑，这就需要企业的相关部门为其提供综合咨询服务，让客户了解该产品的性能、结构、功能、技术水平和品牌等，解答疑问，解除客户的后顾之忧，从而方便客户购买。

2）提供情报，服务决策

提供情报，是售前服务的首要目标，它具有双重性。一方面方便企业和顾客的沟通，为企业提供目标市场顾客的有关情报，引导企业开发新产品，开拓新市场；另一方面，通过加强企业和顾客的联系，企业可以为目标市场的顾客提供有关情报，让顾客更好地了解企业的产品或服务，诱导消费。许多企业或企业家正是成功地运用了提供情报的策略，从而使企业做出了准确的经营决策，开拓了新的市场。

3）突出特点，稳定销售

突出特点，既是售前服务的功能，也是售前服务的有效策略。在同类产品竞争比较激烈的情况下，许多产品只有细微的差别，消费者往往不易察觉。企业通过富有特色的一系列售前服务工作，一方面可以使自己的产品与竞争者的产品区别开来，树立自己产品或劳务的独特形象；另一方面可以使消费者认识到本企业产品带给消费者的特殊利益，吸引更多的消费者。这样就能创造经营机会，占领和保持更多的市场。突出特点常用的一种方法是广告宣传。在广告宣传上要做到互不雷同，表现自己的特色，就要正确地把握和表现产品的不同特点，深入了解并针对消费者的需求心理进行广告策划。公众关系是突出特点的又一种有效方法。企业通过一系列的公关活动，如宣传企业经营宗旨，举办社会性赞助活动等来展示企业某一方面的行为，塑造企业某一方面的特别形象，以求得公众的理解和赞誉，赢得顾客。

（二）跨境电子商务售前客户服务的准备工作

1. 把握公司及产品情况

在跨境电子商务中，客户往往不专业或缺乏对相关产品的了解。跨境电子商务客户服务人员在帮助客户解决问题的过程中，需要从更专业的角度来解决问题。售前客户服务人员在向客户推荐产品时，无论是关于产品涉及的专业术语还是行业专用的概念，又或是购买流程中涉及的税费及物流问题，客户服务人员都需要介绍得简明扼要，并进行适当的简化，用通俗易懂的方式向客户解释和说明。针对客户问题，在提出解决方案时，客户服务人员需要基于问题产生的真实原因，提出负责而有效的解决方案，而不是拿一些搪塞的说法来拖延问题的处理时间。

从长远来看，就客户所提出的问题耐心细致地进行解答，并且能够顺利且彻底地解决这些疑难问题，会十分有效地增强客户对卖家的信任感，进而形成客户黏性。也就是说，

第八章 跨境电子商务客户服务

售前客户服务人员应当把每一次客户咨询和反映的问题都当作是展示自己专业能力的机会，用专业的方法与态度来解决问题，将初次询盘和偶然询盘的客户转化为自己的长期客户。

2. 掌握客户心理

1）掌握客户静默式下单的心理

很多时候，跨境电子商务的客户在下单购买之前不大会与卖家进行联系。这就是我们所谓的"静默式下单"。这就意味着，在跨境电子商务中，客户在售前联系客户服务人员，往往是带着问题来的。例如，客户购买的是一个技术型产品，或者客户需要进行批发式的购买，客户下单前联系卖家就是为了就一些特殊的技术指标或批发条款进行确认。由于买卖双方在时间和空间上的距离，加上在语言与文化方面可能存在隔阂，客户作为不专业的一方，有时很难清晰地理解某些中国卖家写出的产品英文说明，如果售前客户服务人员在回复消息的过程中让客户等待时间过久的话，各种主客观的因素叠加在一起很容易引起客户的不满，也会直接导致在实际操作中，许多客户缺乏与卖家沟通的耐心，不愿相信卖家的说明和解释。因此，售前客户服务人员一定要关照外国客户的心理需求，清楚、明确地做产品介绍，提供专业化的咨询服务，才能有效地引导客户购买产品，提高咨询转化率。

2）配合客户需要得到确定回答的心理

从商务礼仪的角度讲，售前客户服务人员要确保在谈判开始时就做谈判的主导人员，设法引导客户的情绪，为后面的双面沟通与问题解决打好基础。

在跨境电子商务中，当出现问题时，客户普遍会感到问题很棘手，并容易出现焦躁心态，这是非常正常的。这也是为什么这么多年来许多跨境电子商务的经营者普遍认为客户服务工作是一项让人头疼又非常麻烦的工作。针对售前客户服务工作中可能出现的各类问题，卖家首先需要做到的就是在沟通的每一个环节，特别是在与客户第一次的接触中，设法淡化时间、空间上的疏离感，在第一时间向客户保证能够在客户的购物过程中为客户答疑解惑，帮助客户顺利地购买到心仪的商品。也就是所谓的先给客户吃"定心丸"。在实际的售前客户服务工作中，要从字里行间的细节里向客户呈现出感恩的态度，这对于顺利解决问题，说服客户接受卖家提出的解决方案，甚至降低解决问题的成本，都是非常有效的。

3）要对客户所有的消息进行回复

许多跨境电子商务平台都会在后台系统监控所有站内信息或订单留言的平均回复时间。卖家平均回复时间越短，时效越高，也能侧面反映出卖家在实际操作中的服务水平。卖家往往还会遇到这种情况：经过沟通后，顺利帮助客户解决了问题，而客户往往回复一封简单邮件，例如 Thanks 或 OK。许多卖家在操作时不甚精细，这种邮件可能就不做任何回复了，但正如刚才所讲，由于各个跨境电子商务平台的后台系统无法真正识别客户发出的信息内容是否需要回复，这些简短的客户信息如果没有得到及时回复，仍可能影响系统对卖家回复信息时效的判断。长期来讲，对卖家是没有好处的。

因此，售前客户服务人员要做到无论在何种情况下，在与客户进行的互动中，都要对客户所有的消息或者邮件进行回复。这既是出于礼貌，也是出于技术角度的考虑。

3. 售前推销话术的准备

虽然说跨境电子商务行业并不是每一岗位都需要具备高超的外语技能，但是对客户服务岗位而言，熟练掌握最主要客户的语言却是必需的。准备推销话术时有以下几点需要注意。

　　首先，客户服务人员需要不断加深对语言的学习，练就扎实的基本功，特别需要准确并熟悉地掌握所售产品的专业词，还要注意语言相关的沟通技巧。要尽量避免低级的拼写与语法错误，正确使用客户的母语。一方面可以展示出卖家对客户的尊重，另一方面也可以有效地提高客户对卖家的信任感。

　　其次，如果是通过邮件与境外客户进行联系，邮件中不要有成段的大写。某些卖家为了在较多的邮件文字中突出展示重点信息（如促销优惠信息等）而采用成段的大写字母，这样做虽然可以有效地突出重点，让客户一眼就看到卖家所要表达的核心内容，但也会产生一种副作用。例如，有的客户可能会投诉，Why do you always yell to me？（你为什么总对我嚷嚷呢？）这是因为在英语中，文本中成段的大写表达的往往是愤怒、暴躁等激动的情绪，是一种缺乏礼貌的书写方式。因此，客户服务人员需要在日常工作中注意这一细节。

　　最后，在与客户的沟通过程中，为方便绝大部分客户的阅读，售前客户服务人员应当尽量使用结构简单、用词平实的短句。这样可以在最短时间内让客户充分理解客户服务人员所要表达的内容。

　　当前在跨境电子商务平台上使用最多的语种是英语，但从事跨境电子商务的卖家要面对的是来自全球220多个国家和地区的客户，其中绝大部分的客户并没有使用英语作为自己的母语。很常见的情况是，许多客户仍需通过谷歌翻译等在线翻译工具来阅读产品页面与邮件。针对这种情况，售前客户服务人员更需要为了客户简化书面语言，提高沟通效率。

　　客户服务人员撰写邮件时，还需要特别注意按照文章的逻辑将整篇邮件进行自然分段，并在段与段之间添加空行。这样做有利于客户简单地浏览非重要的段落，快速跳至重点信息。一方面可以有效地节省客户的阅读时间，增加客户与卖家的沟通耐心；另一方面，清晰地按逻辑进行分段，可以给客户以专业、有条理的印象，增加客户对卖家的信任感。

（三）跨境电子商务售前客户服务的常见问题及处理

　　售前客户服务的工作要注意多方面的细节，这样一方面可以从源头上避免纠纷，另一方面还可以提高客户的购物满意度。售前客户服务人员必须掌握足够的商品信息及相关知识，这涵盖商品专业知识、商品周边知识、同类商品信息和商品促销方案等。其中商品专业知识包括产品质量、产品性能、产品寿命、产品安全性、产品尺寸规格、产品使用注意事项等内容，而商品周边知识则包括产品附加值和附加信息等内容。售前客服人员要保证及时应对不同国家及地区的客户所提出的各种问题，切忌含糊其辞、答非所问。

　　以下将以售前客户服务工作过程中客户最关心的典型问题来举例说明售前客户服务的主要工作内容。

　　1．询价与商品相关问题咨询

　　1）关于询价

　　当有客户询价时，售前客户服务人员在回复内容中要感谢对方的询问，表达出想与对方建立业务往来的希望，并告知对方订单的达成条件并报价。下面以客户的大量订单询价为例。

第八章 跨境电子商务客户服务

Sample 8-1

Q: Hello, I want to order ×× × pieces for this item, how about the price?

A:

Dear buyer,

Thanks for your inquiry. We cherish this chance very much to do business with you. The order of a single sample product costs $××× USD with shipping fees included. If you order ××× pieces in one order, we can offer you the bulk price of ××× USD/piece with free shipping. I look forward to your reply. Regards!

参考译文：

问：你好，我想订购此产品×××件，价格是多少呢？

答：

亲爱的客户：

感谢您的询价。我们非常珍惜这次与您做生意的机会。单样产品的订单成本为××美元，含运费。如果您一次订购×××件，我们可以向您提供×××美元/件的原价，并免费发货。期待您的答复。祝好！

2）关于商品细节

售前客户服务人员与客户的对话内容大部分是围绕商品本身进行的，所以在沟通交流的过程中，客户很可能会问及关于商品的专业问题。一个清晰明了的产品描述意味着能够让客户快速获取所需要的信息，并且没有多余的疑问。售前客户服务人员熟悉产品知识是与客户交流谈判的基础，售前客户服务人员对商品细节问题越熟悉，客户对售前客户服务人员的信赖度就越高。

例如，服装的尺寸没有统一标准的尺码，目前最为常用的有四种型号，分别是国际码、中国码、欧洲码和美国码，这四种尺码是可以互相转换的。售前客户服务人员不仅要清楚地知道尺码的大小差异，还要知道它们之间的转换方法，以便给客户提供明确的尺码建议，必要时可以向客户提供尺寸图。

Sample 8-2

Q: Hello, seller, I wear US size 8. Could you give me some advice on which size I should buy from you?

A: Hello, dear customer, size M of this dress will fit you pretty well. Please feel free to contact us if you have any other questions. Thanks!

参考译文：

问：你好，卖家，我平时穿美国码8号，我该从你这儿买什么尺寸的？

答：您好，亲爱的客户，M号的连衣裙对您会很合适。如果您有任何其他问题，请随时与我们联系。谢谢！

在回答客户关于商品的咨询时，售前客户服务人员也可以预先制作出简明清晰的流程

· 193 ·

说明图示,这样需要撰写的文字部分就可以变得非常简单。虽然制作图示会花费一些时间,但是以后应对很多类似的提问时,售前客户服务人员都可以使用已经做好的图示方便快捷地进行解答。例如:

Sample 8-3
Dear friend,
　　Thanks for your letter!
　　We took some photos and made an illustration for you to show how to assemble this product.
　　Please look at the illustration in the attachment.
　　If you have any further question, please feel to contact us again.
　　Yours sincerely,
　　(Your name)

参考译文:

亲爱的客户朋友:
　　感谢您的来信!
　　我们拍了一些照片,并为您做了一个插图,演示如何组装这个产品。
　　请看附件中的插图。
　　如果您还有任何问题,请再次与我们联系。
　　此致
　　(你的名字)

2. 支付方式、运费与关税

1) 关于支付方式

一般来说,针对没有 PayPal 账号的客户关于支付方式的咨询,客户服务人员可以参考下面的例子回复问题,并推荐客户使用 PayPal 进行付款。

Sample 8-4
　　Q: Do you accept check or bank transfer? I do not have a PayPal account.
　　A:
Thank you for your inquiry.
For the sake of simplifying the process, I suggest that you pay through PayPal. As you know, it always takes at least 2~3 months to clear an international check so that the dealing and shipping time will cost too much time.
PayPal is a faster, easier and safer payment method. It is widely used in international online business. Even if you do not want to register a PayPal account, you can still use your credit card to go through checkout process without any extra steps.
Hope my answer is helpful to you.
Yours sincerely,

第八章　跨境电子商务客户服务

（Your name）

参考译文：

问：你们接受支票或银行转账吗？我没有 PayPal 账户。

答：

感谢您的咨询。

为了简化流程，我建议您通过 PayPal 支付。正如您所知，兑现一张国际支票至少需要 2~3 个月，那么交易和运输上势必花费了太多的时间。

PayPal 是一种更快、更便捷、更安全的支付方式。它广泛应用于国际在线业务。即使您不想注册 PayPal 账户，您仍然可以使用信用卡进行结账，无须任何额外的步骤。

希望我的回答对您有帮助。

此致

（你的名字）

如果客户选择第三方支付方式（Escrow），也可以参考如下邮件提醒客户折扣快结束了。

Sample 8-5

Dear buyer,

Thank you for the message. Please note that there are only 3 days left to get 10% off by making payments with Escrow (credit card, Visa Master Card, Moneybookers or Western Union). Please make the payment as soon as possible. I will also send you an additional gift to show our appreciation.

Please let me know for any further questions. Thanks.

Best regards,

（Your name）

参考译文：

亲爱的客户：

谢谢您的留言。请您注意，通过委托付款服务（如信用卡、维萨卡、万事达卡 MB 电子银行或西联汇款）获得 10%折扣的优惠时间仅剩 3 天，请尽快付款。我还会额外送您一份礼物，以表示我们的谢意。

如果有任何问题，请告诉我。谢谢!

祝好!

（你的名字）

当客户购买多件商品时，客户服务人员可以在邮件中告诉客户关于修改价格及合并支付的操作。例如：

Sample 8-6

Dear buyer,

If you would like to place one order for many items, please first click "add to cart", then

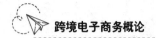

"buy now", and check your address and order details carefully before clicking "submit",After that, please inform me, and I will cut down the price to $XX. You can refresh the page to continue your payment. Thank you.

If you have any further questions, please feel free to contact me.

Best regards!

（Your name）

参考译文：

亲爱的客户：

如欲订购多项物品，请先选择"添加到购物车"，接着选择"立即购买"，然后仔细检查您的地址及订购详情后再按"提交"按钮。完成这些步骤后请通知我，我将在后台把您的商品价格改低为××美元。您可以刷新页面继续完成付款。非常感谢！

如果您还有任何问题，请随时与我联系。

（你的名字）

2）关于运费

当客户一次性购买多件商品时，可能会提出合并运费的要求。这个时候，客户服务人员可以通过修改并发送电子发票（invoice）的形式，对客户购买的多件商品只收取一次运费。在电子发票发送成功后，可及时告知客户运费已合并，让客户直接通过电子发票进行支付。

Sample 8-7

Q: Hello, seller, can the shipping fee be paid together as I've bought several items from you? Please send me just in one package, thanks!

A: Hello, dear customer, thanks for your business!

We have combined the shipping already and only charge you the shipping fee once. You can check the invoice I've just sent to you and please make the payment through the invoice directly. Please feel free to contact us if you have any other questions. Thanks!

参考译文：

问：你好，卖家，我从你那儿买了好几样东西，能一起付运费吗？麻烦打包成一个包裹，谢谢！

答：

您好，亲爱的客户，谢谢惠顾！

我们已经合并运费，只收取一次费用。请检查一下我刚发给您的发货单。请直接依发货单付款。如果您有任何其他问题，请随时与我们联系。谢谢！

3）关于关税

关税也是客户在购物时必然会关注的问题。在下面的例子里，客户服务人员就客户所担心的税费问题给予了耐心、细致的解答，明确告知了客户在一般情况下购买小额的货品不会产生额外费用,如遇特殊情况,需要向当地海关部门咨询。

Sample 8-8

Q: Are there any import taxes or customs charges that I need to be aware of if I purchase this and have it shipped to Louisiana in the United States?

A:

Dear buyer,

Thank you for your inquiry. I am happy to contact you.

I understand that you are worried about any possible extra cost for this item. Based on past experience, import taxes falls into two situations.

Firstly, in most regions, it did not involve any extra expense on the buyer side for similar small or low-cost items.

Secondly, in some individual cases, buyer might pay some import taxes or customs charges even when their purchase is small. As to specific rates, please consult your local customs office.

I appreciate for your understanding!

Sincerely.

(Your name)

参考译文:

问:如果我购买了这个产品,要运往美国的路易斯安那州,是否需要缴纳进口税或关税?

答:

亲爱的客户:

感谢您垂询本店,我很荣幸为您服务。

我非常理解您关于本次购物可能产生其他费用的担忧。根据我以往的经验,海关的进口关税分为以下两种情况。

第一种情况,大部分地区,像您所购买的类似小件或低价商品不会给您带来任何关税费用。

第二种情况,在某些特殊情况下,客户还是要为自己所购买的哪怕是小件商品缴纳进口关税或消费税。至于具体的税率,您只能去咨询您所在地区的海关部门。

我们非常感谢您的理解!

谨上。

(你的名字)

(四)跨境电子商务售前客户服务与客户沟通工作

当境外客户在下单之前及付款之前遇到一些麻烦或问题时,客户服务人员要在短时间内给予解决,以加强客户付款的意愿。以下模板针对日常售前客户服务工作流程的各个环节,在使用时建议做个性化改动,不要生搬硬套。

1. 初次问候

当客户光顾你的店铺并询问产品信息时,售前客户服务人员与客户初次打招呼要亲切、自然，并表示出你的热情，尽量在初步沟通时把产品元素介绍清楚。

Sample 8-9

Hello, my dear friend. Thank you for your visiting to my store, you can find the products you need from my store. If there is no what you need, you can tell us, and we can help you find the source, please feel free to buy anything! Thanks again.

参考译文：

您好，亲爱的朋友，感谢光临，您可以在我店找到需要的产品。如果没有所需要的，您可以告诉我们，我们会帮您找到货源，请随意购买！再次感谢您的惠顾！

2．催促下单

在客户浏览产品还没有下单时，售前客户服务人员可以用礼貌、婉转的方式表示库存不多，以此来催促客户尽快下单。

Sample 8-10

Dear buyer,

Thank you for your inquiry.

Yes, we have this item in stock. How many do you want? Right now, we only have lots of the * color left. Since they are very popular, the product has a high risk of selling out soon. Please place order as soon as possible. Thank you.

Best regards,

（Your name）

参考译文：

亲爱的客户：

谢谢您的咨询。

我们有这个产品的库存，您想要多少？现在，我们还剩下×颜色的。由于这种产品很受欢迎，很快就会销售一空。请尽快下单。谢谢！

祝好！

（你的名字）

3．断货提醒

如果客户咨询的产品已经断货（out of stock），售前客户服务人员需要告诉客户会及时向客户发送到货提醒，同时还可以向客户推荐符合客户需求的类似商品。

Sample 8-11

We are sorry to inform you that this item is out of stock at the moment. We will contact the factory to see when they will be available again. Also, we would like to recommend to you some other items which are of the same style. We hope you like them as well. You can click on the following link to check them out.

Please let me know for any further questions. Thanks.
Best regards,
（Your name）

参考译文：

亲爱的客户：

我们很遗憾地通知您，此产品目前缺货。我们将与工厂联系，看什么时候能够到货。另外想向您推荐其他同款产品。希望您也会喜欢，可以点击后面的链接查看。如果有任何问题，请告诉我。谢谢！

祝好！

（你的名字）

4. 回复不及时表示歉意

如果和客户的沟通过程历时比较长，遇到周末导致回复不够及时，售前客服人员一定要先表示歉意，因为错过了最佳 24 小时回复时间，所以可通过主动打折的方式赢取客户。

Sample 8-12

Dear buyer,

I am sorry for the delayed response due the weekend. Yes, we have this item in stock. And to show our apology for our delayed response, we will offer you 10% off. Please place your order before Friday to enjoy this discount. Thank you! Please let me know if you have any further questions. Thanks!

Best regards,
（Your name）

参考译文：

亲爱的客户：

非常抱歉，因为周末延误了回复您的消息。我们有这个产品的库存。为了表示我们对延迟答复的歉意，将为您提供九折的折扣。请在星期五之前下单，您就可以享受此折扣了。非常感谢！

如果您还有什么问题，请告诉我。谢谢！

祝好！

（你的名字）

5. 议价

当客户表现出购买意图，并询问价格和折扣问题的时候，售前客户服务人员接着就要回应客户的议价要求。通常来说，卖家对于多件同类商品的销售会给出一定的折扣。所以，如果有客户提出了还价要求，售前客户服务人员可以参考以下的例子来回复问题。

Sample 8-13

Q: Hello, I can give 100 dollars. Is it OK?

A: Thank you for your interest in my item.

We are sorry for that we can't offer you that low price you bargained. In fact the price listed is very reasonable and has been carefully calculated, and our profit margin is already very limited.

However, we'd like to offer you some discount if you purchase more than 5 pieces in one order, a *% discount will be given to you. Please let me know if you have any further questions. Thanks!

Yours sincerely,

（Your name）

参考译文：

问：你好，我付100美元，可以吗？

答：谢谢您对我的产品感兴趣。

很抱歉，我们不能给您那么低的价格。事实上，此价格是经过仔细计算而列出的，是非常合理的。我们的利润已经很有限了。

不过，如果您一次订购超过5件，我们很愿意给您一些折扣，可以打×折。如果您还有什么问题，请告诉我。谢谢！

此致

（你的名字）

6. 存在物流风险无法发货

如果由于物流风险，卖家无法向客户所在的进口地发货，售前客户服务人员一定要向客户致歉，并说明如果可将订单发货至其他可销售国家或地区，欢迎客户继续光顾。

Sample 8-14

Dear buyer,

Thank you for your inquiry.

I am sorry to inform you that our store is not able to provide shipping service to your country/region. However, if you plan to ship your orders to other countries/region, please let me know. Hopefully we can accommodate future orders.

I appreciate for your understanding!

Sincerely,

（Your name）

参考译文：

亲爱的客户：

我很遗憾地通知您，本店铺尚无法向您所在地发送快递。不过，若您打算将订单发往其他国家/地区，请通知我。欢迎您以后继续光顾本店。

非常感谢您的理解和支持！

向您表达诚挚的歉意！

此致

（你的名字）

7. 针对索要样品的回复

在可以顺利发货的情况下，客户了解了产品特性、价格、物流、关税等情况之后，往往会要求提供样品。在无法提供样品的时候，售前客户服务人员需要礼貌地向客户说明情况，也可以建议客户先购买单件商品试用。

Sample 8-15

Dear buyer,

Thanks you for your inquiry, I am happy to contact you.

Regarding your request, I am very sorry to inform you that we are not able to offer free samples. To check out our products we recommend ordering just one unit of the product (the price may be a little bit higher than ordering a lot). Otherwise, you can order the full quantity. We can assure the quality every piece of our product is carefully examined by our working staff. We believe trustworthiness is the key to a successful business.

If you have any further questions, please feel free to contact me.

Best regards,

（Your name）

参考译文：

亲爱的客户：

非常感谢您光顾本店，我很荣幸为您服务。

关于您提出的提供样品的要求，我很遗憾地通知您，本店不提供免费的样品。如果您对我们的商品不够放心，需要一个样品验证，那么我建议您首先购买我们的一个单件商品（单件购买的价格也许会略高于大量购买的价格）。当然，我们更希望您直接购买所需数量的商品，我们可以为店铺的每一件商品提供质量保证，因为我们相信诚信是做生意的基石。

如果您有任何其他问题，欢迎随时联系。

谨致以最真挚的问候！

（你的名字）

知识拓展

"极速达"商品超 24 小时未送达，"每日优鲜"售后客服推诿

2019 年 11 月 2 日，罗先生向"电诉宝"投诉，早上 10 点半在"每日优鲜"购买了菜品，显示极速达，商家承诺在一个小时内送达，但是过了近 28 个小时后，商品仍未送出。之后罗先生与客服多次沟通均被客服推诿说人手不足，承诺会帮忙催促，尽快送达。罗先生认为如果没货或者因为其他原因未发货可以和他及时沟通，他也可以及时取消并去其他渠道购买。

网经社电子商务研究中心法律权益部助理分析师蒙慧欣表示，在购买生鲜、食品、急需物品时，一定要在下单前仔细了解发货模式，尽量避开购买高峰期，并且了解发货时间

和大致的物流时间，遇到商品破损、腐烂、货不对板等情况，可拒收快件。

资料来源："极速达"商品超 24 小时未送达，"每日优鲜"售后客服推诿[EB/OL]. （2019-12-06）. http://www.100ec.cn/detail--6537371.html.

二、售中沟通与服务

（一）售中服务

1. 售中服务的概念

售中服务是指推销员在销售过程中所提供的服务，是推销员在推销现场与顾客进行充分沟通，深入了解顾客需求，协助顾客选购最合适产品的活动。

2. 售中服务的目标

售中服务的目标是为客户提供性能价格比最优的解决方案。针对客户的售中服务，主要体现为销售过程管理和销售管理，销售过程以销售机会为主线，围绕着销售机会的产生、销售机会的控制和跟踪、合同签订、价值交付等一个完整销售周期而展开，其既是满足客户购买商品欲望的服务行为，又是满足客户心理需要的服务行为。

优秀的售中服务将为客户提供享受感，从而引导客户做出购买决策，融洽而自然的销售服务还可以有效地消除客户与销售、市场和客户关怀人员之间的隔阂，在买卖双方之间形成一种相互信任的气氛。销售、市场和客户关怀人员的服务质量是决定客户是否购买的重要因素，因此对于售中服务来说，提高服务质量尤为重要。

（二）收到订单

客户在下单之后，不一定会及时付款。对于买家已经拍下但还未付款的订单，卖家不可以直接关闭订单。针对客户下单之后两天内未付款的情况，卖家可以通过订单留言、站内信息或者相关聊天工具进行催付款，提高产品付款率。如果客户下单超过两天仍未付款，则可以放弃该客户。

若买家下单后已及时付款，则需根据买家留言及时告知发货信息。若买家付款后，其未通过平台资金风控审核，或者由于库存无货不能及时发货的，卖家需及时与买方沟通，引导客户及时解决问题。收到订单后客服的主要工作具体如图 8-1 所示。

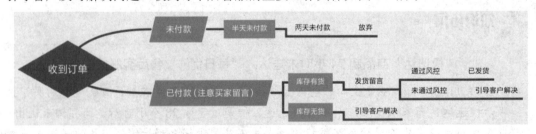

图 8-1　卖家收到订单后的处理流程

1. 催促付款

有些买家下了订单以后，却迟迟不付款，如果不及时跟进，将会导致订单过期或取消。因此，在买家下单未付款时，作为卖家应及时通过站内信或邮件跟客户联系，以保证订单不流失。

1）提醒买家付款（通用）

一般情况下，客户下单后没有及时付款，可以提醒客户若有产品的价格、尺寸等相关问题，可以及时告知，还可以告知客户付款后会尽快发货。

Sample 8-16

Dear customer,

　　We have got your order of ***. But it seems that the order is still unpaid. If there's anything I can help with the price, size, etc., please feel free to contact me.

　　Once the payment is confirmed, I will process the order and ship it out as soon as possible.

　　Thanks!

　　Best regards,

　　（Your name）

2）针对无等级买家，客人可能不会付款

此模板用于客户是新手的情况，可能客户不太熟悉付款流程。此时应该向客户介绍具体的付款流程，同时告知客户如果还有疑问可尽快联系。

Sample 8-17

Dear customer,

　　We appreciated your purchase from us. But we noticed that you have no payment yet. You may not know how to pay. This is a detailed payment process links: **********.

　　If you have any questions about payment, or any other reason that you don't want to go to complete the order, please let us know. We can help you solve the question of payment or make any changes to the order.

　　Thanks again! We are all looking forward to get your answer as soon as possible.

　　Best regards,

　　（Your name）

3）针对客户下单后半天未付款的情况

客户拍下产品半天内还没有付款，有可能还处于对产品的犹豫期。此时应该用1~2句话概括产品的特点，以强化客户对产品的信心。如：可以说明产品 high quality with competitive price，也可以说明产品 popular，同时还可以提示 instant payment。但注意不要过分强调，以免引起客户反感。

Sample 8-18

Dear Customer,

　　Thanks for your order.

　　The item you selected is a one with high quality /a most fashion /most popular one with competitive price. You would like it.

　　Since they are very popular, the product may sell out soon. Instant payment can ensure earlier arrangement to avoid short of stock.

 Thank you and awaiting your payment.

 Best regards,

  （Your name）

4）针对客户下单后 2 天未付款的情况

若客户下单后 2 天内还未付款，且之前发送的邮件也没有回复，则有可能是客户觉得价格高了或者找到了更便宜的卖家。此时可以告知客户产品利润很薄，但是愿意给予一定的折扣以促成交易。

Sample 8-19

Dear friend,

 We found you haven't paid for the order you placed several days ago. The payment process has already been sent to you and I think you have already known how to pay.

 Our profit margin for this product is very limited. But if you think the price is too high, we can give you a discount of 3%. Hope you are happy with it and you are welcome to contact me if there's anything else I can help with.

 Best regards,

  （Your name）

5）提醒客户库存不多，请尽快付款

如果在活动期间订单量较大，为避免断货导致客户不能购买到其想要的产品，可以提醒客户产品库存不多，请尽快付款，否则有可能会断货。

Sample 8-20

Dear friend,

 Thank you for your inquiry.

 You have chosen one of the best-selling products in our store. It is very popular for its good quality and competitive price. We have only 10 pieces of blue T-shirt left now. We would like to inform you that this product may be sold out soon.

 We noticed that you hadn't finished the payment process for the order. To ensure that the product won't be sold out, we will ship your order within 24 hours once your payment is confirmed. If you need any help or have any questions, please let us know.

 Best regards,

  （Your name）

6）提醒折扣/活动快要结束

如果促销活动快要结束，买家下订单后迟迟没有付款，卖家可以提醒买家早日付款以免错过折扣/活动。

Sample 8-21

Dear friend,

Thank you for the message. Please note that there are only 3 days left to get 10% off by making payments with Escow (credit card, Visa, MasterCard, Moneybookers or Western Union). Please make the payment as soon as possible. I will also send you an additional gift to show our appreciation.

Please let me know for any further questions. Thanks.

Best regards,

（Your name）

7）由于回复不及时错过客户的咨询

周末或者节假日有可能导致回复不够及时，可以先表示歉意，因为错过了最佳的 24 小时回复时间，所以卖家也可以通过主动打折的方式来赢取客户。

Sample 8-22

Dear friend,

I am sorry for the delayed response due to the weekend (or holiday). We do have this item in stock and to show our apology for the delayed response, we will offer you 10% off. Please make the payment before Friday to enjoy this discount. Thank you.

Please let me know if you have any further questions.

Best regards,

（Your name）

注：若客户下单后两天还没有付款，且发送的两封邮件也没有回复，则可以放弃该客户。

2. 买方付款后的处理

买方下单后的 24 小时内，速卖通风控部门会对买家的资金做审核，如果发现资金来源有问题，平台会关闭交易。若买家未通过风控部门的审核，卖家需要及时与买家沟通。若买家通过了风控部门的审核就会让卖家填发货通知单，就是物流信息。

1）买方已付款，但库存无货

可直接向客户推荐类似的产品，并提供相应的链接。如果客户经过考虑后决定取消购买，那么可以告诉客户取消流程。

Sample 8-23

Dear customer,

Thanks for your order. However, the product you selected has been out of stock. Would you consider whether the following similar ones also ok for you:

http://www.aliexpress.com/store/ product/***kk*1.html

http://www.aliexpress.com/store/product/-**k**2.html

If you don't need any other item, please apply for "cancel the order". And please choose the reason of "buyer ordered wrong product". In such case your payment will be returned in 7 business days.

Sorry for the trouble and thanks so much for your understanding.

Best regards,

（Your name）

2）资金未通过风控审核

当买家的订单因为未通过风控部门的审核被关闭后，卖家要给买家留言，告诉他可以另下一个新的订单，然后用别的支付方式付款。要尽量留住客户。

Sample 8-24

Dear Customer,

I am sorry to tell you that your order has been cancelled because your credit card has not been approved by AliExpress. If you want the item now, we have prepared for you and you can make a new order. Besides, you can paythrough Western Union, T/T payment or other ways too.

Also, please contact with the Ali initiatively! Good luck!

Best regards,

（Your name）

3）资金通过风控审核

资金通过风控审核，且库存有货，卖家要尽快发货，同时跟买家确认地址和电话。此外，为了避免通关可能遇到的麻烦，卖家要先和买家沟通报关单上的货名与货值。这里还需要告诉买家产品的具体安排，同时对买家说明产品的质量及检查事项，请买家放心，以消除买家的疑虑。

Sample 8-25

Dear Valuable Customer,

Thank you for your order and fast payment.

Your item will be arranged within 24~48 hours to get courier No.and it would take another two days to be online for tracking. By the way, Please confirm your address, post code and phone number is updated without change(Russian customers must give us the receivers full name).

To avoid high import taxes, we usually declare the item name "**" and item value"under USD 50", is it OK?

Any special requirements will be replied within 24 hours. We would check the product quality and try our best to make sure you receive it in a satisfactory condition.

Thanks for your purchase and we will update courier No. to you soon.

Best regards,

（Your name）

4）通知发货

客户下单付款后都希望能尽快收到货物，但由于卖家发货后填写的发货信息要1~3个工作日才能更新。因此，当买家付款后，卖家最好能在最短的时间内发货。发货后应及时填写物流单号，并第一时间联系买家，告知物流运送情况。

Sample 8-26

Dear customer,

Thank you for shopping with us.

We have shipped out your order (order ID: *** **** ******)on June 21 by China Post Air Mail. The tracking number is**** ***** * *****.

It will take 20~30 workdays to reach your destination. But please check the tracking information for updated information. Thank you for your patience!

If you have any further questions, please feel free to contact me.

Best regards,

（Your name）

除了告诉客户单号、查询网址及物流大致需要的时间外，还可以提醒客户给五星评价及反馈信息。

Sample 8-27

Dear Customer,

Thanks for your order. The product has been arranged with care.

The tracking number is ******* ** ****. You may trace it on the following website after 2 days:

http://www.17track.net/index_en.shtm

Kindly be noticed that international shipping would take longer time. We sincerely hope it can arrive fast. And you can be satisfied with our products and services.

We would appreciate very much if you may leave us five-star appraisal and contact us first for any question, which is very important for us.

We treasure your business very much and look forward to serving you again in the near future.

Best regards,

（Your name）

（三）物流跟踪

货物发出后，并不意味着卖家工作的完结。卖家要经常跟踪包裹并把进展及时告诉买家。良好的物流能够提高买家的购物体验。良好的物流体验包括发货速度、物流运送时间、货物包装完整与否、送货员的服务态度等重要内容。

在物流跟踪的过程中，需要从以下两个方面与客户沟通，为客户提供相关服务：一是货运途中可能遇到的情况；二是货运相关进展。货物发出后，有可能会遇到各种问题，例如，物流信息几天内都未能及时更新；货物长时间在途，且在预期时间内未到达客户所在国家；确认收货超时，依然未妥投甚至出现货物丢失情况；卖家由于特殊原因需要更换快递公司；等等。这些都会引起买方的不满，需要及时与买家沟通，避免纠纷。如果货物能够顺利出运，则卖家最好根据物流显示的信息在货物抵达海关、到达买方当地邮局及货物妥投后及时告知买家，争取买家收货后能给予好评。卖家需要提供的具体物流跟踪服务内容如图 8-2 所示。

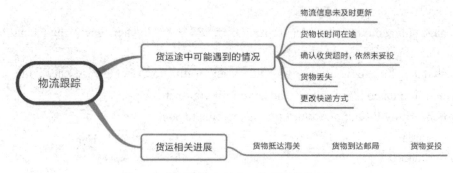

图 8-2　卖家在物流跟踪环节须提供的服务

1．货运途中可能遇到的情况

货物发出后，有时候物流并不能一帆风顺，可能会遇到各种各样的问题。这时卖家应主动与买家沟通，避免纠纷或者给买家留下不好的印象。若货物能够在预计时间内顺利到达，卖家也需要及时告知买家相关货运进展情况。

1）物流信息未及时更新

买家普遍希望尽快收到购买的物品，在得知快递单号后往往会主动查询物流信息。但如果物流信息几天内都未能及时更新，买方会比较着急。此时可以主动与买家联系，请买家耐心等待。

Sample 8-28

Dear customer,

As we all know, it's the busiest part of the shopping season and the logistics companies are running at maximum capacity.

Your delivery information has not been updated yet, but please don't worry. We will let you know as soon as the update is available.

Thank you for your patience!

Best regards,

（Your name）

2）货物长时间在途

货物长时间在途，且在预期时间内未到达客户所在国家，也容易引起客户的不满。此时卖家需要主动跟客户联系，希望客户耐心等待。若买家未能收到货物，卖家要告知买家会重新补发或者全款退回，增加客户对卖家的信心。

Sample 8-29

Dear customer,

If you haven't received your order yet, please don't worry. We just checked the tracking information and it's on its way!

Please don't worry about your money or your purchase either. If you do not receive your package, we will resend your order, or you can apply for a full refund.

If you have any questions or problems, contact us directly for help.

Thank you for your patience and cooperation.

Best regards,

（Your name）

3）确认收货超时，依然未妥投

若发生这种情况，客户会严重不满，卖家需要告知买家物流的大致情况，并且告知买家会给他延长收货时间，请买家不要提交纠纷处理申请。

Sample 8-30

Dear customer,

We have checked the tracking information and found your package is still in transit. This is due to the overwhelming demand for logistics this shopping season.

We have also extended the time period for you to confirm delivery.

If you have any questions or problems, please contact us directly for assistance, rather than submitting a refund request.

We aim to solve all problems as quickly as possible!

Thanks!

Best regards,

（Your name）

4）货物丢失

在有些情况下，包裹长时间未妥投，也无法查询到物流信息，此时卖家应该主动与客户沟通，告知包裹可能丢失，请客户申请退款或重新下单。若客户愿意重新下单，将给予特别折扣。

Sample 8-31

Dear customer,

I am sorry to tell you that we still cannot get the tracking information and I'm afraid the package might be lost by China Post. I suggest that you apply for refund. If you still want to buy these products, you can place the order again and I will offer you special 10% discount.

Thank you for your patiency and looking forward to doing business with you again.

Best regards,

（Your name）

5）更改快递方式

客户下订单后最希望得到的服务就是能够尽快顺利地收到包裹。因此，作为卖家首先要按买家的要求来选择快递公司。如果由于特殊原因需要更换快递公司，卖家须及时与买家沟通，并把更换后的包裹运单号及时告诉买家。更换快递公司后，还要延迟客户的收货时间，以免后期影响客户顺利收到货物。

若因在货运高峰期货物未能及时发出，可以参照如下案例处理。

Sample 8-32

Dear customer,

There is a backlog of orders for China Post Air Mail to ship. I don't know when your packet can be shipped. How about changing a logistics company?

If you are agree, I will send your package by e-Packet. And I will let you know the tracking No. as soon as I send your package out.

Best regards,

（Your name）

若是货物被退回需要更换快递，可以参照如下案例。

Sample 8-33

Dear customer,

Due to the overwhelming demand for logistics this shopping season, the original dispatch has failed.

We have already dispatched your order with a different logistics company.

You can track the new delivery of your order here: ************.

Tracking No. is ******* ***-* ****** *******.

We have also extended the time period for you to confirm delivery. If you have any questions or problems, contact us directly for help.

Best regards,

（Your name）

2．货运相关进展（Tracking Packages）

如果货物顺利地到达买方国家，则卖家应经常跟踪包裹并把进展及时告诉买家。

1）货物抵达海关

货物抵达海关后，要通知买家关注动态，确保能及时收到货。

Sample 8-34

Dear customer,

This is **. I am sending this message to update the status of your order. The information shows it was handed to customs on Jan. 19. Tracking number **********. You can check it from web: ***************.

You may get it in the near future. I apologize that the shipping is a little slower than usual. Hope it is not a big trouble for you.

Best regards,

（Your name）

2）货物到达邮局

货物就快要送达了，可以提醒买家关注配送信息。如果当地邮局有所延误，可以主动联系邮局。另外,还可以提醒买家在收到货物后给予好评和反馈。

Sample 8-35

Dear customer,

His is **. I am sending this message to update the status of your order.

The information shows it is still transferred by Sydney Post Office. Tracking number: ******* ****. Please check the web *** ***.

I think you will get it soon. If it is delayed, please try to contact your local post. Then you might get it earlier. Please pay attention to the package delivery. Hope you love the product when get my products.

If so, please give me a positive feedback. The feedback is important to me. Thank you very much.

Best regards,

(Your name)

3)货物妥投

货物妥投后,物流服务就基本结束了。可以询问买家收到的货品是否完好无损。如果满意此次服务,请给予五星好评;如果有问题也请及时联系以便尽快帮他解决问题。

Sample 8-36

Dear customer,

The tracking information shows that you have received your order.

Please make sure your items have arrived in good condition and then confirm satisfactory delivery.

If you are satisfied with your purchase and our service, we will greatly appreciate it if you give us a five-star feedback and leave positive comments on your experience with us!

If you have any questions or problems, please contact us directly for assistance, rather than submitting a refund request.

We aim to solve all problems as quickly as possible! Thanks!

Best regards,

(Your name)

(四)关联产品推介

做好关联营销能有效利用来之不易的流量,提高转化率,从而降低推广成本。关联营销不仅是把关联产品在关联位置上摆放好,还要抓住一切机会向客户推荐。如果买家对选择的产品不满意,或者买家已经下单,可以向其推荐关联产品,引导其再次下单;对于新老买家都可以向其推介订阅店铺,以便及时向潜在客户推送消息。推介的产品和消息包括折扣产品、新产品及节日热销产品。客服的关联产品推荐服务如图8-3所示。

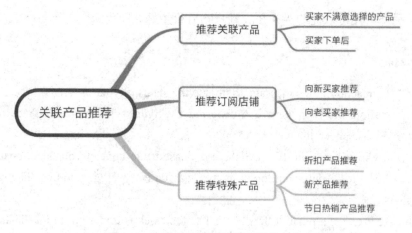

图 8-3 客服的关联产品推荐服务内容

1. 推荐关联产品

跨境电子商务店铺经常会有一些买家进来后对某一款产品感兴趣,此时他们会在站内信里留言或者在即时聊天工具中询问具体情况。如果卖家帮买家解除了疑问,则买家下单的机会就会增大,卖家可以顺势利导,把与该产品相关联的商品推荐给买家。

1) 买家不满意选择的产品,可以推荐关联产品

如果买家在询问之后发现其感兴趣的产品有某些地方不如意,此时卖家可以把关联的产品推荐给买家,告诉他这些是相关的热销商品,希望他能够喜欢。

Sample 8-37

Dear customer,

I am sorry that you are not satisfied with the product you inquired. According to your information, I would like to recommend some other items of similar styles and hope you will like them too. These are our popular best-sellings right now. Please click the link: ***** *********and**** ****** to get more specific information about the items.

If you have any question about the item, please feel free to contact us.

Best regards,

(Your name)

2) 买家下单后,推荐产品的关联产品

如果买家下单后,卖家还可以抓住机会,继续推荐与其订单相关联的产品,刺激其继续下单。

Sample 8-38

Dear customer,

Thank you for ordering our dress. The packet has been shipped today and you will get it in about 15 days.

We are selling a popular and nice belt which coordinates your dress order. For the specific information you can click:****** ********.

第八章 跨境电子商务客户服务

If you have any question about the item, please feel free to contact us.

Best regard,

（Your name）

2．推荐订阅店铺

如果能够说服买家订阅店铺，则更有利于产品的推广。通过及时向订阅客户发布产品及活动信息可以有效地提高产品销量。

1）向新买家推荐

向新买家推荐店铺时，主要强调的是店铺可以向客户推送最新的产品及促销信息。

Sample 8-39

Dear customer,

Thank you for showing interest in my products. In order to offer a better service and keep you updated with the latest promotions and products, please subscribe to my store. Any problem of subscribing please refer to http://help.aliexpress.com/alert_subscribe.html.

Best regards,

（Your name）

2）向老买家推荐

向老买家推荐店铺时，主要强调的是订阅后可以享受 VIP 服务以及积分折扣。

Sample 8-40

Dear customer,

Welcome to subscribe to my store. By a few clicks you can enjoy our VIP service such as the latest updates from new arrivals to bestselling products on a weekly basis etc. As you are our old friend, you can enjoy our discount and mark accumulation after you subscribe to our store.

Any problem of subscribing please refer http://help.aliexpress.com/alert subscribe.html.

Best regards,

（Your name）

3．推荐特殊产品

在店铺活动期间，会有买 2 送 1，或者买 2 件以上享受 9 折等优惠，卖家可以主动向新老客户推荐关联产品信息，刺激产品销售。重大节日前，在与客户交流的过程中也可以提前告知客户节日的促销活动。

1）折扣产品推荐

为了刺激销售，店铺会不定期举办一些活动。在店铺活动期间，可以主动向客户推荐促销产品，告知活动信息，以刺激销售。

Sample 8-41

Dear customer,

Thanks for your message. If you buy both of the **** items, we can offer you a ***%

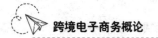

discount.

　　Once we confirm your payment, we will ship out the items for you in time.

　　Please feel free to contact us if you have any further questions.

　　Best regards,

　　（Your name）

2）新产品推荐

新产品上线时往往关注度不高，因为客户都不知道产品的存在，此时需要主动向买家推荐新产品的信息，以提高新产品的客流量及转化率。

Sample 8-42

Dear customer,

　　As Christmas and the New Year is coming, we found **** has a large potential market. Many customers are buying them for resale one eBay or in their retail stores because of its high profit margin. We have a large stock of ****. Please click the following link to check them out ********, Thanks!

　　Best regards,

　　（Your name）

3）节日热销产品推荐

一般来说，节日前的一段时间也是销售旺季。卖家应主动提前告知客户活动信息及相关节日产品的信息。同时告知如果购买数量达到一定量以上，即可享受批发价格。

Sample 8-43

Dear customer,

　　Right now Christmas/Thanksgiving/… is coming, and Christmas/Thanksgiving/… gift has a large potential market.

　　Many buyers bought them for resale in their own store. It's a high profit margin product. Here is our Christmas/Thanksgiving/… gift link****** * *********. Please click to check them. If you are going to buy more than 10 pieces in one order, you can enjoy a wholesale price of ***… Thanks!

　　Best regards,

　　（Your name）

（五）特殊订单处理交流

特殊订单指的是那些由于发货、物流、海关等原因造成的、不能正常出货或退货的订单。无论是什么原因引起的不能正常出货、收货或者延误的订单，卖家都必须及时与买家沟通，避免纠纷。

发货前的特殊情况包括：客户下单后对于支付、海关收税等情况存在疑问；或者由于物流风险，无法向买家所在国家发货；也可能由于订单包裹超重导致无法使用小包邮寄及没有直航货机；等等。特定情况的包裹延误主要包括由于节假日或不可抗力因素造成的邮递延误。还有一些其他特殊情况，例如，卖家发错货或者漏发货，客户不清关，等等。无论哪种情况，卖家都必须与买家及时沟通，解决相关问题，确保客户满意。特殊订单的客服内容如图8-4所示。

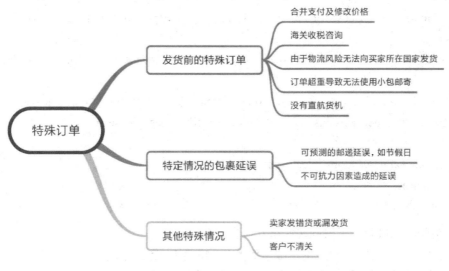

图8-4　特殊订单的客服内容

1．发货前的特殊订单

客户下单后，可能会对支付、海关收税等情况存在疑问，此时需要及时向客户解释。另外，在有些情况下，货物无法包邮或者无法发出，也需要通过邮件向客户解释清楚，以取得客户的理解。

1）合并支付及修改价格

如果同一个买家在同一天下了两笔不同订单，收件地址一样，那么这样的订单就可以合并支付，并且还可以合并成一个包裹发出去，但卖家应该跟买家沟通好，同时可以给买家一点价格优惠以提升买家的购物体验。

Sample 8-44

Dear customer,

If you would like to place one order for many items, please first click "add to cart", then "buy now", and check your address and order details carefully before clicking "submit". After that, please inform me, and I will cut down the price to US $ **. You can refresh the page to continue your payment. Thank you!

If you have any further questions, please feel free to contact me.

Best regards,

（Your name）

2）海关收税咨询

有时候客户会担心在货物到达海关后需要支付额外费用。此时应该如实向客户解释，必要时需要引导客户向当地海关咨询，不能欺骗客户购买。

Sample 8-45

Dear customer,

　　Thanks for your inquiry and I am happy to contact you. I understand that you are worried about any possible extra cost for this item. Based on past experience, import taxes falls into two situations.

　　First, in most countries, it did not involve any extra expense on the buyer side for similar small or low-cost items.

　　Second, in some individual cases, buyers might need to pay some import taxes or customs charges even when their purchase is small. As to specific rates, please consult your local customs office.

　　If you have any questions, please let us know.

　　Best regards,

　　（Your name）

　　3）由于物流风险，无法向买家所在国家发货

　　针对一些特殊国家（如发生了战争等），物流暂时无法向买方所在国家发货，此时也需要跟买方及时沟通，就是否可以寄往其他国家或地区向买家征求意见。

Sample 8-46

Dear customer,

　　I am sorry to inform you that our store is not able to provide shipping service to your country. However, if you plan to ship your orders to other countries, please let us know. Hope we can accommodate future orders.

　　I appreciate for your understanding.

　　Best regards,

　　（Your name）

　　4）订单超重导致无法享受小包包邮优惠

　　小包包邮是卖家经常使用的促销手段之一。但是在有些情况下，买家一次性购买了多种货物，导致订单超过 2 kg，无法享受小包包邮优惠。此时，可以建议买家使用其他快递方式，或者将一个订单拆分成若干个小于 2 kg 的订单。

Sample 8-47

Dear customer,

　　I am sorry to tell you that the free shipping for this item is unavailable. I am really sorry for the confusion.

　　Free shipping is only for package weighing less than 2 kg, which can be shipped via China Post Air Mail. However, the item you would like to purchase weighs more than 2 kg. You can either choose another express carrier, such as UPS or DHL (which will include shipping fees, but

第八章 跨境电子商务客户服务

are much faster).

　　Or you can place the orders separately, making sure each order weighs less than 2 kg, to take advantage of free shipping. If you have any questions, please let us know.

　　Best regards,

　　（Your name）

　　5）没有直航货机

针对一些没有直航货机的客户，卖家应向买家说明由于没有直飞航班，所有去该国的包裹都要通过其他国家中转，所以在运输时间上很难控制，让买家对收货时间有个心理预期。

Sample 8-48

Dear customer,

　　We can send this item to Lithuania. However, there's only one problem.

　　Due to there're few direct cargo flights between Lithuania and China, the items shipped to there have to be transited from other Europe countries.

　　That make the shipping time is hard to control.

　　As our former experience, normally it will take 25 to 45 days to arrive at your country.

　　Is it OK for you?

　　Waiting for your reply.

　　Best regards,

　　（Your name）

　　2．特定情况包裹延误

对于节假日或者由于不可抗力因素造成的邮递延误，卖家都应该主动告知客户，保证及时更新相关信息，并对此造成的麻烦致歉，希望客户能理解。

　　1）对节假日等可预测的邮递延误进行解释

主要告知客户由于什么原因可能会导致延误，给客户一个预期，最后感谢客户的理解。

Sample 8-49

Dear customer,

　　Thank you for your purchase and prompt payment. China will celebrate China Spring Festival from 30 Jan to 5 Feb(both days inclusive). During that time, all the shipping services will be unavailable and may cause the shipping delay for several days.

　　We will promptly ship your item when the post office re-open on 6 Feb… If you have any concerns, please contact us through eBay message. We apologize for the inconvenience caused and appreciate your kind understanding.

　　Wish you and your family have a happy time together as well.

　　Best regards.

　　（Your name）

2）对天气、海关严格检查等不可抗力因素造成的延误进行解释

有时候会遇到严格的海关检查或者由于天气、节假日原因等会导致延误。此时首先要通知客户，然后告诉客户我们会怎么做，如 keep update（保持信息及时更新），最后是对此次给客户造成的麻烦致歉。必要时可以给予适当的折扣以提升客户的购物体验。

对于因某些国家海关的严格检查造成的货物延误，应及时通知买家，及时的沟通会让买家感觉到你一直在跟踪货物，而且是一位负责的卖家。

Sample 8-50

Dear customer,

　　We received the notice from logistics company that your customs for large parcel periodically inspected strictly recently. In order to make the goods sent to you safety, we suggest that the delay in shipment. Wish you a consent to agree. Please let us know as soon as possible. Thanks!

　　Best regards,

　　　（Your name）

对于旺季、天气等原因造成的延误可采用以下模板。

Sample 8-51

Dear customer,

　　Thank you for your order with us, but we are sorry to tell you that due to peak season/ bad weather these days, the shipping to your country was delayed.

　　We will keep tracking the shipping status and keep you posted of any update.

　　Sorry for the inconvenience caused, and we will give you 5% off to your next order for your great understanding. If you have any concerns, please contact us through the instant message or e-mail, so that we can respond promptly. Thank you.

　　Best regards,

　　　（Your name）

3．其他特殊情况

在跨境电子商务售中这个阶段，有时候也可能会由于卖家或买家自身的原因产生一些问题。无论什么情况，卖家都应及时与买家沟通，尽快解决问题。

1）卖家发错货或者漏发货

如果是卖家的原因导致的错误，应主动提出补发或者给予买家折扣，并请求买家的谅解。

Sample 8-52

Dear customer,

　　It is a pity to tell you that my colleague sent you the wrong bag/forgot to send you the item ** you ordered. Could I send you again or we give you $**** discount? I guarantee that I will give you more discounts to make this up next time for your next purchase. So sorry for all your inconvenience. Your understanding is highly appreciated. Thank you very much.

　　Best regards,

　（Your name）

2）客户不清关

根据跨境电子商务的相关规则，买家是有义务清关的。但是由于关税等原因，买家不愿意清关，此时卖家要及时跟买家沟通，一起寻求解决办法。

Sample 8-53

Dear customer,

　　Thanks for your purchase in our shop and we are sorry to tell you that the parcel was kept at the Russian custom.

　　Status：（查询结果）

　　According to the rule of Ali, buyer have the duty to clear the custom and get the parcel. We also hope you can clear the custom as soon as possible and get the favor.

　　If there's anything we can do for you, please feel free to contact us.Thanks!

　　Best regards,

　（Your name）

三、售后沟通与服务

（一）售后服务的含义与特点

1. 售后服务的含义

售后服务是企业对客户在购买产品后提供多种形式的服务的总称，其目的在于提高客户满意度，建立客户忠诚。西方管理学者认为在电子商务环境下的售后服务质量是指在虚拟网络市场上，客户对服务的总体评价和判断。

2. 售后服务的特点

（1）不可感知性。电子商务模式下的售后服务具体为"表现"而非实物，是某种形式的"客户体验"，所以必须有效地让客户感受到，比如可以通过售后服务产品细节咨询、产品故障维修咨询等，把服务的质量"有形"地提供给客户。

（2）移动性。互联网应用的局限之一就是缺乏移动性。目前绝大多数的客户必须使用计算机才能通过互联网进行网上交易，但是相应的售后服务却必须提供到在不同地理位置上的客户身上，服务才算完成。

（3）灵活性。电子服务被西方学者比喻为"积木式"的功能设计。这个比喻恰当地体现了电子服务的灵活性——大规模地定制。为客户量身打造个性化的产品与服务是一种以客户为中心的管理方法，也是电子商务必须采取的经营方式。根据客户的要求适时提供或者改变服务的内容和方式，是提高客户满意度的有效方式。

此外，电子商务模式下的售后服务还具有和传统售后服务相同的特点，比如不可分离性、差异性、不可储存性等。

3．售后服务存在的问题

（1）缺乏网络认知度。虽然目前人们对网络交易已经比较接受和认可，但普遍局限在小商品和家庭日用品上，交易金额也有限，认为大额交易不安全。

（2）没有安全感。我们在网络中只能看到图片和简单的一串交易代码，容易产生怀疑。

（3）操作繁杂。客户所购买的产品出现问题后，要填写反馈单，等待客服联系确认。直接到商场退换货物的便捷操作与电子商务售后保障体系的局限性和操作复杂性形成了强烈的对比。

（4）专业性差。提供售后服务的客服人员很少是专业的，缺乏有效的判断标准，售后服务的专业性不足。

（5）效率低。相比于商场及时便捷的退换货制度，电子商务模式下的售后服务效率低。从填写反馈信息到最终确认，再到退货，到卖家重新发货，再次确认。这个过程无疑是漫长的和令人难以忍受的。

（6）依赖性强。电子商务的发展在很大程度上依赖于物流业的发展。同样地，电子商务下的售后服务也十分依赖于物流的发展。如今国内的物流虽有发展，但在很多方面不尽如人意，比如在速度和保障上依旧有很大的缺陷。

（7）维权成本高。产品出现问题后，无论是维修还是退货都需要很高的维权成本，寄来寄去浪费时间不说，大部分情况下还要客户自己承担运输费用。

4．解决方法

1）优化电子商务流程

优化电子商务流程可以在一定程度上消除客户心理上的不确定性，增强安全感。可以利用交易流水号，给每件商品印上独有的识别码。在这点上，淘宝做得已经相当完善，淘宝上的所有商品都有专用的交易流水号。这就为客户所要求的售后服务提供了保障。客户也可以在交易过程中与商家就后来的售后服务达成相关协议，比如淘宝网上商家一般都有7天内退货的承诺。

2）组建网络小型专家团队

这个主要针对售后服务专业性差这一特点提出的。可以在网上组建一个涵盖各行各业的小型专家团队，通过在线问答等方式来解决特殊商品的验证问题。这就避免了客户与商家因为商品的判断标准缺失而引发的纠纷。同时也可以由专家小组向卖家直接索取新的产品并将退换后的产品送货上门，这就为客户提供了极大的方便。

3）虚实相间的双轨模式

第一，实体+电子商务结合。"实体+网络"是中国发展电子商务的必经之路。

第二，建立售后服务实体站。在大部分比较发达的城市建立售后服务实体站，接受所有的售后服务信息，提供相应的售后服务甚至上门服务。这样在方便客户、让客户感觉到卖家是在用心为他服务，提高客户满意度和忠诚度的同时可以通过客户所反映的问题对产品进行各方面的改进。

4）完善退货服务流程

退货服务是电子商务售后服务的一个特殊环节，也是商家增加顾客满意度、建立信任的一个重要的服务项目。由于国内现行的规定、制度无法保证退货的真实性，所以目前当顾客对收到的不满意商品要求退货时，通常需要经过图 8-5 所示的三个环节。

图 8-5　国内退货服务流程

相对国内而言，国外的电子商务退货服务已经比较成熟和完善（见图 8-6）。

图 8-6　国外退货服务流程

国外由于良好的信用体系已经形成，消费者无因退货现象很少发生，因此退货服务比国内快捷，多是外包第三方物流公司进行上门服务，顾客只需将打印的条形码退货单贴在需要退货的商品包装上即可，流程简单，消费者满意度也较高。

5）建立售后服务处理数据库

建立售后服务处理数据库，把客户的相关信息及产品信息集中进行维护和处理，把客户所要求的售后服务信息汇总到数据库中，集中安排售后服务工作，掌握售后服务全部的处理情况。这样可以更好地进行客户关系处理，并可以提高处理速度，进而提高客户满意度。

（二）跨境电子商务售后评价的回复与处理

评价是买家对购物体验给出的反馈，是电子商务的基础。评价分为好评、中评和差评。客户评价管理流程如图 8-7 所示。下面就催促评价、修改评价和收到好评进行阐述。

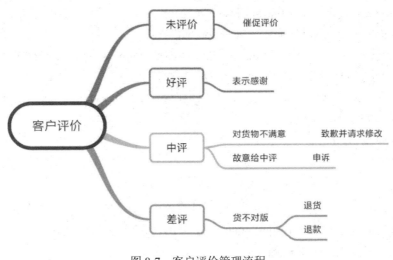

图 8-7　客户评价管理流程

对于未及时给出评价的客户，卖家要催促其进行评价，争取获得好评。客户的好评往往能够"四两拨千斤"，有助于带来源源不断的曝光、转化及二次转化，因此，对于客户的好评要给予及时的感谢。得到中评也不要抱怨，应采取逆向思维，客户反映的问题有助于优化产品。对客户的中评和差评要有一个区分，因为问题也可能在买家身上。一旦有了差评，首先要主动认错，然后跟客户沟通协商解决。

1. 催促评价

不少卖家以为货物卖出去，交易就完成了，忽视顾客的评价。其实一个简单的回复顾客评价的行为，往往能影响顾客的复购率及新顾客的购买率。

1）买家收到货之后没有留下评价

有些买家收到货物后一律不给评价，这种情况下卖家可以去委婉地催下买家给予评价。有些买家甚至不知道怎么给评价，卖家可以及时和买家沟通，告诉他评价的步骤。可以主动发消息和邮件给客户问其收到的货物是否符合他的期待，有时候主动催一下客户反而会使客户对卖家更有信任感，别说获得好评了，回头率就赚了不少。

Sample 8-54

Dear buyer,

　　Thanks for your continuous support to our store, and we are striving to improve ourselves in terms of service, quality, sourcing, etc. It would be highly appreciated if you could leave us a positive feedback, which will be a great encouragement for us. If there's anything I can help with, please don't hesitate to tell me.

　　Best regards,

　　（Your name）

Sample 8-55

Dear buyer,

　　Could you tell me if the item has been successfully delivered to you?

　　If you get it, we sincerely hope you will like it and be satisfied with our customer services. If you have not got it or got it but have any concerns, please don't hesitate to contact us. We would like to do whatever we can do to help you out.

　　If you don't mind, please take your time and leave us a positive comment, which is of vital importance to the growth of our small company.

　　Please DO NOT leave us negative feedback. If you are not satisfied with any regard, please contact us for solution.

　　Thank you so much.

　　Yours sincerely.

Sample 8-56

Dear buyer,

　　You can leave feedback for suppliers within 30 days of order completion.

　　There are 2 ways to leave feedback:

Method A:

Sign into My AliExpress.

Confirm receipt of your order.

On the Leave Feedback for this Transaction page click Leave Feedback.

Rate the seller by clicking the number of stars you want to give and enter an explanation of your rating, your explanation should cover the quality of the item and the sellers service and click Leave Feedback.

Method B:

Sign into My AliExpress.

Go to Transactions, click Manage Feedback, then click Orders Awaiting My Feedback.

Choose an order and click Leave Feedback.

Thank you so much.

Yours Sincerely.

2)买家收到上述邮件 10~15 天后没有回复评价

在卖家发邮件提醒买家评价后的 10~15 天,买家对评价一事置之不理,卖家也可以再发邮件进行催促,可将店铺的链接或者产品名称列出来以明确提醒买家。

Sample 8-57

Dear buyer,

Thank you for buying shoes from us on April 23. We hope that you are satisfied with your purchase. The details for your purchase are as below:

Item Name:

Item Number:

Total Deal Price:

If you are satisfied with your purchase and the services provided, please spare some time to leave positive feedback for us.

Your positive feedback is essential to the development of our business. If you have any problems or concerns about your purchase, please get in touch with our customer service as soon as possible and we will do everything we can to help.

Thank you again and we look forward to seeing you again soon.

Yours Sincerely,

(Your name)

2. 修改评价

除了一些无良买家,客户给出中差评是对店铺的提醒,告知卖家店铺中出现了问题,需要整改。跨境电子商务卖家应该正视中差评,尽可能地去消除中差评的不利影响,甚至创造出积极效应。

1)请求修改中评

客户如果因为产品质量问题而给中评,卖家应及时和客户进行沟通,让客户知道中评对于一个新手卖家的致命打击，让买家心存怜悯。

例如，卖家小A收到了客户的中评，原因很简单，因为买家觉得她买到的裙子穿起来效果没有图片模特穿起来的效果好。碰到这样的客户，小A要及时和买家取得联系，希望其能修改评价。

Sample 8-58

Dear buyer,

　　I am very glad to receive your message. Although I haven't got a high score on AliExpress，I've been doing business on AliExpress for many years and I am quite confident about my products. Besides, since AliExpress offers Buyer Protection service which means the payment won't be released to us until you are satisfied with the product and agree to release the money.

　　We sincerely look forward to establishing long business relationship with you.

　　Regards，

　　（Your name）

2）请求修改差评

客户给了差评，一定要及时跟客户交流，问清楚到底是质量问题，还是物流慢的问题，如果是产品的缺陷就想办法弥补或者客户下次来时在不亏本的情况下给他点优惠，请他修改一下评价，这样卖家也不亏，同时还维持了一个客户。当然有些买家也不是故意给差评的，他们只是不大了解平台规则，这时不妨将平台的修改规则告诉他们，买家愿意修改最好，不愿意则可以忽略，有时收到几个差评也是正常的。

要处理差评纠纷，首先就要弄清楚它们产生的缘由。差评原因一般是：客人期望值过高，物流速度慢，沟通不够，产品质量不过关，包装破损，等等。弄懂了客户为什么给差评，解决起来也就没那么难了。

不要一味地美化产品和图片，如果产品有瑕疵和不足，要在图片中体现。产品描述应清晰、简洁、详尽。如果接连收到的差评是因为客人没有注意到尺寸就想当然地买了下来，结果货到了觉得小了，不经过任何沟通，直接给了卖家差评，这种情况可以先利用站内信和邮件与其进行沟通，请其修改评价，一部分客户直接就改了，一部分客户没有任何回应。一周之后还没反应就可以考虑其他方法了。

Sample 8-59

Dear buyer,

　　I noticed that you gave us a negative feedback. You know 5-star is really important for us. I would be grateful if you can change your feedback to 5-star.

　　The below procedure can help you change the feedback:

　　1. Sign into My AliExpress.

　　2. Go to Transactions, click Manage Feedback (under Feedback); then click Active Feedback.

　　3. Choose an order and click the Revise Feedback button.

　　4. On the Request Buyer Feedback Revision page, enter your reason and click Revise

Feedback.
　　Regards,
　　（Your name）

3）收到好评

店铺好评的提升标志着一个店铺的信用度在提升，好评率越高，顾客对店铺的信任感越强，购买的欲望也会越强。如果店铺获得的好评很少，即使客户想购买也不会放心。一模一样的产品，价格相等，顾客一定会选择好评率高的店铺购买。店铺卖出一件产品，就会增加一个好评（即增加一个红心）。店铺交易量越多好评率越高。卖家收到好评后一定要对买家进行答谢，这有助于买家再次复购。

Sample 8-60

Dear buyer,

　　Thank you for your recent positive feedback!

　　Your satisfaction is hugely important to us, and keeps us motivated to try harder for our customers!

　　You can check out more great products from our store http://www.aliexpress.com/store/439824.

　　We hope we'll see you again on our store soon.

　　Yours sincerely,

　　（Your name）

Sample 8-61

Dear buyer,

　　I am so pleased and grateful that you gave us a good feedback /you are satisfied with our products and service. I hope I can give you a good discount or send a gift to you when you order next time. Thank you very much.

　　Best regards,

　　（Your name）

（三）跨境电子商务售后客户维护

维护客户关系、留住回头客可以给卖家带来可观的订单。要想在跨境电子商务平台上有好的销售业绩，留住回头客、提高客户重复购买率是非常必要的。这就需要卖家在平时多与客户沟通，对优质客户进行定期维护。

客户维护流程如图 8-8 所示。客户的维护主要包括客户的日常维护及新产品推广或在节假日对产品进行促销。卖方可以主动联系买家，以扩大交易地区及对象、建立长期业务关系、拓宽产品销路为目的发送建交函，或选取某类特定商品，进行具体的推荐性介绍。除了拓宽新客户，每逢节假日卖家可以向老客户发送节假日的祝贺信或平时的问候信，以给客户留下深刻的印象。

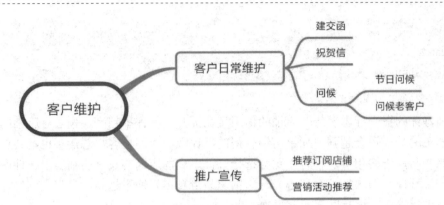

图 8-8　客户维护流程图

1．客户日常维护

与客户的感情交流是卖家用来维系客户关系的重要方式，节日的真诚问候、婚庆喜事、过生日时的一句真诚祝福、一个小礼物，都会使客户感动。交易的结束并不意味着客户关系的结束，在售后还须与客户保持联系，以确保他们的满足持续下去。

1）建交函（与新客户建立业务关系）

在客户维护过程中，试图和新客户建立业务往来关系也是极其重要的环节。在这个环节中，需要向客户介绍公司及产品优势，希望客户能被公司的资质和产品特色所吸引。

Sample 8-62

Dear customer,

　　We'd like to introduce our company and products to you, and hope that we may build business cooperation in the future.

　　We are specializing in manufacturing and exporting ball pens for more than 6 years. We have profuse designs with series quality grade and our price is competitive because we are the manufacturer.

　　You are welcome to visit our store http: //… which includes our company profiles and some hot selling products. Should any of these items be of interest to you, please let us know. As a very active manufacturer, we develop new designs every month. If you have interest in them, it's my pleasure to offer news to you regularly.

　　Best regards,

　　（Your name）

2）祝贺信

祝贺信是为了祝贺生意上的朋友高升或得奖而发出的信。虽然祝贺信是写给个人的，却和一般朋友间的通信来往大不一样。它会影响你今后业务的开展，使彼此间可能形成一种微妙的亲密关系。

Sample 8-63

Dear Mr. Smith,

　　Congratulations on your recent promotion to Deputy Managing Director of ABC Trading

Company. Because of our close association with you over the past ten years, we know how well you are qualified for this important office. You earned the promotion through years of hard work and we are delighted to see your true ability win recognition.

Congratulations and best wishes for continued success.

Yours sincerely,

Blank Lee

Import manager

3）节日问候

给已经联系的客户或者开发的新客户发节日祝福邮件，一来有助于维护好客户关系，二来有助于和客户沟通确认细节。

Sample 8-64

Dear customer,

Merry Christmas and happy New Year! The Christmas and New Year holiday is coming near once again. We would like to extend our warm wishes for the upcoming holiday season and would like to wish you and your family a Merry Christmas and a prosperous New Year. May your New Year be filled with special moment, warmth, peace and happiness, and wishing you all the joys of Christmas and a year of happiness.

It's my honor to contact with you before, and my duty is to give you our best products and excellent service. Hope the next year is a prosperous and harvest year for both of us.

Last but not least, once you have any inquiry about***** (products in the following days, hope you could free to contact with us, which is much appreciated).

Yours sincerely,

Sample 8-65

Dear ***,

Many thanks for your contiguous supports in the past years. We wish both business snowballing in the coming years. May your New Year be filled with special moment, warmth, peace and happiness, the joy of covered ones near, and wishing you all the joys of Christmas and a year of happiness.

Last but not least, once you have any inquiry about products in the following days, hope you could feel free to contact with us, which is much appreciated.

Yours sincerely,

4）问候老客户

非节假日问候老客户的主要目的是向客户介绍店铺的最新优惠活动，或者向客户介绍公司的最新产品。除了这两个目的，单纯性的问候也必不可少，以免客户遗忘店铺。问候可以加深客户对之前有过购物经历的店铺的印象。

Sample 8-66

Dear ***,

It has been a long time we did not make contact. How are you doing?

Would you please kindly let us know what kind of the product you are looking for recently? If you have any new inquiry, please let us know and we would quote you our best price.

Attached is the updated price lists for your reference.

Thanks for your attention.

Yours sincerely,

2．推广宣传

对于电子商务卖家来说，邮件是一种非常节省成本的营销渠道。因此，很多卖家都把邮件作为重要的营销方式。其实，邮件还能改善其他营销方式的效果。

1）推荐订阅店铺

产品邮件推送功能是速卖通平台为买家和卖家双方搭建起来的一个沟通渠道。买家一经订阅，就可以每周都收到平台最新的优质产品和优质店铺信息，以及买家通过关键词或行业订阅的相关信息。卖家可以利用这个功能，推荐买家订阅卖家的店铺，这可使买家在第一时间了解卖家的最新产品。

Sample 8-67

Dear buyer,

Thank you for showing interest in my products. In order to offer a better service and keep you updated with the latest promotions and products, please subscribe to my store. Any problem of subscribing, please refer to http://help.aliexpress.com/alert_subscribe.html.

Yours sincerely,

Sample 8-68

Dear buyer,

Welcome to subscribe to my store. By a few clicks you can enjoy our VIP service such as the latest updates from new arrivals to best-selling products on a weekly basis etc. Any problem of subscribing, please refer to http://help.aliexpress.com/alert_subscribe.html.

Yours sincerely,

2）营销活动推荐

营销推广的手段无非有以下几种：优惠券、限时秒杀、打折促销、会员优惠、抽奖活动等。这些活动都可以在一定程度上促进网站订单量的提升。这些推广活动的开展除了吸引新客户以外，还可以让店铺的老客户再次进行购买，增加老客户的回头购买率。

Sample 8-69

Dear buyer,

Right now Christmas is coming, and Christmas gift has a large potential market. Many buyers bought them for resale in their own stores, and they're high profit margin products. Here is our Christmas gift link, please click to check them. If you want to buy more than 10 pieces, we can also help you get wholesale price. Thanks!

 Regards,

  (Your name)

Sample 8-70

Dear buyer,

 Thank you for shopping in my shop.

 To express our gratefulness to all our customers, a series of promotional activities will be held from June 1 to 7 by our company, such as $15 off orders of $99 or more, 22% off for all the products and different coupons for your choice. There are only 7 days left for the activities.

 Don't hesitate to visit us.

 Regards,

  (Your name)

第三节　跨境电子商务客户纠纷处理

一、跨境电子商务客户纠纷的特点

 B2C模式下的跨境纠纷主要有以下几个特点。

 要求纠纷解决机制不受地域限制。在在线状态的电子商务环境中，身处地球每一个角落的消费者都可以获得来自其他地区的商品或者服务，大量跨国、跨地区的交易必然引起大量跨国界、跨地区的纠纷。因此，传统的以地域性和主权为基础的司法管辖和实体法适用原则，在这种全球市场一体化的网络环境下，显得力不从心。网络无国界，有必要寻求一种跨越国界的纠纷解决方式。

 纠纷的争议数额相对较小，要求一种费用低廉的纠纷解决机制。互联网在为人们带来交易便利性的同时，也提高了纠纷解决的难度和成本。特别是对于B2C电子商务模式来说，争议数额相对于B2B是很小的，如果依赖传统司法，不仅因为纠纷的跨境增加了解决的难度，也大大增加了司法的成本，导致解决纠纷所投入的司法资源与纠纷的复杂程度不符合，有违司法改革中所倡导的"分配正义"的理念。

 B2C电子商务纠纷模式中，消费者与经营者双方法律地位的平等与事实上的不平等形成了鲜明的对比。与经营者相比，作为分散独立的个人消费者在市场中处于不利地位，比如企业商家在搜集证据、掌握信息方面都强于消费者。商家和消费者在在线交易中存在严重信息不对称、交易中大量出现格式合同损害消费者的利益等问题。在商家占尽上风的情况下，电子商务要得到消费者的青睐，必然要求一个中立、公正、值得消费者信赖、能够平衡纠纷双方力量的纠纷解决机制。

 跨境电子商务自身的快捷性、开放性、灵活性等特点决定了其纠纷解决必须采取不同于传统的方式。随着社会的发展,新的利益冲突和新的纠纷类型会不断出现,针对这些纠纷的特点,人们也会随之发现和创造出新的或更为有效的解决方式。联合国贸易和发展会议《2003年电子商务发展与报告》中所做的调查认为,电子商务是一个不仅已经证明有必要采用新的争端解决办法,而且也已证明采用新办法是可能的领域。

二、处理客户纠纷的原则

(一)有章可循

要有专门的制度和人员来管理客户投诉问题,提高全体员工的综合素质和业务能力,树立全心全意为客户服务的思想,加强企业内外部的信息交流,并且做好各种预防工作,防患于未然。

(二)及时处理

对于客户投诉,各部门要通力合作,迅速做出反应,力争在最短的时间内全面解决问题,给客户一个圆满的结果。否则,采取拖延或推卸责任的方法会进一步激怒投诉者,使事情进一步复杂化。

(三)分清责任

不仅要分清造成客户投诉的责任部门和责任人,还应明确处理投诉的各部门、各类人员的具体责任和权限及客户投诉得不到及时圆满解决的责任。

(四)留档分析

对每一起客户投诉及处理的过程都要做出详细的记录,包括投诉内容处理过程、处理结果、客户满意程度等。通过记录可以吸取教训、总结经验,为以后更好地处理客户投诉提供参考。

三、客户纠纷的类型

(一)买家出价不买纠纷(以 eBay 为例)

"买家出价不买"是指买家成为"拍卖/Auction"物品的最高出价者,或是通过"一口价"购得商品,却拒绝为物品付款。买家一旦通过"竞拍"或"一口价"购得了商品,即自动签订了从卖家处购买物品的具有法律约束力的合同。eBay 要求买家对他们承诺购买的物品进行付款。

对于购买了物品却不付款,造成卖家时间和金钱的损失的买家,eBay 将采取行动要求买家履行合约义务,以促进本网站的交易行为。eBay 将对那些不履行付款义务的买家发出警告。在短时间内得到太多此类警告的买家将被开除。在特定情况下,该买家账户在冻结以前会被限制使用出价功能。

(1)出价不买警告是由 eBay 发出并跟踪的。

（2）出价不买警告独立于信用评价，不会影响到用户的信用度或用户档案。

（3）如果买家认为自己被冤枉，可以选择对出价不买警告进行申诉。

（4）多次收到出价不买警告的账户，将会被禁止使用出价功能或是被冻结。发生买家出价不买的情况时，卖家可针对拍而不付款的物品，在纠纷调解中心向 eBay 检举弃标个案。待个案结束后，卖家可得到"成交费/ Final value Fe"退还，还可再次刊登该物品直至成功卖出，即有资格获得刊登费退款。

（二）买家投诉：物品与描述不符

物品与描述不符是指买家在收到物品后，发现实物与卖家的物品描述严重不符，并通过 eBay 纠纷流程投诉卖家。发起"物品与描述不符"纠纷的物品，很可能是由于卖家在物品描述时不够真实、准确，特别是对于物品有瑕疵和缺陷、物品是二手物品等信息的描述不够突出，或者是物品不适宜长期跨国运输，导致物品损坏；物品图片过于华丽，尤其是使用商业彩图，容易让买家产生过高的预期，而最终在收到实物后心理落差较大，对交易产生不满。

（三）买家投诉：物品未收到

物品未收到是指买家付款以后在预设的时间内没有收到物品，进而通过 eBay 纠纷流程向卖家发起"物品未收到"纠纷。因而，在交易中应给卖家设置合理的预期收货时间，并通过合适的跨国物流运输方式给买家发货，保证物品能够及时送到买家手里，同时可以通过邮寄挂号包裹，向买家提供物品追踪号供买家自行查看物流状态。

对于卖家来说，一旦收到买家投诉，应首先积极与买家沟通协商解决问题，大部分问题都可在买卖双方直接沟通后解决。或者，卖家也可根据 eBay 纠纷调解流程，于 7 天内通过"纠纷调解中心"积极回应买家投诉，并采取相应措施解决纠纷，避免此类纠纷再次发生。

切不可对已产生的纠纷置之不理，这将严重影响卖家表现，当卖家表现低于 eBay 标准时会受到 eBay 惩罚，最终影响卖家在 eBay 上的销售与业务的发展。

四、有效处理客户纠纷的方法

（一）对于"未收到物品/ Item Not Received"的纠纷处理

对于"未收到物品"投诉，卖家有 7 天时间采取以下方法进行处理。

（1）向 eBay 提供投递证据进行申诉。对于价值高的物品，eBay 还会要求收货签字的证明。

（2）与买家达成协议重新发送物品或替换物品。

（3）退款给买家。

（二）对于"物品与描述不符/ Significantly Not as Described"的纠纷处理

（1）对于"物品与描述不符"的投诉，卖家有 7 天时间采取以下方法进行处理：① 向

eBay 提供已经恰当描述物品的证据进行抗辩，例如，买家投诉物品是二手的而不是新的，而刊登的物品清楚地表明物品是二手的；② 如果买家愿意，可为买家换货。买家需要先退还原来的物品；③ 退款给买家。买家需要先退还原来的物品，除非买家提出了假货投诉并获得生产厂商或执法部门的证明，确认物品实际不是真货，这种情况下可以不用将物品退还给卖家。

（2）在新的流程中，卖家可以按目前 PayPal 流程中的同样方法进行抗辩。例如，在"未收到物品"投诉的情况下提供投递确认信息。卖家可以选择回应买家的方式有：全额退款；提供物品跟踪信息进行证实；对于没有使用挂号发货的物品，提供发货投递信息，提供其他替代解决方案；让 eBay 客服处理该个案。

① 当买家要求全额退款时。在买家要求全额退款的情况下，或在卖家已同意向买家提供退款的情况下，卖家可以选择"Issue a full refund"并在相应栏位内输入留言，比如退款原因等。

② 当物品尚未到达，买家投诉时。如果买家仍然想要这件物品，但因为物品尚未到达却已经启动了纠纷，卖家可以选择"Verify tracking information"，证实跟踪信息并提供附加留言。例如，提供物品追踪号/ Tracking Number，向买家解释延误原因。

③ 物品没用挂号方式运送，当物品尚未到达时。如果物品没用挂号方式运送，卖家可以选择"I shipped the item without tracking information"，并提供运送物品的时间、方式等信息。

④ 选择其他替代方案解决。每一笔交易都不同，有些交易可以用其他方式友好解决。通过"Offer other solution"选项，卖家可以提供换货、提供替换零件，或提供其他替代方案供买家考虑。

⑤ 卖家升级个案递交至 eBay 客服。卖家也可以将个案升级到 eBay 客服，eBay 将审核该个案详情并就此个案做出裁决。

如果个案在 7 天期限结束后仍然没有结果，eBay 将与买家联系看他是否满意。如果买家满意，个案将会关闭；如果买家没有回复，eBay 将不会退款给他，也不会让卖家承担交易的责任；如果买家仍在和卖家沟通，eBay 将在一周后再回来核实。那时，如果买家仍然不满意或者卖家将个案升级到 eBay 客服，eBay 将审核该个案。

资深的客服代表将审核个案，进行欺诈检查，并确认买家已经试图与卖家联系过。如果买家的信用及账户状态良好，该代表会审核其他交易信息，如物品描述、卖家账户详情、卖家所处地区、付款情况和运送方式等。

在某些情况下，eBay 会要求买家再等一段时间。例如，他没有预留足够的时间等待物品到达，或者他的投诉条件不够充分；如果买家的投诉需要进一步调查，eBay 将联系卖家做出回应，并要求卖家协助调查。

如果 eBay 做出有利于买家的裁决，eBay 将会把货款和运费退还给买家。

（1）当 eBay 发现买卖双方均无过失时。我们知道在有些情况下买卖双方可能都是正确的。如果 eBay 没有发现卖家有过失，将不会要求卖家赔偿。

（2）当卖家有过失时。在 eBay 结束纠纷个案并认为卖家有过失的情况下，eBay 将发送对应金额的 PayPal 账单给卖家，要求卖家尽快支付。如果卖家在一定时间内没有完成账单的支付，可能会导致卖家的 eBay 账户受到限制或被冻结。

卖家可以通过纠纷调解中心提供适当的证明来对裁决提出申诉。如果申诉成功，卖家将无须支付相应的赔偿。如果卖家已经支付了赔偿款项，这笔款项将被退回卖家账户。

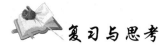

复习与思考

1. 名词解释

（1）售前服务

（2）售中服务

（3）售后服务

（4）客户关系管理

2. 简答题

（1）客服的基本分类是怎样的？

（2）客户关系管理的目的是什么？

（3）客服人员在提醒买家付款的时候应该怎么做？请举例说明。

（4）买家收到货之后没有留下评价的时候应该怎么做？请举例说明。

（5）处理客户纠纷的原则是什么？

第九章　跨境电子商务法律法规与风险防范

知识目标

- 了解电子商务法律和跨境电子商务相关的法律问题。
- 掌握跨境电子商务中知识产权侵权的常见形式。
- 了解跨境电子商务试点网购保税进口模式监管。
- 了解跨境电子商务零售进口商品的通关方式和征税方式。
- 掌握跨境电子商务类企业七大法律义务。

学习重点、难点

重点

- 跨境电子商务知识产权侵权的常见形式。
- 跨境电子商务零售进出口商品的通关方式和征税方式。

难点

- 能够分析跨境电子商务中存在的法律问题。
- 能够分析对跨境电子商务活动的不同参与者如何进行规范和调整。

案例导入

中国跨境电子商务监管新风向

在过去的一年里，中国跨境电子商务行业监管体系逐步完善，监管工作转型力度加大。在深化政府"放管服"改革及坚持全面扩大开放的大背景下，中国跨境电子商务行业势必迎来新的发展机遇。

《中华人民共和国电子商务法》（下称《电子商务法》）颁布一年多以来，与《电子商务法》配套的操作性法规陆续更新，企业通关便利化水平不断提高，跨部门电子监管体系得以完善，防范制度性风险的能力不断加强；中国的电子商务行业迎来了新的发展阶段。

一、充分鼓励行业发展

中国目前对于跨境电子商务行业的监管，分为在中央政府批准的跨境电子商务综合试验区（下称"综试区"）实施特别监管规定，以及在其他地区适用传统货物贸易监管规定两个体系。自 2015 年在杭州设立首个综试区以来，全国已有 37 个城市获批设立了综试区，基本覆盖了中国主要的一、二线城市。2019 年 7 月，国务院常务会议再次提出，在现有区域范围的基础上增加第四批试点城市设立综试区。

除了试点范围的扩大，在配套法律文件方面，2018年8月《电子商务法》颁布之后，相关法规及部门规章也如雨后春笋般陆续更新出台。2018年11月20日，《跨境电子商务零售进口商品清单（2018年版）》公布；2018年11月28日，商务部等六部门联合发布《关于完善跨境电子商务零售进口监管有关工作的通知》（商财发〔2018〕486号，下称"486号文"），将自2016年5月起对零售进口实施的过渡期监管政策作为长期性监管要求在综试区范围内固定下来，并进一步明确了跨境电子商务零售进口的各方主体（跨境电子商务企业或其境内代理人，跨境电子商务平台企业、支付企业、物流企业、报关企业）及其权责；一个月后，海关总署也发布了《关于跨境电子商务零售进出口商品有关监管事宜的公告》，在落实486号文中的零售进口相关规定的基础上，进一步明确了零售出口的各方主体权责及海关监管要求。

二、落实企业优惠政策

为扩大进口和促进消费，从2018年11月起，海关总署对进境物品的关税从原先的15%、30%及60%下调为15%、25%及50%。2019年4月，海关总署根据国务院的决定，进一步下调对进境物品征收的行邮税税率。其中，对食品、药品等的税率由15%降至13%，对纺织品、电器等的税率则由25%降为20%。从2019年1月1日起，零售进口商品的单次交易限值与年度交易限值分别提高至人民币5000元与26 000元；限值以内的进口商品关税税率保持为0，进口环节增值税及消费税仍然按法定应纳税额的70%征收。零售出口方面，自2018年10月起，对综试区内电子商务出口企业未取得有效进货凭证的货物且符合一定条件的，试行增值税、消费税免税政策。2019年7月，国务院亦表示将尽快出台更加便利跨境电子商务零售出口企业的所得税核定征收办法。2019年10月26日，国家税务总局发布《关于跨境电子商务综合试验区零售出口企业所得税核定征收有关问题的公告》，自2020年1月1日起，对综试区内符合一定条件的跨境电子商务企业试行核定征收企业所得税办法；综试区内核定征收的跨境电子商务企业应准确核算收入总额，并采用应税所得率方式核定征收企业所得税，应税所得率统一按照4%确定。

在促进通关便利化方面，海关总署会同财政部等十个相关部门于2019年6月联合发布了《关于加快提升通关便利化水平的通知》，计划在2019年年底前，从简化进出口环节单证、优化通关流程、提升口岸信息化水平、降低口岸收费四个方面落实具体措施，加快推行进出口"提前申报""两步申报"通关模式和无纸化通关作业，以进一步提升通关的便利化水平。

三、建立多部门电子监管体系

目前，海关已实现通过国际贸易"单一窗口"或跨境电子商务通关服务平台，在线收集跨境电子商务零售进口及出口商品的相关信息。跨境电子商务企业或其境内代理人、平台企业、支付企业、物流企业须分别向海关传输交易、支付或收款、物流等电子信息，平台企业亦须向海关开放与支付相关的原始数据。常规情况下的海关申报亦已实现了通关无纸化作业。

2018年年底，海关总署与中国邮政集团公司通过建立总对总对接的方式，实现了进出境邮件全国联网数据传输。未来，将依托国际贸易"单一窗口"平台，逐步实现跨境寄递服务企业向邮政、商务、海关等监管部门报送数据和信息交换，并在建立跨境寄递服务企业信用体系的基础上，推进邮政、商务、海关等政府部门之间信用信息共享和联合奖惩机

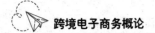

制的建设。

四、防范经济及制度性风险

从事跨境电子商务零售进口及出口业务的相关企业，无论是境内平台企业、物流企业、支付企业、报关企业，还是境外电子商务企业，均应在其或其境内代理人所在地的海关，办理注册或信息登记。除此之外，相关企业还应在中国境内取得相关的行业资质，如《快递业务经营许可证》《金融许可证》《支付业务许可证》等。在海关注册登记的跨境电子商务企业被纳入海关信用管理，海关根据信用等级实施差异化的通关管理措施。各监管部门也将对高资信企业落实便利措施，对失信企业实施严格的监管措施。2018年11月，海关已颁布针对进出口货物收发货人、报关企业、外贸综合服务企业的特殊认证标准（《海关认证企业标准》），预计未来将针对跨境电子商务各类型主体出台更具体的认证标准，以进一步完善以信用为基础的海关监管机制。

在明确监管要求的同时，相关监管部门还密切关注实践中规避监管的做法，通过完善监管方式，防范制度性风险，保证跨境电子商务行业的健康发展及金融秩序的稳定。比如2019年7月，针对热议的跨境支付企业资质及业务模式，人民银行就通过约谈及研讨会的方式，对为中国境内居民提供跨境支付结算服务的企业，重申其须取得境内行政许可，并要求境内机构在六个月内停止与无证跨境机构的合作。根据2019年4月国家外汇管理局颁布的《支付机构外汇业务管理办法》，支付机构须在办理贸易外汇收支企业名录登记后方可开展外汇业务。自2019年8月起，各地外汇管理分局开始推进贸易外汇收支企业名录登记，预计近期会正式公布。

五、积极参与国际规则建立

在《电子商务法》明确与其他国家建立跨境电子商务交流合作及参与电子商务国际规则制定的原则之前，中国已于2016年开始与多个国家建立双边电子商务合作机制。截至目前，中国已与19个国家签署了电子商务合作备忘录。同时，作为世界海关组织跨境电子商务工作组的主席，中国海关牵头制定了《跨境电商标准框架》。该指导性文件于2018年2月在北京召开的首届世界海关跨境电子商务大会上向各方征求意见，并于2018年6月经由世界海关组织发布，并鼓励各国海关以合作和协调的方式加以实施。2019年2月，国家邮政局等部门联合发布的《关于促进跨境电子商务寄递服务高质量发展的若干意见（暂行）》也提出要深度参与万国邮联规则制定，推动与亚太、欧洲等重点地区建立跨境电子商务及邮政业的次区域合作模式，并通过世贸组织、自贸协定等多双边谈判，探索制定跨境电子商务领域的国际规则。积极参与电子商务领域的国际规则制定，有利于应对跨境寄递领域的国际摩擦，维护我国跨境寄递服务企业的合法权益，提升我国参与国际治理的能力。

资料来源：中国跨境电子商务监管新风向[EB/OL]. (2019-12-17). http://www.100ec.cn/detail--6538999.html.

第一节 跨境电子商务法律法规概述

一、跨境电子商务的主体

跨境电子商务的经营主体，从货物进出境的层面而言包括跨境电子商务出口和跨境电子商务进口。国办发〔2013〕89号文明确界定跨境电子商务的经营主体分为三类:一是自建跨境电子商务销售平台的电子商务出口企业;二是利用第三方跨境电子商务平台开展电子商务出口的企业;三是为电子商务出口企业提供交易服务的跨境电子商务第三方平台。跨境电子商务进口的主体,目前并无明确界定,但浙江省人民政府办公厅于2014年4月出台的《关于印发浙江省跨境电子商务实施方案的通知》(浙政办发〔2014〕59号)将跨境电子商务的经营主体直接界定为国办发〔2013〕89号文规定的三类主体,不区分出口和进口。

国办发〔2013〕89号文规定,经营主体要按照现行规定办理注册、备案登记手续。在政策未实施地区注册的电子商务企业可在政策被实施地区被确认为经营主体。

海关总署公告2016年第26号《关于跨境电子商务零售进出口商品有关监管事宜的公告》第20条对"参与跨境电子商务业务的企业""电子商务企业""电子商务交易平台企业""电子商务通关服务平台"四个概念进行了定义,通过行为描述和作用阐释等方法,界定了各个主体的范畴。四个主体除电子商务企业之外,其他均以服务为主。从范围来看,四个主体相互之间有交叉,这主要是由电子商务的性质决定的。例如,电子商务企业,当它自身既提供平台服务,又提供支付、配送服务,就兼具平台、电子商务企业身份,当它自身以平台身份开展业务时,本身就是平台企业;如果既提供平台服务,又提供支付、配送服务,就兼具平台、物流、支付三重身份。

知识拓展

法律法规链接

"参与跨境电子商务业务的企业"是指参与跨境电子商务业务的电子商务企业、电子商务交易平台企业、支付企业、物流企业等。

"电子商务企业"是指通过自建或者利用第三方电子商务交易平台开展跨境电子商务业务的企业。

"电子商务交易平台企业"是指提供电子商务进出口商品交易、支付、配送服务的平台提供企业。

"电子商务通关服务平台"是指由电子口岸搭建,实现企业、海关及相关管理部门之间数据交换与信息共享的平台。

——海关总署公告2016年第26号
《关于跨境电子商务零售进出口商品有关监管事宜的公告》

二、跨境电子商务海关监管模式

国办发〔2013〕89号文明确提出建立电子商务出口新型海关监管模式,对出口商品进行集中监管,并采取清单核放、汇总申报的方式办理通关手续。为进一步落实这一要求,2014年7月23日,海关总署发布了《关于跨境贸易电子商务进出境货物、物品有关监管事宜的公告》(总署公告〔2014〕56号),明确规定了通过与海关联网的电子商务平台进行跨境交易的进出境货物、物品范围，企业注册和备案要求，同时明确了监管范围和监管要求。该公告第一条明确规定"电子商务企业或个人通过经海关认可并且与海关联网的电子商务交易平台实现跨境交易进出境货物、物品的，按照本公告接受海关监管"。即同时满足：一是主体上，包括境内通过互联网进行跨境交易的消费者、开展跨境贸易电子商务业务的境内企业、为交易提供服务的跨境贸易电子商务第三方平台；二是渠道上，仅指通过与海关联网的电子商务平台的交易；三是性质上，应为跨境交易。对于未满足前述条件的货物和物品，仍按传统贸易办理通关手续。

三、跨境电子商务的跨境支付和收付汇制度

国办发〔2013〕89号文提出鼓励银行机构和支付机构为跨境电子商务提供支付服务。支付机构办理电子商务外汇资金或人民币资金跨境支付业务，应分别向国家外汇管理局和中国人民银行申请并按照支付机构有关管理政策执行。国家将完善跨境电子商务支付、清算、结算服务体系，切实加大对银行机构和支付机构跨境支付业务的监管力度。为了进一步推动跨境电子商务支付的改革，国家外汇管理局于2015年1月20日发布了《支付机构跨境外汇支付业务试点指导意见》（以下简称《指导意见》），在全国范围内开展支付机构跨境外汇支付业务试点。《指导意见》规定，支付机构办理"贸易外汇收支企业名录"登记后可试点开办跨境外汇支付业务，同时将跨境规定支付的单笔交易限额由1万美元提高至5万美元。《指导意见》允许支付机构集中办理收付和结售汇业务，事后完成交易信息逐笔还原，从而提高支付机构的业务办理效率，以满足跨境电子商务巨大的支付需求。

四、跨境电子商务关联环节的法律问题

跨境电子商务交易环节会遇到很多问题，这些问题或多或少都与法律有关，需要参考法律来解决，以推动跨境电子商务相关环节发展。

（一）跨境电子商务平台责任

电子商务平台作为跨境电子商务交易的核心环节，其责任与义务非常重要。电子商务平台是交易活动的第一责任人，需要承担起主体责任。电子商务平台作为商业交易主体，对平台经营者应开展经营资格审查、登记、公示等工作。电子商务平台还需要与经营者签订合同或协议，明确双方在电子商务平台进入和退出、商品和服务质量安全保障、消费者权益保护等方面的权利和义务。电子商务平台应建立平台管理规章制度，包括但不限于交易安全保障、消费者权益保护、不良信息处理等，平台还需强化对经营者发布的产品与服务信息的检查监控制度，对违反工商行政管理法律、法规的行为，及时采取措施制止，必要时停止对其提供平台服务。不仅如此，电子商务平台还须承担其他责任，包括注册商品专用权、企业名称权等权利的保护，经营者商业秘密与消费者个人信息保护，消费者权益保护，违法行为制止，协助与配合查处违法行为，交易信息保存，定期向工商行政管理部门报送网络商品交易及有关服务经营统计资料等。此外，交易平台还要考虑境外商家能否入驻、网站服务器和数据中心的选择等诸多问题。

（二）消费者权益保护

消费者权益主要包括安全保障权、知悉真情权、自主选择权、公平交易权、依法求偿权、求教获知权、依法结社权、维护尊严权、监督批评权等。在跨境电子商务活动中，有些消费者权益已得以体现，但是仍有一些权益受限于跨境电子商务的一些特征，在投诉与补偿方面难以实现。在跨境电子商务活动中，境内关于消费者权益保护的一些规定，如七天无理由退货就难以实现，跨境交易纠纷与处理也存在较大困难，这些都影响了消费者的购物体验。从事跨境电子商务交易时，应尽可能参照消费者所在国（地区）对消费者的服务标准，提供消费者权益保护。此外，消费者权益保护多采取司法救济途径，但跨境电子商务下消费者权益受损具有发生频率高、案件数量多、涉及面广、所涉标的额小、消费者弱势等显著特征，决定了消费者一般不会选择或者不会优先选择司法救济方式来维护自身权益。在跨境消费纠纷处理过程中，随着审判级别提高与审判期限延长，消费者维权成本倍增，降低了消费者维权积极性与主动性。跨境电子商务尚处于发展初期，快速发展带来了诸多问题，商品标签、成分不符合标准，仿制商品多等成为跨境电子商务的软肋，也成为消费者权益保护的重灾区。

（三）跨境物流

跨境物流因物流环节的复杂性，会产生诸多法律问题，包括合同签订与履行、商品运输安全、时间与成本矛盾、退换货产生纠纷、信息安全与保护等，跨境运输与退换货物流方面的问题更加突出。我国虽然制定了一些法律法规，如《中华人民共和国铁路法》《中华人民共和国民用航空法》《中华人民共和国海商法》《中华人民共和国消费者权益保护法》《中华人民共和国反不正当竞争法》等，但仍无法满足跨境物流行业发展的需要。现有法律法规仍存在规范不完整、可操作性不强等问题，制约着跨境物流行业良性有序发展。退换货流程比境内物流更复杂，物流时间久，物流痕迹无法查询，物流成本有时会超过商品价值，也成为了消费者投诉的重点领域。建立与完善适合于跨境电子商务退换货物流的法律体系也成为重点工作。

（四）跨境支付

跨境支付涉及跨境第三方支付与跨境人民币支付两种。跨境第三方支付依托于中华人民共和国国家外汇管理局发布的《指导意见》，消费者使用本国货币在跨境电子商务平台购买商品，通过试点的支付机构转化成外币支付给商品卖家。跨境人民币支付依托中国人民银行的《关于金融支持中国（上海）自由贸易试验区建设的意见》和中国人民银行上海总部的《关于上海市支付机构开展跨境人民币支付业务的实施意见》，以人民币作为跨境电子商务商品交易的结算方式，省去了币种兑换环节，缩短了支付周期，避免了汇率差额损失。

为推动跨境电子商务发展，中国人民银行、外汇管理局积极响应国务院关于促进跨境电子商务健康快速发展的有关文件，鼓励有条件的支付机构办理跨境支付业务，积极支持跨境支付市场发展。中国人民银行与外汇管理局依法对支付机构实行监管核查职责，防范跨境支付相关外汇风险。在外汇管理法律体系，反洗钱法律体系，监管政策协调性、跨境消费者权益保护与跨境支付国际法律制度等方面,现行法律、法规、规章等仍存在问题与风险隐患。境内金融监管与境外金融监管之间是冲突与合作的法律关系并存的局面。各国家(地区)在电子支付法律(法规)体系与监管模式方面各不相同,从维护本国(地区)支付体系安全与消费者权益保护的角度,在发生跨境支付纠纷时难免产生利益冲突与出现法律适用性问题。从合作角度看,为解决国际纠纷、打击跨国洗钱等违法行为,各国家(地区)都加强了跨境电子支付方面的合作监管力度,尝试建立跨境合作监管长效机制。当发生支付纠纷时,跨境维权专业性强、维权成本高,主要体现在境内消费者、第三方支付机构与境外商户存在语言差异与习惯差异,在跨境电子支付纠纷中难以进行有效的沟通,此外,各国家(地区)跨境法律的实用性问题也较显著,跨境消费者不熟悉交易方所在国家(地区)的法律(法规)政策与仲裁调解程序,维权时间久,维权成本高。

(五)通关与商检

在通关方面,主要有《海关法》《中华人民共和国海关对进出境快件监管办法》等法律法规,此外,还探索建立了"负面清单"管理模式。所谓"负面清单",亦称"否定清单""负面列表""否定列表",在投资协定中通常是"不符措施"的代称,即在外资市场准入(设立)阶段不适用国民待遇原则的特别管理措施规定的总汇。"负面清单"制度属于黑名单,遵循的是"除非法律禁止的,否则就是规定允许的"解释逻辑,体现的是法无禁止即自由的法律理念。为了推动跨境电子商务发展,我国海关监管方式代码的代表性政策主要有增列海关监管方式代码"9610",对电子商务出口经营主体分类,建立适应电子商务出口的新型海关监管模式并进行专项统计,建立跨境电子商务清单管理制度,构建跨境电子商务风险监控和质量追溯体系,创新跨境电子商务检验检疫监管模式,等等。

我国在跨境电子商务检验检疫方面,主要依据"四法三条例",即《中华人民共和国进出口商品检验法》《中华人民共和国进出口商品检验法实施条例》《中华人民共和国进出境动植物检疫法》《中华人民共和国进出境动植物检疫法实施条例》《中华人民共和国国境卫生检疫法》《中华人民共和国国境卫生检疫法实施细则》《中华人民共和国食品卫生法》。此外还有《进出境邮寄物检疫管理办法》等,但这些法律条例过于陈旧,与跨境电子商务产生的检验检疫需求仍存在一定差距。

(六)税收

跨境电子商务在纳税主体、课税对象、归属关系、课税标准、缴纳程序等方面,都面临着新问题和新挑战。其全球性、无国界性、高技术性、电子商务属性促使跨境电子商务成为企业避税的温床,也为国际避税提供了前所未有的土壤。跨境电子商务引发了国际税收管辖权冲突,产生重复征税,加剧了偷税、漏税与避税行为。伴随着《关于完善跨境电子商务零售进口税收政策的通知》政策的发布,跨境电子商务行邮税终止,跨境电子商务在税收上已等同于普通贸易,但是普通贸易多为实体经济形式,而跨境电子商务属于网络虚拟经济形式,在一定程度上加剧了灰色清关,海关也将在征税方面迎来巨大的挑战。

(七)信息安全

信息安全伴随着网络发展,跨境电子商务依托于网络,无法回避信息安全问题。信息

第九章 跨境电子商务法律法规与风险防范

安全既包括跨境电子商务交易数据安全、网络安全,也包括消费者隐私安全、支付及金融安全等。每年因为跨境电子商务出现的信用卡不安全事件层出不穷,信用安全问题也成为网络安全监管的重点。信息收集与使用也成为《消费者权益保护法》的重要条款。

第二节 跨境电子商务网购保税进口监管

一、跨境电子商务试点网购保税进入监管模式

一直以来,跨境电子商务的出口退税和进口关税问题都是困扰行业发展的难题。为解决这一难题,国办发〔2013〕89号文提出对符合条件的电子商务出口货物实行增值税和消费税免税或退税政策。为落实这一要求,财政部、国家税务总局于2013年12月30日发布了《关于跨境电子商务零售出口税收政策的通知》(财〔2013〕96号)。但跨境电子商务税收征管方面存在一定的混乱。由于网购保税进口实行实名制,目前保税区的跨境电子商务试点存在利用他人身份证的刷单现象,类似于"水客"行为,即利用他人身份证"化整为零"进行并非以自用为目的的网购保税进口,然后给一些进口商品店、"港货店"供货。由于行邮税税率比一般贸易税低不少,为此类行为提供了空间。一直以来,跨境电子商务网购保税进口政策利用行邮税与一般贸易税的税差,使得进口商品成本降低,获得了消费者的青睐。以往的一般贸易大批量入境,要征收关税、消费税、增值税,税率很高,而跨境电子商务网购保税进口征收的行邮税则低得多。有人分析了原来的传统贸易项下进口之所以没有跨境电子商务火爆的原因,指出一般贸易的综合关税将近40%,而跨境电子商务只有10%,这中间有30%的利润,导致一般贸易的企业,如沃尔玛、天虹也要做跨境电子商务。为了制止这种乱象,2016年3月18日海关总署加贸司发布了《关于加强跨境电子商务网购保税进口监管工作的函》(加贸函〔2015〕58号),2016年3月24日财政部、海关总署、国家税务总局联合发布了《关于跨境电子商务零售进口税收政策的通知》(财关税〔2016〕18号),2016年4月7日海关总署又为了适应营改增税制改革,发布了《关于跨境电子商务零售进出口商品有关监管事宜的公告》(海关总署公告2016第26号),对跨境电子商务税收政策问题做出了明确规定。但由于跨境电子商务发展太快,实践中的新情况、新问题还是层出不穷。

为落实国办发〔2013〕89号文有关财税相关精神,财税〔2013〕96号文明确规定包括自建平台出口企业和电子商务应用企业在满足该通知有关要求的条件下,可以适用增值税、消费税退(免)税政策。该通知所规定的要求包括:电子商务出口企业属于增值税一般纳税人并已办理出口退(免)税资格认定;出口货物取得海关出口货物报关单;出口货物在退(免)税申报期截止之日前收汇;电子商务出口企业属于外贸企业的,购进出口货物取得相应的增值税专用发票、消费税专用缴款书(分割单)或海关进口增值税、消费税专用缴款书,且上述凭证有关内容与出口货物报关单(出口退税专用)有关内容相匹配。

财税〔2013〕96号文还明确了为电子商务出口企业提供交易服务的跨境电子商务第三方平台不适用本通知规定的退(免)税政策,可按现行有关规定执行。

当然，有关跨境电子商务的进口关税的征缴，实务中还面临跨境电子商务进口企业化整为零，以货运分拆方式进口，把每件商品的价格都控制在行邮税免缴税的额度之内的现象，由此引发争议。

加贸函〔2015〕58号文进一步加强海关对跨境电子商务试点网购保税进口模式（以下简称"网购保税进口"）的监管，要求网购保税进口应当在经批准开展跨境贸易电子商务服务试点城市的海关特殊监管区域或保税物流中心（B型）（以下简称"区域（中心）"）开展。非跨境贸易电子商务服务试点城市不得开展网购保税进口业务。任何海关不得在保税仓库内开展网购保税进口业务。开展网购保税进口的区域（中心）应具备电子商务通关服务平台，设置专用仓库对跨境保税进口商品实施集中管理，并配备符合海关跨境商品监管要求的X光机查验分拣线、视频监控等设施。开展网购保税进口的区域（中心）内企业应当按照规定通过电子商务通关服务平台，及时向通关管理平台传送交易、物流、支付和仓储等数据，并于每月10日前向海关传送上月跨境保税进口商品进、出、转、存电子数据。对经查实存在违法违规行为的相关企业或个人，主管海关应取消其参与网购保税进口试点的资质。对管理混乱、运作不规范的区域（中心）应责令整改，整改不合格的取消其试点资质。

二、跨境电子商务零售进口商品的通关方式

依据总署公告〔2016〕26号文的规定，电子商务企业或其代理人应提交《中华人民共和国海关跨境电子商务零售进出口商品申报清单（以下简称《申报清单》），出口采取"清单核放、汇总申报"方式办理报关手续，进口采取"清单核放"方式办理报关手续。

跨境电子商务零售出口实行"清单核放、汇总申报"的方式，即海关按企业报送的《申报清单》进行实时核放，企业则需每月将清单汇总成报关单向海关申报。这一通关模式最早在杭州跨境电子商务综合试验区试验，税改之前即已在全国推广。

在该出口通关模式下，跨境电子商务零售商品出口后，电子商务企业或其代理人应当于每月10日前（当月10日是法定节假日或者法定休息日的，顺延至其后的第一个工作日，第12月的清单汇总应于当月最后一个工作日前完成），将上月（12月为当月）结关的《申报清单》依据清单表头同一收发货人、同一运输方式、同一运抵国、同一出境口岸，以及清单表体同一10位海关商品编码、同一申报计量单位、同一币制规则进行归并，汇总形成《中华人民共和国海关出口货物报关单》向海关申报。

对于进口，目前则不适用"汇总申报"的方式，但海关对满足监管规定的跨境电子商务零售进口商品可按时段"汇总纳税"。

三、跨境电子商务零售进口商品的征税方式

2016年3月24日，财政部、海关总署、国家税务总局联合发布了《关于跨境电子商务零售进口税收政策的通知》，宣布从2016年4月8日起，中国将实施跨境电子商务零售（企业对消费者，即B2C）进口税收政策，并同步调整行邮税政策。这意味着，跨境电子商务零售进口将告别免税时代，但狭义上的个人海淘行为暂时仍被网开一面。按上述通知

表述,对跨境电子商务零售进口商品,不再按行邮税计征,而是按照货物征收关税和进口环节增值税、消费税,但与此同时,不属于跨境电子商务零售进口的个人物品,以及无法提供交易、支付、物流等电子信息的跨境电子商务零售进口商品,仍可以按现行规定执行。

2016年4月8日起,海淘一件商品最低缴税11.9%。跨境电子商务税收新政实施后,行邮税也进行同步调整。

商务税收新政实施后,政策将单次交易限值由行邮税政策中的1000元(港澳台地区为800元)提高至2000元,同时设置个人年度交易限值为20 000元。

超过单次限值、累加后超过个人年度限值的单次交易及完税价格超过2000元限值的单个不可分割商品,均按照一般贸易方式全额征税。

在限值以内进口的跨境电子商务零售进口商品,关税税率暂设为0,进口环节增值税、消费税取消免征税额,暂按法定应纳税额的70%征收。

同步调整行邮税政策,将目前的四档税目,对应税率分别为10%、20%、30%、50%调整为三档,其中,税目1主要为最惠国税率为0的商品,税目3主要为征收消费税的高档消费品,其他商品归入税目2,税目1、2、3的税率分别为15%、30%、60%。

总署公告〔2016〕26号文进一步规定,海关对满足监管规定的跨境电子商务零售进口商品按时段汇总计征税款,代收代缴义务人应当依法向海关提交足额有效的税款担保。海关放行后30日内未发生退货或修撤单的,代收代缴义务人在放行后第31日至第45日内向海关办理纳税手续。

"汇总征税"是近年海关为推进贸易便利化、提高通关效率而开展的一种新型集约化的征税模式。在有效监管的前提下,实现"先放后税,汇总缴税",改变了海关传统的"逐票审核,先税后放"的征管模式。汇总征税对于代收代缴义务人而言,存在以下利好。

(1)先放后税,缩短通关时间。企业可先提取货物,海关则由实时逐票征税转化为后置税款结算。

(2)汇总征税,提高资金使用效率。企业可在提取货物后的规定纳税周期内自主汇总缴付税款,对纳税时间拥有更多的自主选择权。

(3)担保额度自动恢复,循环使用。海关已开发专用的汇总征税作业系统,实现担保额度的智能化管理,根据企业税款缴纳情况循环使用。企业进口申报时,总担保账户自动扣减应缴税额;缴税后,担保额度自动恢复。

eBay与PayPal联合推出全新税收方式

从《电商报》获悉,eBay发布公告称,2019年11月起,eBay和PayPal将联合推出全新的税收处理方式,此功能变化适用于美国站点的互联网销售税(Internet Sales Tax)和澳洲站点的商品销售税(Goods and Sales Tax)。

目前,当eBay处理税收业务时,实际上将一笔订单拆分成两个不同的交易进行处理,1笔交易是实际购买商品的金额,1笔交易是所对应征收的税款。这种方式不利于卖家管理订单的税收情况。

为此,从 2019 年 11 月起,eBay 处理税收业务时,将会采用如下方式。

- 当一笔交易需要进行税款征收时,订单(order)将会只使用 1 笔交易进行处理,交易的价格为含税价(实际购买商品的金额 + 应征收的税款)。
- 此笔交易处理完毕,税款将自动从订单中扣除并提交给税务机构,卖家收到的金额不变,仍为实际购买商品的金额。
- 订单历史记录将包含税款征收情况,卖家可以从卖家中心的订单详情页面 Seller Hub Order 获取,或者下载订单历史记录(Download Order Report)进行查看。

值得注意的是,此功能变化无须卖家做出任何改变。

资料来源:eBay 与 PayPal 联合推出全新税收方式[EB/OL].(2019-10-09). http://www.100ec.cn/detail--6529406.html. 略有改动.

四、跨境电子商务类企业七大法律义务

总署公告〔2016〕26 号文从通关、征税、物流、企业管理等几大方面初步确立了跨境电子商务零售进口海关监管的基本法律框架,进一步明确了跨境电子商务企业、电子商务交易平台企业、物流企业等作为代收代缴义务人的七大法律义务和责任范围。

(一)对税号、价格等申报要素的如实申报义务

三部委财关税〔2016〕18 号文初步规定了境内订购人的"纳税义务人"及跨境电子商务企业、电子商务交易平台企业、物流企业的"代收代缴义务人"地位。此外,总署公告〔2016〕26 号文对于申报义务的主体问题做出了较为明确的规定。

> **法律法规链接**
> 代收代缴义务人应当如实、准确向海关申报跨境电子商务零售进口商品的商品名称、规格型号、税则号列、实际交易价格及相关费用等税收征管要素。
> ——总署公告〔2016〕26 号文第 11 条第 1 款
> 为审核确定跨境电子商务零售进口商品的归类、完税价格等,海关可以要求代收代缴义务人按照有关规定进行补充申报。
> ——总署公告〔2016〕26 号文第 12 条

依照上述规定,有关跨境电子商务零售进口商品的申报义务人是"代收代缴义务人",代收代缴义务人应就《申报清单》上的申报要素承担如实申报义务,将"申报"这一重大法律义务交由代收代缴义务人承担。

这将给作为代收代缴义务人的电子商务企业、电子商务交易平台企业、物流企业的合规带来巨大挑战。代收代缴义务人因申报不实将会面临补税、行政处罚、降级等法律风险。如果代收代缴义务人"明知"上述申报信息存在不实,仍然提交给海关,甚至可能因此承担走私或者协助他人走私的法律责任。

（二）如实向海关传输交易、支付、物流等电子信息义务

《海关法》意义上的"申报"不仅包括填制《申报清单》上的有关栏目，同时包括向海关提交进出口有关的交易、支付、物流单据等信息。

> **法律法规链接**
>
> 跨境电子商务零售进口商品申报前，电子商务企业或电子商务交易平台企业、支付企业、物流企业应当分别通过跨境电子商务通关服务平台如实向海关传输交易、支付、物流等电子信息。
>
> 进出境快件运营人、邮政企业可以受电子商务企业、支付企业委托，在书面承诺对传输数据真实性承担相应法律责任的前提下，向海关传输交易、支付等电子信息。
>
> ——总署公告〔2016〕26号文第3条

因此，电子商务企业或电子商务交易平台企业、支付企业、物流企业，如果向海关传输的这些数据信息存在不实或者不准确的情况，同样可能导致与前述申报不实相关的行政或刑事法律风险。

（三）代为履行纳税义务

> **法律法规链接**
>
> 订购人为纳税义务人。在海关注册登记的电子商务企业、电子商务交易平台企业或物流企业作为税款的代收代缴义务人，代为履行纳税义务。
>
> ——总署公告〔2016〕26号文第10条

依据该条规定，总署公告〔2016〕26号文的代收代缴义务人，并非仅承担简单的"先收后缴"义务，而是可能被海关认定为具有代为履行纳税的"独立"义务。换言之，即便实际纳税义务人并未向代收代缴义务人支付有关商品的进口税款，依据该条规定，代收代缴义务人同样具有向海关代为履行纳税的"独立"法律义务。

对于电子商务企业、电子商务交易平台企业或物流企业等代收代缴义务人而言，这意味着如果海关在商品清关后的汇总纳税、海关稽查等程序中认为之前进口的有关商品存在税号、价格等申报不实、不准确等情况，并进而需要补税的情形，则很有可能海关部门会要求代收代缴义务人直接承担此补税义务。

当然，理论上，代收代缴义务人有权就此向作为纳税义务人的境内实际购买人追偿。但实际操作中，由于涉及境内买家众多，且每一买家所涉税款金额可能较小，追偿代为补缴的税款在操作上可能存在成本问题。

（四）汇总纳税情况下的交保义务

> **法律法规链接**
>
> 海关对满足监管规定的跨境电子商务零售进口商品按时段汇总计征税款，代收代缴义务人应当依法向海关提交足额有效的税款担保。
>
> 海关放行后30日内未发生退货或修撤单的，代收代缴义务人在放行后第31日至第45日内向海关办理纳税手续。
>
> ——总署公告〔2016〕26号文第13条

"汇总征税"对于从事一般贸易业务的有关进出口企业来说已经不再陌生。在按时段汇总征税模式下，海关由原来的"先税后放"变为现行的"先放后税，汇总缴税"。

但是，为了确保国家税收安全，代收代缴义务人有义务依据其进出口量事先向海关部门提交相应的税款担保。担保可采用保证金形式，通常也可以采用商业银行出具保函的形式。货物实际通关时，海关暂不打印税单征税，而是在扣除与应缴税款相应金额的信用额度后，即可办理商品放行手续。代收代缴义务人在放行后一定期限内向海关办理汇总纳税手续。

（五）核实订购人身份信息义务

> **法律法规链接**
> 电子商务企业应当对购买跨境电子商务零售进口商品的个人（订购人）身份信息进行核实，并向海关提供由国家主管部门认证的身份有效信息。无法提供或者无法核实订购人身份信息的，订购人与支付人应当为同一人。
>
> ——总署公告〔2016〕26号文第6条

但是，跨境电子商务的特点在于订购人数量众多且比较分散，要求电子商务企业核实每个订购人的身份信息可能存在难度。电子商务企业对订购人身份信息的核实义务应履行到何种程度，疏于核实订购人身份信息应该承担何种性质及何种幅度的法律责任，总署公告〔2016〕26号文则对此并未明确规定。如果订购人伪造身份信息，利用三部委财关税〔2016〕18号文所规定的单次交易限值或个人年度限值获取有关税收优惠，电子商务企业是否需因此承担相关法律责任，仍有待今后实践进一步明确。

值得注意的是，该文同时规定，无法提供或者无法核实订购人身份信息的，订购人与支付人应当为同一人。换言之，在电子商务企业经适当努力仍无法核实订购人身份信息的情况下，法律规定默认支付人为订购人，这一规定对电子商务企业可以起到一定的保护作用。

（六）配合海关查验义务

> **法律法规链接**
> 海关实施查验时，电子商务企业或其代理人、监管场所经营人、仓储企业应当按照有关规定提供便利，配合海关查验。
>
> ——总署公告〔2016〕26号文第16条

除上述申报、纳税相关的义务之外，总署公告〔2016〕26号文同时规定了电子商务企业以及其他主体（如监管场所经营人、仓储企业）配合海关查验的义务。

（七）主动报告违规或走私行为义务

> **法律法规链接**
> 电子商务企业或其代理人、物流企业、监管场所经营人、仓储企业发现涉嫌违规或走私行为的，应当及时主动报告海关。
>
> ——总署公告〔2016〕26号文第17条

从上文分析不难看出，给跨境电子商务企业、电子商务交易平台企业、物流企业等代收代缴义务人施加的法律义务，已经不局限于代收代缴，而是进一步扩大到进出口申报、纳税、日常监管等方面。这也就加大了跨境电子商务企业、电子商务交易平台企业、物流企业等主体日常运营过程中的法律风险，对其合规提出了更高的要求。

尤其是代收代缴义务人的如实申报义务，因申报具有较强的技术性和法律性，可以预见，这将会是今后跨境电子商务相关企业运营过程中法律风险的重要窗口。在总署公告〔2016〕26号文要求代收代缴义务人承担如实申报义务的情况下，如果没有专业人士的提前介入，将会给企业后续经营埋下巨大的风险隐患。而海关风险的特点在于其累积性，在便利通关的大背景下，有关申报问题在清关当时可能并未被海关及时发现而顺利放行，但这直接导致的结果是本来可以及时化解的较小风险继续累积，而在随后的海关稽查等程序中引爆，给企业及其有关员工造成灾难性的后果。

依据《中华人民共和国海关行政处罚实施条例》第15条规定：进出口货物的品名、税则号列、数量、规格、价格、贸易方式、原产地、启运地、运抵地、最终目的地或者其他应当申报的项目未申报或者申报不实的，分别依照下列规定予以处罚，有违法所得的，没收违法所得。

（1）影响海关统计准确性的，予以警告或者处1000元以上1万元以下罚款。

（2）影响海关监管秩序的，予以警告或者处1000元以上3万元以下罚款。

（3）影响国家许可证件管理的，处货物价值5%以上30%以下罚款。

（4）影响国家税款征收的，处漏缴税款30%以上2倍以下罚款。

（5）影响国家外汇、出口退税管理的，处申报价格10%以上50%以下罚款。

除了可能依据该条对申报不实所做出行政处罚之外，作为承担如实申报义务的代收代缴义务人及全体相关工作人员，如果"明知"或者"应当知道"存在申报不实，仍故意逃避海关监管、偷逃应纳税款，还将面临走私的刑事责任风险。此外，行政违规或刑事处罚还将可能对企业的海关信用等级产生影响，从而影响企业进口商品的通关速度。

另外，需要提醒的是，中国对于单位犯罪实行的是"双罚制"。如果公司涉嫌刑事责任，公司有关管理人员（法定代表人、董事长、总经理或部门经理等）和直接参与的有关员工可能并不能"置身事外"，而是也将可能因此被追究相应的个人刑事责任。

对此，最高人民法院、最高人民检察院《关于办理走私刑事案件适用法律若干问题的解释》及《中华人民共和国刑法》规定，单位犯走私普通货物、物品罪，偷逃应缴税额在20万元以上不满100万元的，应当依照《中华人民共和国刑法》第153条第2款的规定，对单位判处罚金，并对其直接负责的主管人员和其他直接责任人员，处三年以下有期徒刑或者拘役；偷逃应缴税额在100万元以上不满500万元的，应当认定为"情节严重"，处三年以上十年以下有期徒刑；偷逃应缴税额在500万元以上的，应当认定为"情节特别严重"，处十年以上有期徒刑或者无期徒刑。

复习与思考

1. 名词解释

电子商务法

2. 简答题

（1）简述电子商务法律的问题。
（2）简述跨境电子商务关联环节的问题。
（3）简述跨境电子商务知识产权侵权表征。
（4）简述跨境电子商务知识产权保护建议。

参考文献

[1] 鲁丹萍. 跨境电子商务[M]. 北京：中国商务出版社，2015.
[2] 钟卫敏. 跨境电子商务[M]. 重庆：重庆大学出版社，2016.
[3] 陈岩. 跨境电子商务[M]. 北京：清华大学出版社，2019.
[4] 来立冬. 跨境电子商务[M]. 北京：电子工业出版社，2018.
[5] 郑建辉，陈江生，陈婷婷. 跨境电子商务实务[M]. 北京：北京理工大学出版社，2017.
[6] 韩琳琳，张剑. 跨境电子商务实务[M]. 上海：上海交通大学出版社，2017.
[7] 杨兴凯. 跨境电子商务[M]. 大连：东北财经大学出版社，2018.
[8] 李志勇. 跨境电子商务[M]. 北京：北京理工大学出版社，2015.
[9] 鄂立彬. 跨境电子商务前沿与实践[M]. 北京：对外经济贸易大学出版社，2016.
[10] 鲁丹萍. 跨境电子商务[M]. 2版. 北京：中国商务出版社，2018.